Vertrauen und Kooperation in der Arbeitswelt

Christian Schilcher · Mascha Will-Zocholl
Marc Ziegler (Hrsg.)

Vertrauen und Kooperation in der Arbeitswelt

Herausgeber
Christian Schilcher,
Mascha Will-Zocholl,
Marc Ziegler,
Darmstadt, Deutschland

Das diesem Buch zugrunde liegende Vorhaben TRUST wurde mit Mitteln des Bundesministeriums für Bildung und Forschung unter dem Förderkennzeichen 01FH09136 bis 01FH09140 gefördert. Die Verantwortung für den Inhalt dieser Veröffentlichung liegt bei den Autorinnen und Autoren.

ISBN 978-3-531-18038-0   ISBN 978-3-531-94327-5 (eBook)
DOI 10.1007/978-3-531-94327-5

Die Deutsche Nationalbibliothek verzeichnet diese Publikation in der Deutschen Nationalbibliografie; detaillierte bibliografische Daten sind im Internet über http://dnb.d-nb.de abrufbar.

Springer VS
© VS Verlag für Sozialwissenschaften | Springer Fachmedien Wiesbaden GmbH 2012
Das Werk einschließlich aller seiner Teile ist urheberrechtlich geschützt. Jede Verwertung, die nicht ausdrücklich vom Urheberrechtsgesetz zugelassen ist, bedarf der vorherigen Zustimmung des Verlags. Das gilt insbesondere für Vervielfältigungen, Bearbeitungen, Übersetzungen, Mikroverfilmungen und die Einspeicherung und Verarbeitung in elektronischen Systemen.

Die Wiedergabe von Gebrauchsnamen, Handelsnamen, Warenbezeichnungen usw. in diesem Werk berechtigt auch ohne besondere Kennzeichnung nicht zu der Annahme, dass solche Namen im Sinne der Warenzeichen- und Markenschutz-Gesetzgebung als frei zu betrachten wären und daher von jedermann benutzt werden dürften.

Einbandentwurf: KünkelLopka GmbH, Heidelberg

Gedruckt auf säurefreiem und chlorfrei gebleichtem Papier

Springer VS ist eine Marke von Springer DE.
Springer DE ist Teil der Fachverlagsgruppe Springer Science+Business Media
www.springer-vs.de

Inhalt

Christian Schilcher, Mascha Will-Zocholl und Marc Ziegler
Vorwort 7

I. Einführung

Christian Schilcher, Rudi Schmiede, Mascha Will-Zocholl und Marc Ziegler
Vertrauen und Kooperationen in einer sich wandelnden Arbeitswelt –
eine Einführung 11

II. Kooperation und Konkurrenz

Arnold Windeler
Kooperation und Konkurrenz in Netzwerken. Theoretische Überlegungen
zur Analyse des Strukturwandels der Arbeitsorganisation 23

Miriam Wilhelm
Eher kooperativ denn kompetitiv? Zur Beantwortung der Netzwerkfrage
für die deutsche und japanische Automobilindustrie 51

III. Vertrauen in Kooperationen

Martin Endreß
Vertrauen und Misstrauen – Soziologische Überlegungen 81

Martin K. W. Schweer
Vertrauen als Organisationsprinzip in interorganisationalen
Kooperationen 103

Christian Schilcher, Marc Ziegler, Stefan Sauer, Mascha Will-Zocholl und Ann-Kathrin Poth
Personale und systemische Dimensionen des Vertrauens:
Vertrauenspraktiken am Beispiel unternehmens- und
standortübergreifender Kooperationen 123

Christiane Funken und Jules Thoma
Vertrauen und Misstrauen in KMU-Netzwerken 145

IV. Vertrauen in transnationalen und interprofessionellen Kontexten

Andreas Boes, Tobias Kämpf und Steffen Steglich
Global verteilte Kopfarbeit in der IT-Industrie: Arbeit und Vertrauen im
globalen „Informationsraum" 167

Melanie Fabel-Lamla
Vertrauen in der interprofessionellen Kooperation zwischen Lehrern und
Sozialpädagogen 195

Verzeichnis der Autorinnen und Autoren 215

Vorwort

Der vorliegende Band ist im Anschluss an den Workshop „Vertrauen und Kooperation in der Arbeitswelt" entstanden, der am 22. und 23. September 2010 an der Technischen Universität Darmstadt stattfand. Zu dem Workshop hatte das Forschungsprojekt TRUST eingeladen. TRUST ist ein vom Bundesministerium für Bildung und Forschung (BMBF) und Europäischen Sozialfonds (ESF) gefördertes Verbundprojekt, das unternehmensübergreifende Kooperationen in der Automobilindustrie untersucht und dabei besonderes Augenmerk auf die Rolle von Vertrauen legt. Der Workshop hatte zum Ziel, vorhandene Befunde und Konzepte zu den beiden Themenfeldern *Vertrauen* und *vernetzte, kooperative Arbeitsstrukturen* zusammenzubringen und einer integrierenden Betrachtung zugänglich zu machen.

Unser Dank gilt an dieser Stelle den Teilnehmerinnen und Teilnehmern des Workshops sowie den Autorinnen und Autoren dieses Bandes für ihre Beiträge. Wir danken unserer Lektorin Frau Monika Schulz und unseren studentischen Hilfskräften Sybille Kühnel und Robin Straub für die Endredaktion und die Erstellung des Manuskripts. Ebenso möchten wir uns bei dem BMBF und ESF bedanken, da ohne ihre Förderung das vorliegende Buch nicht zustande gekommen wäre. TRUST wird durch den Projektträger im Deutschen Zentrum für Luft- und Raumfahrt (DLR) betreut; hier möchten wir uns besonders bei Herrn Dr. Claudius Riegler für seine freundliche und kompetente Begleitung unseres Projektes bedanken. Schließlich bedanken wir uns bei Frau Katrin Emmerich vom VS Verlag für die sehr gute Zusammenarbeit.

Darmstadt im November 2011

Christian Schilcher, Mascha Will-Zocholl und Marc Ziegler

I. Einführung

Vertrauen und Kooperationen in einer sich wandelnden Arbeitswelt – eine Einführung

Christian Schilcher, Rudi Schmiede, Mascha Will-Zocholl und Marc Ziegler

Seit einigen Jahrzehnten vollzieht sich ein bedeutender Wandel der kapitalistischen Wirtschaftsweise, der einerseits durch eine wechselseitige Durchdringung von Ökonomie und Technik, andererseits durch eine zunehmende Ausdifferenzierung von Arbeits- und Organisationsformen, Produktionsweisen und Marktsegmenten bestimmt wird. Eine Reihe von soziologischen Gegenwartsdiagnosen hat mit der Entwicklung neuer Leitkonzepte den vielfältigen Versuch unternommen, diesen Wandel der Arbeitswelt und ihrer Organisations- und Kooperationsformen teils begrifflich zu verorten, teils empirisch zu belegen. So haben zum Beispiel Boltanski und Chiapello (2003) detailliert gezeigt, dass heute die Projektarbeit als ein, wenn nicht gar als *der* Prototyp neuer Formen der Arbeitsorganisation gelten kann. Mit Projektarbeit wird eine Form der Arbeitstätigkeit bezeichnet, die von den einzelnen Beschäftigten einen höheren persönlichen Einsatz, mehr Arbeitsmotivation, einen gestiegenen Anspruch an individueller Kreativität und einen souveränen Umgang mit Unsicherheiten und Unbestimmtheit – kurz: mehr Einbringung der eigenen Persönlichkeit – erfordert, als es bei traditionelleren, in feste Hierarchien und Ordnungen eingebundenen Formen der Arbeit der Fall gewesen ist. Höhere Anforderungen können zugleich ein Mehr an Freiheitsgraden bedeuten; die Kehrseite ist aber oft auch eine höhere Belastung. Mittlerweile finden wir eine breite Diskussion der erhöhten Bedeutung von Subjektivität, Individualität und Persönlichkeit in der Arbeitswelt und ihrer problematischen Konsequenzen für den Einzelnen (vgl. Kämpf et al. 2011; Schmiede 2011; Bröckling 2007; Schmiede 2006; Ehrenberg 2004; Kratzer 2003; Voß/Pongratz 2000).

Der diagnostizierte rapide Zuwachs an projektbasierten Arbeitsformen geht mit netzwerkförmigen Arbeits- und Kommunikationsstrukturen einher, die bereits Castells (2001) in den Begrifflichkeiten eines „informationellen Kapitalismus" und der „Netzwerkgesellschaft" beschrieben hat. Castells hebt in seinen Analysen besonders die zentrale Rolle der Informatisierung von Arbeit hervor, ohne die eine globalisierte und in Echtzeit miteinander kommunizierende Wirtschaft und Gesellschaft nicht funktionsfähig wäre (siehe auch Schmiede 1996;

Baukrowitz/Boes 1996). Globalisierung wird von ihm allerdings nicht lediglich im Sinne einer quantitativ wie qualitativ zu verstehenden Zunahme und Ausweitung der weltweiten wirtschaftlichen und technischen Vernetzung aufgefasst. Vielmehr lässt sich in Anschluss an Castells Analysen zeigen, inwiefern sich aktuell eine neue Qualität der internationalen Arbeitsteilung durchsetzt, die deutlich differenzierter ist, als dies zuvor in der Ära der Massenproduktion bis in die 1970er Jahre hinein der Fall gewesen ist. Dadurch sind sehr viel mehr und sehr viel enger definierte Teilmärkte entstanden. Die anhaltende Ausweitung netzwerkförmiger Kooperationsformen geht zudem mit einer organisatorischen Dezentralisierung von Unternehmen und Betrieben einher (vgl. Castells 2001; aber auch Sauer/Döhl 1997). Netzwerkstrukturen gewinnen dabei auf mehreren Ebenen an Bedeutung, und zwar innerhalb von Unternehmen und zwischen Unternehmensbereichen, aber auch zwischen verschiedenen Unternehmen; ebenso sind im Mikrobereich eine ganze Reihe von „communities of practice" entstanden (vgl. Schmiede 2006; Sydow 2001; Bieber 1992; Williamson 1985). Die Spanne der Analysen reicht von der Beschreibung hierarchisch strukturierter Auftraggeber-Auftragnehmerbeziehungen bis zu Netzwerken gleichberechtigter Partner (vgl. Wilhelm 2009; Sydow 2005; Boltanski/Chiapello 2003; Windeler 2001; Hirsch-Kreinsen 2000).

Die deutliche Zunahme von netzwerk- und projektförmigen Arbeits- und Unternehmensorganisationen zeitigt ebenso weitreichende Veränderungen und Ausdifferenzierungen der praktizierten Kooperationsformen. Als eine Form der organisierten Leistungserbringung treten neben die klassischen Wettbewerbsverhältnisse zunehmend kooperative Partnerschaften – bei fortdauernder Konkurrenz. Unternehmens- und innerbetriebliche Hierarchieebenen werden dabei netzwerkförmig restrukturiert. Dies gilt in gleicher Weise für eher regional ausgerichtete Formen der Zusammenarbeit[1] wie auch für Kooperationen im internationalen Maßstab inklusive derer, die mit einer arbeitskosteninduzierten Verlagerung von Arbeit einhergehen.[2] Konkurrenz schließt Kooperation nicht länger aus, vielmehr bestehen die Aufgaben und Erwartungen heutzutage vielerorts darin, Kooperation bei gleichzeitiger Konkurrenz – im Sinne einer „Coopetition" – erfolgreich zu praktizieren (vgl. Brandenburger/Nalebuff 2008; Jansen/Schleissinger 2000).

Mit den neuartigen Kooperationsformen ergeben sich eine Reihe neuer Bewährungsproben und Kompetenzanforderungen für die Projekt- und Wissensarbeiter in ihrem alltäglichen Arbeitshandeln. Die Bewältigung organisationsstrategischer Fragen auf der Managementebene (vgl. Sydow 2001) stellt

---

1 Siehe hierzu die Diskussion um die Entstehung von „industrial districts" (vgl. Becattini 2004).
2 Siehe hierzu die Diskussion um Offshoring (vgl. Boes/Kämpf 2009; Mayer-Ahuja 2010).

dabei lediglich eine der Herausforderungen dar. Die beschriebenen Veränderungen von Arbeit führen generell zu einer Erhöhung von Komplexität und Ungewissheit in der Arbeitswelt: In projektförmigen, in Teams organisierten Arbeitsprozessen bilden offene Verläufe und damit ungewisse Zukünfte eher die Regel als die Ausnahme. Hinzu kommt, dass zwar das Anforderungsvolumen an den einzelnen Mitarbeiter gestiegen ist, der Grad von persönlichem Kennen in solchen Zusammenhängen tendenziell jedoch geringer ausfällt als in traditionellen Organisationen, mithin die Routinen und Gewissheiten, wie sie für die stabileren, hierarchisch-bürokratischen Strukturen typisch waren, rückläufig sind oder gar ganz fehlen. Eine verstärkte Aufmerksamkeit der Analyse der Arbeit in netzwerkartigen, kooperativen Kontexten verdient daher das in der Arbeitswelt vorhandene Vertrauen bzw. Misstrauen (vgl. Powell 1990). Vermutlich, so die These, die sich durch eine Reihe von Beiträgen aus der Arbeitssoziologie und der Organisationsforschung zieht, führt die mit den aktuellen Transformationen von Ökonomie, Arbeit und Gesellschaft verbundene Abnahme von Erwartungssicherheit zu einer Neubewertung von Vertrauen (vgl. z. B. Bachmann 2001; Loose/Sydow 1994 und die Beiträge von Boes et al.; Funken/Thoma; Schilcher et al. in diesem Band). Die Folge ist, dass Vertrauen zunehmend als eine Komplexität reduzierende Handlungsorientierung verstanden wird, die auf eine ungewisse Zukunft gerichtet ist (vgl. Heisig 1997: 123).

Die überwiegend positiv beurteilte Wirkungsweise von Vertrauen in flexiblen, vernetzten Arbeitskontexten wird in der einschlägigen Literatur mit den folgenden Merkmalen beschrieben (vgl. Covey 2009; Schweer/Thies 2003): Vertrauen kann Verbindungen in kooperativen Prozessen stabilisieren, in Netzwerken den Raum zwischen Hierarchie und Markt füllen oder beim Umgang mit Ungewissheit helfen. Vertrauensbasierte Zusammenarbeit vermag – z. B. durch das Vermeiden von Überregulierungen oder Kontrollschleifen – Zeit zu sparen. Vertrauen hängt aufgrund des gegenseitigen Sich-etwas-Zutrauens mit Anerkennungsprozessen zusammen und trägt zu einer guten Arbeitsatmosphäre bei. Kommunikation verläuft reibungsloser, beim Austausch von Dokumenten und Ideen besteht eine größere Offenheit; funktionierende informelle Strukturen können befördert werden. Gefestigte Vertrauensverhältnisse halten die Befürchtungen vor opportunistischem Verhalten anderer in Grenzen. Sie sichern das Gefühl der Loyalität, das auch kleinere Probleme oder Irritationen aushält. Vertrauen löst, so die These, einige der Schwierigkeiten, die sich in modernen Arbeitswelten stellen.

Allerdings scheint ein Konzept, das Vertrauen zu einer rein ökonomischen Ressource stilisiert und dabei v. a. die Vorteile von Vertrauen betont, durchaus problematisch. Zum einen bleiben die beschriebenen Vorzüge von Vertrauensverhältnissen im Arbeitskontext immer auch fragil. Sie bleiben situativ und personell gebunden, sind keine Bestände, keine Garantien, sondern stets erneuerungs- und bestätigungsbedürftige Prozesse. Und zum anderen können Personen, zwischen denen Vertrauen besteht, fluktuieren. Vertrauen kann darüber hinaus auch enttäuscht oder ausgenutzt werden; Machtverhältnisse können Beziehungen dominieren oder Konkurrenzverhältnisse können Misstrauen evozieren. Wenn es stimmt, dass Organisationsformen wie z. B. Netzwerke jenseits von hierarchischen, stabilen Strukturen dynamischer sind und auch auf Vertrauen als eines ihrer „Schmiermittel" (Arrow 1980: 20) angewiesen sind, dann lohnt es sich, verstärkt auch die Ambivalenzen des Vertrauens in den Blick zu nehmen.

Darüber hinaus durchzieht Vertrauen eine Unbestimmtheitsrelation, die der eher verdinglichten Auffassung von Vertrauen als einer Ressource entgegensteht. Kontexte, in denen sich Vertrauen auf- und abbaut, sind zwar identifizierbar, Vertrauen ist aber nicht determinierbar oder formalisierbar. Vertrauen bleibt untrennbar mit sozialen Prozessen und Interaktionsdynamiken verbunden, und es bleibt, angesiedelt im Bereich zwischen Wissen und Nichtwissen (vgl. Simmel 1983), immer auch ein stückweit rätselhaft. Dies schlägt sich nicht zuletzt in den Definitionsschwierigkeiten des Begriffs Vertrauen nieder.

Das Verhältnis von Vertrauen, Misstrauen, Kontrolle und anderen Koordinationsformen in Kooperationen, so eine grundlegende Perspektive der Beiträge dieses Buches, muss in jeder Zusammenarbeit erneut austariert werden. Die konsequente wechselseitige Bezugnahme von Vertrauen und Kooperation aufeinander bildet daher den zentralen Schwerpunkt dieses Bandes. Während sich vertrauensvolle Beziehungen auf die Arbeit in Kooperationen sowie auf deren Organisation gleich in mehreren Hinsichten positiv auswirken können, herrscht gerade in Kooperationen zwischen Unternehmen, die in einem Konkurrenzverhältnis zueinander stehen, oft ein beachtliches Misstrauen zwischen den Akteuren. Gleichzeitig erscheint das Vorhandensein von Vertrauen für eine gelingende Kooperation häufig unerlässlich.

Es gibt bereits einige Untersuchungen zur Bedeutung von Vertrauen in der Arbeitswelt,[3] eine tiefer gehende Klärung des Wechselverhältnisses von Vertrauen und Kooperation wurde bislang jedoch nicht hinreichend geleistet. Hier besteht ein Defizit an einer disziplinenübergreifenden Grundlagenforschung, die das vorhandene Wissen über Vertrauen in soziologischer und psychologischer sowie in betriebswissenschaftlicher und pädagogischer Hinsicht aufgreift und mit Blick auf die Bedeutung von Arbeit und Kooperation zusammenführt. Dieser Band leistet in seiner interdisziplinären Perspektive hierzu einen Beitrag.

---

3 Siehe hierzu die Verweise in den jeweiligen Beiträgen.

Den Auftakt der Auseinandersetzung mit den oben skizzierten Themen bildet der Beitrag „Kooperation und Konkurrenz in Netzwerken. Theoretische Überlegungen zur Analyse des Strukturwandels der Arbeitsorganisation" von *Arnold Windeler*. Dieser setzt an der Diagnose an, dass Netzwerke heute in allen Bereichen moderner Gesellschaften viel Aufmerksamkeit finden, ohne dass deren Bedeutung für die Arbeitsorganisation dabei konsequent im Mittelpunkt steht. Will man die komplexen Veränderungen der Arbeitswelt analysieren und erklären, dann benötigt man tragfähige Netzwerkbegriffe und -theorien. Diese stellt Windeler – mit einem Schwerpunkt auf den Strukturations- und Governance-Ansätzen – in aller Kürze vor, um auf dieser Grundlage konzeptionell die Spezifik des netzwerkförmigen Verhältnisses von Kooperation, Konkurrenz und der entsprechenden Ausgestaltung von Arbeitsorganisation sowie deren zeitdiagnostische Bedeutung zu umreißen.

Anknüpfend an Windelers Überlegungen beleuchtet der Beitrag „Eher kooperativ denn kompetitiv? Zur Beantwortung der Netzwerkfrage für die deutsche und japanische Automobilindustrie" von *Miriam Wilhelm* die Zusammenarbeit zwischen Automobilherstellern und Zulieferern aus einer Netzwerkperspektive. Da nicht jede Beziehung zwischen Akteuren per se ein Netzwerk begründet, wird vor allem der Frage nachgegangen, ob der gewählte Untersuchungsgegenstand tatsächlich als ein Netzwerk zu verstehen ist, d. h., ob die Qualität der Beziehung zwischen dem untersuchten Hersteller und seinen First Tier-Zulieferern tatsächlich „eher kooperativ denn kompetitiv" ausgeprägt ist. Für die japanische Automobilindustrie dagegen wird die Netzwerkförmigkeit der Beziehungen zwischen dem Hersteller und seinen verbundenen Lieferanten innerhalb des sog. Keiretsu oftmals vorausgesetzt. Der dabei ebenso häufig konstatierte hohe Grad an Partnerschaftlichkeit wird mitunter sogar als ein Baustein des Erfolgs dieser Industrie gesehen. Aus diesem Grund werden Lieferantennetzwerke in Deutschland und Japan miteinander verglichen und im Hinblick auf ihre Netzwerkförmigkeit diskutiert.

Mit seinem Beitrag „Vertrauen und Misstrauen – Soziologische Überlegungen" erarbeitet *Martin Endreß* – ausgehend von drei Modi des Vertrauens (reflexiv, habituell, fungierend) – ein differenziertes Verständnis von Vertrauen als einem mehrdimensionalen Phänomen. Vertrauen wie Misstrauen eint dabei eine grundlegende Ambivalenz: Beide können sowohl als Kooperationsressource wie auch als Kooperationsrestriktion wirksam werden. Vor diesem Hintergrund geht Endreß den Entstehungsbedingungen und -konstellationen von Vertrauensverlust und Misstrauen nach, um die Konturen von Vertrauenskrisen sowohl in personalen als auch in institutionellen Konstellationen skizzieren zu können. Das dabei beobachtbare Spannungsverhältnis von individuellen Handlungsvollzügen und strukturellen Rahmenbedingungen bei der Erbringung wie dem Entzug von Vertrauen führt ihn zu dem Paradox der Institutionalisierung von Misstrauen als einer vertrauensbildenden Maßnahme. Ebenso lassen sich von hier aus Hinweise auf fördernde Rahmenbedingungen für die Etablierung von Vertrauenskulturen in personalen und institutionellen Kontexten geben.

Vor dem Hintergrund der gesamtgesellschaftlichen und insbesondere der wirtschaftlichen Dynamiken wird im Beitrag „Vertrauen als Organisationsprinzip in interorganisationalen Kooperationen" von *Martin K. W. Schweer* die Vertrauensthematik im Hinblick auf interorganisationale Kooperationen und Interaktionen beleuchtet. Hierzu arbeitet Schweer zunächst die Funktionalität von Vertrauen als Organisationsprinzip aus, um daran anschließend Perspektiven zur Modellierung der Vertrauensentwicklung im Kooperationsprozess vorzustellen. Unter Berücksichtigung aktueller empirischer Befunde wird dabei vor allem der Stellenwert kritischer personaler und situativer Parameter für die nachhaltige Etablierung von interorganisationalem Vertrauen spezifiziert.

Christian Schilcher, Marc Ziegler, Stefan Sauer, Mascha Will-Zocholl und *Ann-Kathrin Poth* plädieren in ihrem Beitrag „Personale und systemische Dimensionen des Vertrauens: Vertrauenspraktiken am Beispiel unternehmens- und standortübergreifender Kooperationen" für einen intersubjektiv gerahmten, interaktions- und situationsgebundenen Vertrauensbegriff, dessen handlungsvermittelte Kontextabhängigkeit in der Analyse heutiger Arbeitswelten stets mitberücksichtigt werden sollte. Die Autoren distanzieren sich dabei von der gängigen Binnendifferenzierung des Vertrauensbegriffes in persönliches Vertrauen und Systemvertrauen. Zum einen sollen somit fragwürdige Vereinseitigungen und Verdinglichungstendenzen der im Arbeitshandeln anzutreffenden Vertrauensprozesse vermieden werden, zum anderen erweist sich gerade das Konzept des Systemvertrauens als in einer unproduktiven Weise dilemmatisch verfasst. Diese Argumentationslinie sowie die generelle Relevanz von Vertrauen in Arbeitsverhältnissen werden durch empirische Untersuchungsergebnisse zu unternehmens- und standortübergreifenden Entwicklungskooperationen in der Automobilindustrie unterstützt.

Christiane Funken und *Jules Thoma* konzentrieren sich in ihrem Beitrag „Misstrauen in KMU-Netzwerken" darauf, einer Perspektive zu folgen, die Misstrauen in Kooperationen in den Mittelpunkt der Analyse stellt. Im Zentrum ihrer Betrachtung stehen durch regionale Fördermaßnahmen initiierte Netzwerke, die für KMU eine neue strategische Perspektive bieten. Damit die KMU die Potentiale der Vernetzung realisieren können, ist neben dem Aufbau von Vertrauen der produktive Umgang mit Misstrauen ein nicht zu unterschätzender Erfolgsfaktor. Anhand von zwei Beispielen aus dem BMBF-Projekt TRUSTnet werden die funktionalen sowie dysfunktionalen Wirkungsweisen von Misstrauen aufgezeigt. Eine Erfolg versprechende Strategie im Umgang mit Misstrauen kann, so die hier vertretende These, darin liegen, die Artikulation von Misstrauen systemisch zu institutionalisieren und so von den einzelnen Personen zu entkoppeln.

Mit dem Aufstieg neuer globaler Produktionsstrukturen erhält das Thema Vertrauen neue Bedeutung und Relevanz. Auf Basis des globalen Informationsraums werden heute auch im Bereich der Kopfarbeit weltweit verteilte Arbeitsprozesse möglich. Vorreiter und Enabler neuer globaler Geschäfts- und Produktionsmodelle ist die IT-Branche. *Andreas Boes, Tobias Kämpf* und *Steffen Steglich* argumentieren in ihrem Beitrag „Global verteilte Kopfarbeit in der IT-Industrie: Arbeit und Vertrauen im globalen 'Informationsraum'", dass der Vertrauensbegriff wichtige Impulse liefern kann, die entstehenden globalen Kooperationsbeziehungen zu verstehen. Auf Basis einer umfangreichen Empirie wird rekonstruiert, dass Kooperation, gerade im globalen Kontext, die Frage nach dem Vertrauen in der Zusammenarbeit der Beschäftigten immer wieder neu auf die Tagesordnung setzt. Es zeigt sich in der Praxis, dass Standortkonkurrenzen das Systemvertrauen unterminieren und so personale Vertrauensbeziehungen und die Kommunikation von Wissen blockiert werden. Das Thema Vertrauen ist daher zentraler Bestandteil eines notwendigen neuen Leitbilds nachhaltiger Globalisierung.

Ausgehend von der Überlegung, dass in der Zusammenarbeit von Lehrern und Sozialpädagogen aufgrund strukturell angelegter Probleme eine Zuspitzung der Vertrauensproblematik stattfinde, werden in dem Beitrag „Vertrauen in der interprofessionellen Kooperation zwischen Lehrern und Sozialpädagogen" von *Melanie Fabel-Lamla* in einer ethnographisch angelegten Einzelfallstudie der Vertrauensaufbau sowie Bedingungen und Strategien der Aufrechterhaltung von Vertrauen in der Zusammenarbeit eines Teams von zwei Klassenlehrern und einer Sozialpädagogin rekonstruiert. Der Fall zeigt zum einen, wie sich die reflexive Gestaltung des Vertrauensbildungsprozesses positiv auf die Kooperation auswirkt und gegenseitiges Vertrauen als wesentliche Voraussetzung für die gelingende Kooperation zu werten ist. Zum anderen verweist er auf einen nötigen sensiblen Umgang mit Ungleichverteilungen von riskanten Vorleistungen der Vertrauensgabe und von Beweislasten der Vertrauenswürdigkeit in asymmetrischen Kooperationsbeziehungen und zeigt weitere Handlungsstrategien der Vertrauensgenerierung und des -erhalts auf.

Literatur

Arrow, Kenneth Joseph (1980): Wo Organisation endet. Management an den Grenzen des Machbaren. Wiesbaden: Gabler
Bachmann, Reinhard (2001): Trust, Power and Control in Trans-Organizational Relations. In: Organization Studies 22(2): 337–365
Baukrowitz, Andrea/Boes, Andreas (1996): Arbeit in der "Informationsgesellschaft". Einige Überlegungen aus einer (fast schon) ungewohnten Perspektive. In: Schmiede, Rudi (Hrsg.) (1996): 129–158
Becattini, Giàcomo (2004): Industrial districts. A new approach to industrial change. Cheltenham: Elgar
Bieber, Daniel (1992): Systemische Rationalisierung und Produktionsnetzwerke. In: Malsch, Thomas (Hrsg.) (1992): ArBYTE. Modernisierung der Industriesoziologie? Berlin: edition sigma: 271–293
Brandenburger, Adam M./Nalebuff, Barry J. (2008): Coopetition. Kooperativ konkurrieren. Eschborn: Rieck
Boes, Andreas/Kämpf, Tobias (2009): Offshoring und die neuen Unsicherheiten einer globalisierten Arbeitswelt. In: ver.di (Hrsg.) (2009): Hochseilakt. Leben und Arbeiten in der IT-Branche. Berlin: ver.di: 23–41
Boltanski, Luc/Chiapello, Ève (2003): Der neue Geist des Kapitalismus. Konstanz: UVK
Bröckling, Ulrich (2007): Das unternehmerische Selbst. Soziologie einer Subjektivierungsform. Frankfurt/Main: Suhrkamp
Castells, Manuel (2001): Das Informationszeitalter Wirtschaft. Gesellschaft. Kultur. Band. 1: Der Aufstieg der Netzwerkgesellschaft. Opladen: Leske + Budrich
Covey, Stephen (2009): Schnelligkeit durch Vertrauen. Die unterschätzte ökonomische Macht. Offenbach: Gabal
Ehrenberg, Alain (2004): Das erschöpfte Selbst. Frankfurt/Main, New York: Campus
Hirsch-Kreinsen, Hartmut (2002): Unternehmensnetzwerke – revisited. Zeitschrift für Soziologie 31: 106–124
Kämpf, Tobias/Boes, Andreas/Gül (Trinks), Katrin (2011): Gesundheit am seidenen Faden. Eine neue Belastungskonstellation in der IT-Industrie. In: Anja Gerlmaier; Erich Latniak (Hrsg.) (2011): Burnout in der IT-Branche. Ursachen und betriebliche Prävention. Kröning: Asanger: 91–152
Jansen, Stephan A./Schleissinger, Stephan (Hrsg.) (2000): Konkurrenz und Kooperation. Interdisziplinäre Zugänge zur Theorie der Co-opetition. Marburg: Metropolis
Kratzer, Nick (2003): Arbeitskraft in Entgrenzung. Grenzenlose Anforderungen, erweiterte Spielräume, begrenzte Ressourcen. Berlin: edition sigma
Heisig, Ulrich (1997): Vertrauensbeziehungen in der Arbeitsorganisation. In: Schweer, Martin K. W. (Hrsg.) (1997): Interpersonales Vertrauen. Opladen: Westdeutscher Verlag: 121–153
Loose, Achim/Sydow, Jörg (1994): Vertrauen und Ökonomie in Netzwerkbeziehungen. Strukturationstheoretische Betrachtungen. In: Sydow, Jörg/Windeler, Arnold (Hrsg.) (1994): Management interorganisationaler Beziehungen. Vertrauen, Kontrolle und Informationstechnik. Wiesbaden: Westdeutscher Verlag: 160–193
Mayer-Ahuja, Nicole (2010): IT-Arbeit zwischen Deutschland und Indien. Multilokalität im Spannungsfeld von (Re-)Produktionsszenario und transnationaler Konzernstruktur. In: Soeffner, Hans-Georg (Hrsg.) (2010): Unsichere Zeiten. Herausforderungen gesellschaftlicher Transformationen. Wiesbaden: VS Verlag für Sozialwissenschaften
Powell, Walter W. (1990): Neither market nor hierarchy. Network forms of organization. In: Research in Organizational Behavior 1: 295–336
Sauer, Dieter/Döhl, Volker (1997): Die Auflösung des Unternehmens? Entwicklungstendenzen der Unternehmensreorganisation in den 90er Jahren. In: ISF/INIFES/IfS/SOFI (Hrsg.) (1997):

Jahrbuch Sozialwissenschaftliche Technikberichterstattung 1996. Berlin: edition sigma: 19–76

Schmiede, Rudi (Hrsg.) (1996): Virtuelle Arbeitswelten. Arbeit, Produktion und Subjekt in der "Informationsgesellschaft". Berlin: edition sigma

Schmiede, Rudi (1996): Informatisierung, Formalisierung und kapitalistische Produktionsweise. Entstehung der Informationstechnik und Wandel der gesellschaftlichen Arbeit. In: Ders. (Hrsg.) (1996): 15–47

Schmiede, Rudi (2006): Wissen und Arbeit im „Informational Capitalism". In: Baukrowitz, Andrea /Berker, Thomas/Boes, Andreas/Pfeiffer, Sabine/Schmiede, Rudi/Will, Mascha (Hrsg.) (2006): Informatisierung der Arbeit. Gesellschaft im Umbruch. Berlin: edition sigma: 455–488

Schmiede, Rudi (2011): Macht Arbeit depressiv? Psychische Erkrankungen im flexiblen Kapitalismus. In: Koppetsch, Cornelia (Hrsg.) (2011): Die Innenwelten des Kapitalismus. Wiesbaden: VS Verlag für Sozialwissenschaften: 113–138

Schweer, Martin K. W./Thies, Barbara (2003): Vertrauen als Organisationsprinzip. Perspektiven für komplexe soziale Systeme. Bern u. a.: Huber

Simmel, Georg (1983): Soziologie. Untersuchung über die Formen der Vergesellschaftung. Berlin: Duncker und Humblot

Sydow, Jörg (Hrsg.) (2001): Management von Netzwerkorganisationen. Beiträge aus der „Managementforschung". Wiesbaden: Gabler: 293–340

Sydow, Jörg (2005): Strategische Netzwerke. Evolution und Organisation. Wiesbaden: Gabler

Voß, G. Günter/Pongratz, Hans J. (1998): Der Arbeitskraftunternehmer. Eine neue Grundform der Ware "Arbeitskraft"? In: Kölner Zeitschrift für Soziologie und Sozialpsychologie 50(3): 131–158

Wilhelm, Miriam (2009): Kooperation und Wettbewerb in Automobilzuliefernetzwerken. Erkenntnisse zum Management eines Spannungsverhältnisses aus Deutschland und Japan. Marburg: Metropolis

Williamson, Oliver E. (1990): Die ökonomischen Institutionen des Kapitalismus. Unternehmen, Märkte, Kooperationen. Tübingen: Mohr

Windeler, Arnold (2001): Unternehmungsnetzwerke. Konstitution und Strukturation. Wiesbaden: VS Verlag für Sozialwissenschaften

II. Kooperation und Konkurrenz

Kooperation und Konkurrenz in Netzwerken. Theoretische Überlegungen zur Analyse des Strukturwandels der Arbeitsorganisation

Arnold Windeler

Zusammenfassung

Netzwerke finden heute in allen Bereichen moderner Gesellschaften viel Aufmerksamkeit. Deren Bedeutung für die Arbeitsorganisation steht dabei zumeist nicht im Mittelpunkt. Gerade in westlichen Industriestaaten ist die reflexive Gestaltung von Vernetzung Moment eines Strukturwandels der Arbeitsorganisation, der seinen Ausdruck in der Pluralisierung parallel verfolgter Formen der Organisation von Arbeit findet und die in Netzwerke eingebundenen Organisationen und in ihnen Beschäftigte in ein besonderes Verhältnis von Kooperation und Konkurrenz setzt. Will man die angesprochenen komplexen Veränderungen analysieren und erklären, dann benötigt man einen Netzwerkbegriff und Netzwerktheorien. Diese stelle ich in aller Kürze ausgehend von im weltweiten Netzwerkdiskurs heute relevanten Theorieansätzen vor, um auf dieser Grundlage konzeptionell die Spezifik des netzwerkförmigen Verhältnisses von Kooperation und Konkurrenz und der netzwerkartigen Ausgestaltung von Arbeitsorganisation und deren zeitdiagnostische Bedeutung zu umreißen.

1. Gegenstand und Problemstellung

Netzwerke finden heute in allen Bereichen moderner Gesellschaften viel Aufmerksamkeit. Deren Bedeutung für die Arbeitsorganisation steht dabei zumeist nicht im Mittelpunkt. Wie Studien zu Lean Production (Womack et al. 1991), flexibler Spezialisierung (Piore/Sabel 1985), systemischer Rationalisierung (Altmann et al. 1986; Baethge/Oberbeck 1986) und reflexiver Vernetzung (Windeler 2001) aufzeigen, avancierte Vernetzung seit den 1980er Jahren nicht nur zu einer Leitmetapher radikal moderner Gesellschaften (Giddens 1990a), sondern setzt auch die in Netzwerke eingebundenen Organisationen und in ihnen Beschäftigten in ein besonderes Verhältnis von Kooperation und Konkurrenz. Gerade die reflexive Gestaltung von Vernetzung ist in westlichen Industriestaaten Moment eines weit über die unmittelbaren Netzwerkkontexte hinausweisenden grundlegenden Strukturwandels der Arbeitsorganisation, der seinen Ausdruck in der Pluralisierung parallel verfolgter Formen der Organisation von Arbeit findet. Will man die angesprochenen Veränderungen verstehen und erklären, dann benötigt man einige Vorüberlegungen, um das vielfältige Phänomen Vernetzung zu erfassen und um sich in dem durch einen Dschungel von Begriffen und Konzepten charakterisierten Netzwerkdiskurs zurechtzufinden. Hilfreich sind ein allgemeiner Netzwerkbegriff und ein Wissen um etablierte theoretische Perspektiven auf das Netzwerkphänomen. Der Aufsatz konzentriert sich auf die Vorstellung theoretischer Begriffe und Konzepte. In den Abschnitten 2 und 3 umreiße ich eine Netzwerkperspektive, die als Ausgangspunkt einer Netzwerkbetrachtung und Diskussion von Netzwerkansätzen dienen kann. Dazu stelle ich sukzessive einzelne Begriffe und Konzepte vor, welche die beiden Theorieperspektiven charakterisieren, die heute weltweit den Netzwerkdiskurs prägen. Das erlaubt mir in den Abschnitten 4 und 5 die netzwerkförmige Ausgestaltung des Verhältnisses von Kooperation und Konkurrenz und der Organisation von Arbeit zu skizzieren. Der Aufsatz endet mit einer zeitdiagnostischen Überlegung zur Bedeutung reflexiver Vernetzung für den Strukturwandel der Arbeitsorganisation in modernen Gesellschaften.

2. Allgemeine Ansatzpunkte soziologischer Netzwerkbetrachtung

Versucht man zu verstehen, was Netzwerke sind, dann erweist sich das als nicht einfach. Es ist zwar nicht mehr so, wie Miles und Snow (1986: 62) noch zu Beginn der aktuellen Debatte formulierten, dass Netzwerke für uns immer noch vollkommen unbekannte Wesen sind, die herumstreunen, und die wir nicht mal zu identifizieren vermögen. Ein Blick auf die Netzwerkforschung der letzten 25 Jahre macht aber unmissverständlich klar: Das Phänomen Netzwerk ist vielfältig. Ein paar Schlaglichter mögen das illustrieren. Einmal werden Netzwerke als Geflechte sozialer Beziehungen adressiert, das andere Mal als spezielle Form der Steuerung von Aktivitäten und Beziehungen (Windeler 2005). Sodann thematisieren einige Autoren Vernetzung über personale Beziehungen – etwa als Moment der Gruppenbildung zwischen Arbeitern in Fertigungsunternehmen (Homans 1960) oder der Aufrechterhaltung sozialer Ungleichheiten via „Old Boys Netzwerke" US-amerikanischer Eliteuniversitäten (Hartmann 2004). Andere betrachten Vernetzung über Geschäftsbeziehungen *in* Unternehmungen, wie Bartlett und Ghoshal (1989), die intraorganisationale Vernetzung als Grund für die optimale Anpassung transnationaler Unternehmungen an lokale Bedürfnisse und markt- und produktionsökonomische Erfordernisse im transnationalen Maßstab ansehen. Wieder andere konzentrieren sich auf Geschäftsbeziehungen *zwischen* Endfertigern und Zulieferern von der Automobilindustrie (Mendius/ Wendeling-Schröder 1991) bis hin zur Mode- und Spielzeugindustrie, die heute prominent ebenso internationale Wertschöpfungsketten wie regionale Cluster prägen, sei es in der Emilia Romagna in Norditalien (Amin/Thrift 1992) oder im Silicon Valley bzw. entlang der Route 128 in den Vereinigten Staaten von Amerika (Saxenian 1994). Prominent untersucht werden in den letzten Jahren die vernetzte Content-Produktion in der Kultur- und Medienindustrie (Sydow/ Windeler 2004; Wirth 2010). Andere Gesellschaftsbereiche – wie das Gesundheitswesen – sind dagegen bisher kaum analysiert, obgleich Vernetzung im Begriffe ist, zum neuen Mantra der Gesundheitspolitik aufzusteigen (für einen ersten Einblick Amelung et al. 2009).

Angesichts der Vielfalt und Unterschiedlichkeit der als Netzwerk bezeichneten Phänomene überrascht es kaum, dass umstritten ist, wie Netzwerke zu definieren sind. In der Literatur findet sich heute bereits eine kaum zu übersehende Vielzahl von Definitionen, deren Anzahl sich fortlaufend erhöht, da bis heute ungebrochen im Feld der Netzwerkforschung Netzwerke immer wieder erneut definiert werden (Windeler 2003). Hilfreich ist in dieser Situation die Verständigung über ein Grundverständnis von Vernetzung. Für viele überraschend, lässt sich ein solches Verständnis ausgehend von der Vorstellung von Gesellschaft bei Marx in den „Grundrissen" formulieren, obgleich dieser weder Netzwerke untersucht noch explizit von ihnen spricht:

> „Die Gesellschaft besteht nicht aus Individuen, sondern drückt die Summe der Beziehungen, Verhältnisse aus, worin diese Individuen zueinander stehn. Als ob einer sagen wollte: Vom Standpunkt der Gesellschaft aus existieren Sklaven und citizens nicht: sind beide Menschen. Vielmehr sind sie das außer der Gesellschaft. Sklav sein und citizen sein, sind sie das außer der Gesellschaft? Sklav sein und citizen sein, sind gesellschaftliche Bestimmungen, Beziehungen der Menschen A und B. Der Mensch A ist als solcher nicht Sklav. Sklav ist er in der und durch die Gesellschaft" (Marx 1953: 176).

Dass der Bezug auf Marx durchaus naheliegend und plausibel ist, zeigt sich darin, dass Vertreter der heute weltweit führenden Netzwerkforschung – wie Mitchell (1969), einer ihrer Begründer, aber auch Emirbayer (1997) – gesellschaftliche Phänomene in einem grundlegenden Sinne ganz wie Marx thematisieren, wenn sie Gesellschaftliches über Netzwerke analysieren und Netzwerke definieren als:

„a specific set of linkages among a defined set of actors, with the additional property that the characteristics of these linkages as a whole may be used to interpret the social behaviour of the actors involved" (Mitchell 1969: 2).

Versteht man Netzwerke als *Geflechte miteinander verknüpfter Beziehungen* zwischen einer definierten Gruppe von Akteuren, dann lassen sich mit diesem Begriff nicht nur eine Vielzahl der oben aufgelisteten Phänomene als Netzwerkphänomene bestimmen; es lässt sich auch eine Netzwerkperspektive auf Soziales gewinnen, in der Akteure und deren Handlungsvermögen immer als in Geflechte von Beziehungen eingebettet betrachtet werden, sodass Handelnde, seien es Individuen, Organisationen oder Nationalstaaten, immer in Beziehung zu anderen Akteuren stehen und ihr Handlungsvermögen sich immer in Geflechten sozialer Beziehungen konstituiert. Die Netzwerkperspektive erlaubt ergänzend, Netzwerkstudien zu beurteilen. Schaut man aus einer Netzwerkperspektive etwa auf transaktionskostentheoretische Studien (Williamson 1990), dann fällt auf: Sie sind gar keine Netzwerkstudien, da sie lediglich Vertragsbeziehungen zwischen zwei Geschäftspartnern – also lediglich dyadische Beziehungen – analysieren, ohne diese in ihrer Einbettung in Geflechte miteinander verknüpfter sozialer Beziehungen zu betrachten. Der vorgestellte Netzwerkbegriff qualifiziert sich also aus verschiedenen Gründen als ein allgemeiner Netzwerkbegriff: Er erlaubt, zunächst eine Vielzahl empirischer Phänomene einzuordnen und über die Einbettung in strukturierte Geflechte sozialer Beziehungen in ihrer sozialen Bedeutung aufzunehmen. Ferner gestattet dieser Netzwerkbegriff eine allgemeine Netzwerkperspektive zu umreißen und ist gleichzeitig hinreichend offen für weitere begriffliche Qualifizierungen, da er keine theoretischen Vorentscheidungen darüber trifft, wie die Beziehungsgeflechte in der Zeit und im Raum produziert und reproduziert werden.

Jede theoretisch fundierte Netzwerkanalyse benötigt jedoch ein solches Verständnis. Marx in den „Grundrissen" liefert auch hier eine brauchbare allgemeine Vorlage:

> „Alles, was feste Form hat, wie Produkte etc., erscheint nur als Moment, verschwindendes Moment in dieser Bewegung. Der unmittelbare Produktionsprozess selbst erscheint hier nur als Moment. Die Bedingungen und Vergegenständlichungen des Prozesses sind selbst gleichmäßig Momente desselben, und als die Subjekte desselben erscheinen nur die Individuen, aber die Individuen in Beziehungen aufeinander, die sie ebenso reproduzieren wie neuproduzieren. Ihr eigener beständiger Bewegungsprozess, in dem sie sich ebensosehr erneuern als die Welt des Reichtums, die sie schaffen" (Marx 1953: 600).

Die Textpassage umreißt den „Keim einer brillanten Weltsicht" (Giddens 1990b: 297), selbst wenn Marx diese in späteren Schriften – wie in seinem Hauptwerk „Das Kapital" – nur in Ansätzen nutzt. Das Brillante liegt in der

Vorstellung einer nicht nur prozessualen, sondern auch rekursiven Reproduktion und Veränderung des Sozialen. Denn die „Bedingungen und Vergegenständlichungen des Prozesses" – wie im Fall von Netzwerken, deren Strukturen und Strukturmerkmale – werden nicht nur als „gleichmäßiges Moment desselben" Prozesses gefasst. Es sind „Individuen in Beziehung aufeinander", die unter Aufnahme gesellschaftlicher Zusammenhänge die „Bedingungen und Vergegenständlichungen des Prozesses" „reproduzieren und verändern". „Alles, was feste Form hat", gibt Akteuren Bedingungen des Handelns vor, die Handelnde jedoch mit anderen gleichmäßig und wiederkehrend als gleichbleibende oder veränderte „Vergegenständlichungen" hervorbringen, fortschreiben oder verändern. Diese Bestimmung qualifiziert sich für eine allgemeine Bestimmung der Produktion und Reproduktion des Sozialen, da sie präzise eine allgemeine Idee von diesem Prozess umreißt, jedoch Platz für unterschiedliche theoretische Festlegungen der konkreten Ausgestaltung des Prozesses bietet.

3. Theorieperspektiven im Netzwerkdiskurs – Die Positionen der strukturellen Netzwerkanalyse und der Governanceforschung

Ist das Feld der Netzwerkforschung auf den ersten Blick unübersichtlich und durch einen hohen Grad von Heterogenität gekennzeichnet (Windeler 2001, 2003), so lässt sich die Mehrzahl der Netzwerkstudien doch zwei Diskursen zuordnen, dem Diskurs um die *strukturelle Netzwerkanalyse* und dem um die *Governanceforschung*.

3.1 Die Perspektive der strukturellen Netzwerkanalyse

Die strukturelle Netzwerkanalyse versteht Netzwerke – ganz wie im Abschnitt 2 mit Mitchell definiert – als Geflechte verknüpfter sozialer Beziehungen und konzentriert sich in ihren Untersuchungen auf Regelmäßigkeiten in den Mustern von Beziehungen zwischen konkreten Einheiten (White et al. 1976: 733 f.). Auf einer Mesoebene untersucht sie etwa Beziehungsgeflechte zwischen Organisationen und deren Bedeutung für Organisationsstrukturen, Handlungen, die erzielte Performanz bzw. das Überleben von Organisationen, den Erwerb von Status und den Zugang zu Informationen oder materiellen Ressourcen (vgl. Burt 1983; Haveman/Khaire 2006: 277). Dem *strukturtheoretischen Netzwerkansatz* unterliegt die Grundannahme, die bereits über die oben aufgeführte, allgemeine Definition von Netzwerken hinausgeht: Will man das Handeln von Akteuren wie Individuen, Organisationen und Nationalstaaten verstehen und erklären, dann sind die Strukturen der Geflechte wichtiger als das beobachtete Verhalten oder die Attribute von Akteuren (wie Alter, Geschlecht usw.) (White et al. 1976). Als Beleg wird darauf verwiesen, dass Wahrnehmungen, Vorstellungen und Handlungen von Akteuren je nach Setting unterschiedlich ausfallen, obgleich deren Attribute gleichbleiben: Arbeiter etwa handeln im Betrieb, in der Gewerkschaft, der Freizeit und der Familie recht unterschiedlich (Knoke/Yang 2008). Ob und wie weitgehend Strukturmerkmale der Beziehungsgeflechte das Verhalten der Akteure bestimmen oder primär Handlungsgelegenheiten offerieren, die von Akteuren erst aktiv genutzt werden müssen, damit sie handlungsbedeutsam werden, ist in der Netzwerkdefinition von Mitchell offengelassen. In der Forschungstradition der strukturellen Netzwerkanalyse wird jedoch zumeist von einer weitgehenden bis vollkommenen Bestimmung des Verhaltens durch die Netzwerkstrukturen ausgegangen, was sowohl Emirbayer und Goodwin (1994) als auch Salancik (1995) zu Recht kritisieren.

Die bis heute wohl berühmteste, im Geist der strukturellen Netzwerkanalyse argumentierende Studie, ist die Studie „Getting a Job" von Granovetter (1995). Sie verkörpert auf exzellente Art und Weise die Idee des Forschungsansatzes, da sie die Bedeutung informeller Netzwerke, jenseits der eigenen Familie, bei der Arbeitssuche – zumindest für Arbeitssuchende mit akademischem Hintergrund – als entscheidend herausarbeitet. Dies ist ein Befund, den verschiedene Nachfolgestudien bestätigen (vgl. etwa für Japan Rosenbaum/Kariya 1989; für Deutschland Wirth 2006).

Für Granovetter eröffnen die Geflechte sozialer Beziehungen, in die Akteure eingebettet sind, sowohl Organisationen, die Arbeitskräfte suchen, als auch Individuen, die nach Arbeit in einer Organisation Ausschau halten, Chancen: Netzwerke verschaffen nämlich wesentlich *präzisere Informationen* über freie oder frei werdende Arbeitsplätze als öffentlich zugängliche Informationsquellen, da sie nuancierte Informationen über die wirtschaftliche Situation der Unternehmung liefern und Bewerbern wie Unternehmungen Einschätzungen offerieren, ob der Arbeitssuchende ins Team passt. Zudem kann ein „gutes Wort" eines Bekannten die Einstellung befördern. Das bedeutet umgekehrt: Arbeitssuchende ohne derartige Informationskanäle – also diejenigen, die entsprechend dem Ideal des „perfekten Marktes" handeln – haben viel geringere Chancen auf eine passende Beschäftigung und finden sich mit höherer Wahrscheinlichkeit auf ungewünschten Positionen wieder (Granovetter 1995: 95).

Nicht alle Netzwerke sind jedoch für die Arbeitssuche gleich bedeutsam. Deren Wichtigkeit variiert mit deren Strukturmerkmalen. Granovetter betont die *Stärke schwacher Beziehungen*, das heißt die Stärke von eher flüchtigen Beziehungen mit einer geringeren Kontakthäufigkeit, da es gerade solche Beziehungen sind, die Brücken in Beziehungszusammenhänge jenseits der eigenen Familie und des engeren Freundeskreises bilden können. Gerade solche, als Brücken fungierenden, schwachen Beziehungen weiten das Spektrum der zugänglichen Informationen aus und begrenzen gleichzeitig den Wettbewerb mit anderen. Diese Überlegung unterliegt auch dem von Burt (1992, 2004) formulierten Konzept der *strukturellen Löcher*, welches Lücken im Geflecht zwischen Akteuren oder Akteursgruppen bezeichnet. Akteure, die in Beziehungsgeflechten solche strukturelle Löcher überbrücken, können Kommunikationen anderer kontrollieren, Akteure gegebenenfalls gegeneinander ausspielen und die Rolle des „lachenden Dritten" (Simmel 1968: 82 ff.) einnehmen.[1]

Obgleich Arbeit eher selten ein Thema von Studien der strukturellen Netzwerkanalyse ist, lassen sich diese gleichwohl in Bezug auf ihre Bedeutung für die Organisierung von Arbeit re-interpretieren. Das Ausmaß, in dem Akteure in Beziehungsgeflechten in der Lage sind, strukturelle Löcher zu überbrücken und ansonsten unverbundene Gruppen miteinander zu verbinden, beeinflusst nämlich auch deren arbeitsbezogenes Handlungsvermögen. Denn je nach Lage können Akteure besser als andere an nuancierte Informationen gelangen, und damit ihr Arbeitsvermögen, ihre Karriereaussichten sowie ihre Aussichten auf Bonuszahlungen verbessern (Burt 1992, 1997). Gleichzeitig verdeutlichen Studien, dass der Inhalt der Beziehungen für die jeweils erzielten Resultate wichtig ist. Es macht also einen Unterschied, was ausgetauscht wird (Güter oder Dienstleistungen, Freundschaft, arbeitsbezogene Informationen, Karrierehinweise oder autoritative Anweisungen (Haveman/Khaire 2006: 286)) und wie kritisch das Ausgetauschte für die Austauschenden ist. Zudem kann eine strukturelle Netzwerkanalyse insbesondere ein Verständnis von Arbeitssituationen befördern, in denen Beschäftigte mit Anforderungen an die proaktive Verausgabung von Arbeitskraft konfrontiert sind, wie das bei Teamarbeit (etwa Minssen 2006), Arbeitskraftunternehmern (Voß/Pongratz 1998) oder IT-Spezialisten (Barley/ Kunda 2004) der Fall ist.

Wie die Studie „Getting a Job" von Granovetter aufzeigt und andere, durch den Ansatz der strukturellen Netzwerkanalyse inspirierte oder in dieser Tradition durchgeführte Studien verdeutlichen – man denke beispielsweise an die Studie von Castells (1996) zum Informationszeitalter, die netzwerkanaly-

---

1   Burt verknüpft seinen Befund sogar – recht ökonomistisch (zur Kritik Windeler 2001: 121 ff.) – zugleich mit einer speziellen Netzwerkstrategie: Akteure mit mehreren redundanten Beziehungen in eine Gruppe von eng miteinander verbundenen Kontaktpersonen sollten ihre Zeit- und Geldressourcen möglichst nicht für die Pflege dieser redundanten Beziehungen nutzen, sondern zum Aufbau nicht-redundanter Beziehung in andere Gruppen.

tisch die gesellschaftliche Bedeutung von Informationstechnologien diskutiert, oder an die Studie von Ferarry und Granovetter (2009), die netzwerkanalytisch die Robustheit von Innovation im Silicon Valley untersucht –, nutzen viele Gesellschaftsanalysen heute explizit den allgemeinen Netzwerkbegriff in der von der strukturellen Netzwerkanalyse geprägten Fassung. Gleichzeitig präzisieren die Studien den Netzwerkbegriff auf vielfältige Art und Weise. Sie zeigen, dass Akteure gleichzeitig verschiedene Beziehungen miteinander pflegen können, etwa zur gleichen Zeit eine Geschäfts- und eine Freundschaftsbeziehung, und dass die Beziehungen durch unterschiedliche Merkmale charakterisiert sein können, etwa stärker durch Macht oder durch Vertrauen. Ferner können Akteure sich gleichzeitig auch in verschiedene Geflechte von Beziehungen einbinden, die in ihrem Zusammenspiel das Handlungsvermögen von Akteuren und die Bedingungen beeinflussen, unter denen sie handeln können. Entscheidend ist: Die Beziehungsgeflechte zwischen Akteuren – beispielsweise zwischen Arbeitern und Managern in einer Unternehmung oder zwischen Organisationen in einem organisationalen Feld – weisen Merkmale auf, die weder auf einzelne Individuen oder Organisationen zurückführbar sind, noch auf isolierte Beziehungen zwischen ihnen. Das, was Akteure jeweils tun, wie sie handeln können, bis hin zu den Positionen, die sie einnehmen, ist nur durch Rückgriff auf Charakteristika der Sets von Beziehungsgeflechten zu erklären, ohne dass die Beziehungen formell geregelt und von Akteuren vollständig wahrgenommen oder verstanden sein müssen (Cook et al. 1983).

Strukturelle Netzwerkanalysen, wie die bereits zitierte Studie von Granovetter, verdeutlichen jedoch auch das basale Theorieproblem des Ansatzes. Emirbayer (1997: 303 ff.) hat die Grundprobleme jüngst in seinem „Manifesto for a Relational Sociology" umrissen (jetzt z. B. ergänzt durch Crossley 2011): Sie betreffen die Festlegung der Grenzen der Netzwerke, die Erklärung des Wandels bzw. der Dynamik von Netzwerken, das Erfassen der Ursachen dafür, warum etwas so ist, wie es ist, warum es so verbleibt oder eben nicht und die Bedeutung der normativen Grundlagen und Implikationen von Vernetzung. Die Probleme verdeutlichen: Dem Ansatz fehlt vor allem ein adäquates Verständnis der rekursiven Konstitution. Denn strukturelle Analysen konzentrieren sich – wie auch Granovetters Studie zeigt – lediglich auf die Prägung des Handelns durch Strukturen, während sie die Herausbildung, Aufrechterhaltung und Veränderung der Strukturen unterbelichtet lassen. In diesen Netzwerkanalysen bleibt daher unklar, wie Individuen oder Organisationen relevante Strukturen und Strukturmerkmale unter Rekurs auf umfassende Zusammenhänge aktiv und reflexiv nutzen bzw. nutzen können. Auch bleibt ungeklärt, was das für die Reproduktion und Veränderung der Beziehungsgeflechte und die übergreifenden Zusammenhänge – wie organisationale Felder oder die Gesellschaft – in

Zeit und Raum heißt (Windeler 2001). Zugespitzt gesagt: Die strukturelle Netzwerkanalyse kann zwar in vielfältiger Hinsicht die empirische Erforschung von Arbeitsstrukturen befruchten; sie ist aber, solange sie ihren Theorieansatz nicht grundlegend verbessert, nicht in der Lage, die Bedeutung der Beziehungsgeflechte und ihrer Strukturen hinsichtlich des Wandels von Arbeit und Organisation zu erklären. Eine Möglichkeit, die Erträge der strukturellen Netzwerkanalyse nutzbar zu machen, offeriert die soziologische Governanceforschung.

3.2 Die Perspektive der Governanceforschung

Governanceforscher thematisieren soziale Beziehungen und Beziehungsgeflechte im Kontext der Koordination von sozialen Beziehungen und Interaktionen. Ebenso unterscheiden sie üblicherweise drei Grundformen der Koordination: Die Koordinationsform des Marktes, der Organisation und des Netzwerks. Im Unterschied zu den strukturellen Netzwerkanalytikern werfen sie also einen grundlegend anderen Blick auf Beziehungsgeflechte. Dabei ist das jeweilig anzutreffende Verständnis der Produktion und Reproduktion von Netzwerken in Governancestudien recht unterschiedlich entwickelt. Viele Studien besitzen nur ein höchst unzureichendes Verständnis. Das trifft zum Beispiel auf Studien in der Tradition der Transaktionskostentheorie zu, welche die Gründe für die strategische Wahl von Governancealternativen auf den Aspekt der möglichst weitgehenden Einsparung von Transaktionskosten reduzieren und den Einfluss übergreifender gesellschaftlicher Zusammenhänge nicht genauer betrachten (Williamson 2000; zur Kritik Windeler 2005). Es gibt jedoch auch Studien, die mit avancierten Theorieansätzen arbeiten, wie ich nun zeige.

Einen theoretisch avancierten soziologischen Netzwerkansatz bietet der auf den Arbeiten des englischen Soziologen Anthony Giddens (1984) aufbauende *strukturationstheoretische Netzwerkansatz* (zur theoretischen Grundlegung Windeler 2001; als Überblick zur Aufnahme im Netzwerkdiskurs Pozzebon 2004). Er entwickelt eine Perspektive auf Netzwerke als *Sozialsysteme*, da Netzwerke, im Unterschied insbesondere zu Märkten und Organisationen, Interaktionen und Beziehungen von Akteuren auf besondere Art und Weise koordinieren. Und er versteht Netzwerke – ganz wie Powell (1990) und im Gegensatz zu Williamson (1990), der Netzwerke als Hybride zwischen Markt und Hierarchie auffasst – als durch eine eigenständige Form der Koordination und ein spezielles Verständnis rekursiver Konstitution charakterisiert, das soziale Praktiken in den Mittelpunkt rückt, ohne dabei die spezifischen Handlungsdimensionen der Akteure zu vergessen.

Der Strukturationsansatz formuliert ein spezielles Akteursverständnis (Giddens 1984: 5). Zunächst teilt er mit strukturellen Netzwerkanalytikern die Auffassung, dass das Handlungsvermögen von Akteuren weder extern determiniert, noch von Akteuren frei auszugestalten ist. Die „embeddedness" (Granovetter 1985) nimmt der Strukturationsansatz dann jedoch ganz anders auf als Granovetter. Berücksichtigt wird nicht nur die Eingebettetheit, sondern auch die Einbettung in zudem systemisch geregelte soziale Praktiken. Es sind dabei soziale Akteure, die aktiv und reflexiv soziale Interaktionen und Beziehungen in soziale Kontexte einbetten. Einzelne, seien es Arbeiter oder Manager, so die Annahme, verschaffen sich über die reflexive Aufnahme des Sozialen ein Verständnis vom Geschehen und von den sie charakterisierenden sozialen Praktiken. Dieses Verständnis nutzen sie sodann im Zusammenhandeln. Dabei schreiben sie bestehende, raumzeitlich situierte soziale Praktiken fort oder verändern diese, und dies geschieht selbst dann, wenn die Handelnden im Augenblick ihres Handelns viele Bedingungen und Konsequenzen des Handelns nicht erfassen.

Ebenso speziell wie das Akteursverständnis ist im strukturationstheoretischen Ansatz das Verständnis von Netzwerken – wie der Begriff des Unternehmungsnetzwerks aufzeigt. Unternehmungsnetzwerke werden als Sozialsysteme verstanden, „die vornehmlich aus Geschäftsbeziehungen und Geschäftsinteraktionen zusammengesetzt [sind], die (mehr als zwei) Unternehm*u*ngen überwiegend mit Blick auf den zwischen ihnen konstituierten *dauerhaften Beziehungszusammenhang* reflexiv koordinieren" (Windeler 2001: 231 f.). Akteure reproduzieren oder verändern Unternehmungsnetzwerke also darüber, dass sie miteinander Interaktionen und Beziehungen reflexiv vor allem unter Rückbezug auf den dauerhaften Beziehungszusammenhang im Netzwerk im Raum und in der Zeit koordinieren. Die Netzwerkkoordination eröffnet ferner Chancen, Ressourcen im Netzwerk gemeinsam zu nutzen oder zu generieren, um Märkte gemeinsam zu bearbeiten, kollaborativ Güter oder Dienstleistungen zu entwickeln oder abgestimmt auf Regelungen relevanter Handlungskontexte einzuwirken, etwa durch die Einflussnahme auf die Gesetzgebung (etwa Barley 2010), die aktive Einbettung in (fremde) Handlungsfelder oder durch die feldübergreifend miteinander abgestimmte Entwicklung von Formen der Koordination und Arbeitsprozesse (für Beispiele Sydow et al. 2010; Manning et al. 2011). Wie das geschieht und welche Wirkungen das hat, variiert auch mit den im Netzwerk verfolgten Strategien. Die Bedingungen sind schlicht andere, wenn Netzwerke eine Strategie der Exploitation oder Exploration, der Kostenführerschaft oder Qualitätsführerschaft verfolgen (March 1991).[2] Immer aber werden die in Netzwerke einge-

---

2   Eine Strategie der Kostenführerschaft setzt gerade Lieferanten unter größtmöglichen Preisdruck, um dauerhaft die unmittelbaren Beschaffungskosten zu senken, damit sich die Markt-

bundenen Organisationen und in ihnen Beschäftigte in ein besonderes Verhältnis von Kooperation und Konkurrenz gesetzt.

Unternehmungsnetzwerke sind nun dadurch gekennzeichnet, dass die *Netzwerkunternehmungen trotz Vernetzung Unternehmungen* bleiben. Das bedeutet, dass sie intern ihre Aktivitäten und wirtschaftlichen Angelegenheiten weiterhin vor allem unter einer durch die Unternehmung geprägten einheitlichen Leitung durchführen, ansonsten würde das Unternehmungsnetzwerk aufhören, ein Netzwerk zu sein (Windeler 2001).[3] Zudem sind Netzwerke durch Sets von Strukturmerkmalen charakterisiert. Die Netzwerkliteratur nennt als mögliche Strukturmerkmale etwa: „Reziprozität, räumliche Nähe, Macht, familiale, ethnische, parteiliche, verbandliche oder religiöse Zugehörigkeit, Eigenschaften von Akteuren, Vertrauen, (ökonomisches) Interessenkalkül, Verträge oder auch Verlässlichkeit" (Windeler 2001: 240). Ist beispielsweise Vertrauen ein relevantes Strukturmerkmal von Netzwerken, dann gewinnt die Netzwerkgovernance dadurch eine besondere Gestalt; die Grundform des Netzwerks wird durch Vertrauen in besonderer Art und Weise spezifiziert. Ist Vertrauen im Netzwerk etabliert, dann können Netzwerkakteure Vertrauen nutzen, um gemeinsam Aufgaben zu erledigen, Probleme zu lösen oder Unsicherheiten, Risiken und Gefahren zu begegnen. Im Rahmen der durch das Netzwerk vorgegebenen Grundstruktur können sie verschiedene, durch Vertrauen geprägte Techniken, Prozeduren und Formen der Mittelverwendung erproben sowie vertiefen.[4]

---

position verbessert, während die Strategie der Qualitätsführerschaft die Lieferanten vor allem mit hohen Qualitätsanforderungen konfrontiert (Sydow/Möllering 2009).

3 Folgende Überlegung verdeutlicht die eigenständige Form der Koordination von Netzwerken gegenüber Organisationen einerseits und dem Markt andererseits: Koordinieren die Unternehmungen ihre Interaktionen und Beziehungen im Netzwerk derart reflexiv, dass dies eine einheitliche Leitung in wirtschaftlichen Angelegenheiten des Netzwerks begründet, dann hört das Netzwerk auf, ein Netzwerk zu sein, und nimmt die Gestalt einer Organisation bzw. einer Unternehmung an, etwa die eines Konzerns. Gewinnt dagegen die Marktorientierung derart an Gewicht, dass die Koordination vornehmlich unter Rekurs auf Preissignale zwischen den Netzwerkunternehmungen erfolgt, dann hört das Netzwerk ebenso auf, ein Netzwerk zu sein und löst sich in diesem Fall in marktliche Beziehungen auf (Windeler 2001).

4 Vertrauen bildet, wie wir an anderer Stelle ausgeführt haben (Sydow/Windeler 2003), ein komplexes Strukturmerkmal von Netzwerken. Das liegt erstens daran, dass Vertrauen, verstanden „as confidence in the reliability of a person or system, regarding a given set of outcomes or events, where that confidence expresses a faith in the probity or love of another, or in the correctness of abstract principles" (Giddens 1990a: 34) ein Strukturmerkmal radikal moderner Gesellschaften ist und daher heute insgesamt Soziales kennzeichnet. Will man über Vertrauen in Netzwerken sprechen, ist also die besondere Form von Netzwerkvertrauen auf der Basis des in radikal modernen Gesellschaften ausgebildeten Vertrauens erst herauszuarbeiten, was in der Literatur jedoch zumeist unterbleibt (vgl. z. B. Powell 1990; instruktiv zu dem allgemeinen Diskurs um Vertrauen Möllering 2006). Die Thematisierung von Vertrauen in Netzwerken wird weiter dadurch erschwert, dass man nur dann sinnvoll über Vertrauen spre-

Unternehmungsnetzwerke bilden ferner *gemischt regulierte Handlungssysteme* (Friedberg 1995). Netzwerkakteure orientieren sich im Handeln nämlich nicht nur an den Netzwerkvorgaben. Im Bereich der Wirtschaft beziehen sie etwa marktliche und organisationale Modi der Koordination mit ein. Aber nicht nur das; sie nutzen eben auch familiale, freundschaftliche oder vertrauensbasierte Modi der Koordination und somit eine Vielzahl an relevanten Beziehungsgeflechten. Zudem koordinieren Netzwerkorganisationen beispielsweise einige Tätigkeitsbereiche marktlich, wie den Einkauf unkritischer Ressourcen, andere hingegen netzwerkförmig, etwa den Bezug kritischer Ressourcen und wiederum anderes in einer Organisation. Gemischt reguliert sind aber nicht nur Netzwerke. Gleiches gilt für Märkte und für Organisationen, etwa für Unternehmungen, so sie intern auch marktliche oder netzwerkartige sowie weitere Koordinationsmodi nutzen. Für die soziologische Untersuchung von Netzwerken bedeutet das: Aufzunehmen ist das komplexe Zusammenspiel verschiedener, im Netzwerk praktizierter Koordinationsmodi unter der Dominanz einer Governance.

Am Beispiel von Projektnetzwerken der Content-Produktion in der Fernsehindustrie möchte ich die Argumentationsweise des Strukturationsansatzes verdeutlichen. Fernsehprogramminhalte werden traditionell in Projekten hergestellt. Aus der Governanceperspektive lautet die Frage: Wie wird der Herstellungsprozess der Programminhalte und die Arbeit zwischen den Beteiligten koordiniert?[5] Projektnetzwerke entpuppen sich als eine besondere Möglichkeit, interorganisationale Projekte zu koordinieren und Arbeit zwischen einer Vielzahl von Akteuren zu organisieren, gerade wenn, wie im Fall von Programminhalten für das Fernsehen, die Produktion und Verwertung des Hergestellten ausgesprochen unsicher und risikoreich ist. Erfahrungsgemäß lassen sich – wie uns die Bauindustrie, Luft- und Raumfahrttechnik, der Großanlagenbau und die Softwareindustrie lehren – Sach- und Dienstleistungen unterschiedlichen Komplexitäts- und Risikograds in interorganisationalen Projekten gewinnbringend herstellen (Sydow/Windeler 1999). Schaut man genauer auf die Form, in der Projekte in Projektindustrien koordiniert werden, dann zeigt sich: Projektbetei-

---

chen kann, so haben wir argumentiert, wenn man die Trias von Vertrauen, Wissen und Kontrolle auf einer personalen und einer systemischen Ebene in ihrem Zusammenspiel diskutiert. Diese Diskussion ist anspruchsvoll und kann ich hier nicht führen. Ich verweise den Leser für unsere Sicht auf diese Frage auf unseren Aufsatz „Knowledge, Trust, and Control" (Sydow/Windeler 2003). Andere Perspektiven auf diese Frage stellt dieser Herausgeberband vor.

5 Die Frage der Projektkoordination gewinnt in den letzten Jahren an Bedeutung, da diese Form der Koordination über die traditionellen Anwendungsfelder hinaus zunehmend praktiziert wird. Midler (1995) berichtet etwa von der Projektifizierung von Branchen wie der Automobilindustrie, in denen die Projektkoordination bisher nicht dominierte, und Sahlin-Andersson und Söderholm (2002) sprechen gar von einer Projektifizierung der Gesellschaft. Instruktiv hierzu ist auch die Studie von Boltanski und Chiapello (2003).

ligte koordinieren das Projektgeschehen unter Rekurs auf frühere Projekte und andere projektübergreifende Zusammenhänge. Das lässt sich gut an der Fernsehproduktion zeigen.

Fernsehprogramminhalte werden heute oftmals in organisationsübergreifenden Projekten hergestellt, die vornehmlich Fernsehsender und Produzenten koordinieren – und zwar im Rahmen eines dauerhaften, das einzelne Projekt übergreifenden Zusammenhangs, dem des *Projektnetzwerks* (Sydow/Windeler 1999). Projektnetzwerke bieten, anders formuliert, einen *dauerhaften* Beziehungszusammenhang für die Herstellung von Gütern oder Dienstleistungen in *zeitlich begrenzten* Projekten (hierzu genauer Windeler 2004). Dabei sind Projekte in der Medienindustrie selbstredend nichts Neues. Fernsehprogramminhalte werden, so ist man geneigt zu sagen, seit jeher *in Projekten* zusammen mit Autoren, Regisseuren, Schauspielern, Kameramännern, Experten für spezielle Effekte, Bühnenbildner, Maskenbildnern, Studiodienstleistern und weiteren, an der Produktion direkt beteiligten Akteuren zumeist im Auftrag von Fernsehsendern produziert. Verändert hat sich jedoch die Art und Weise der Koordination. Bis Mitte der 1980er Jahre wurden die Projekte in Europa, ähnlich wie im Hollywood Studio System der sechziger Jahre (etwa Storper/Christopherson 1987), vor allem „in-house" durchgeführt. Das ist in den letzten Jahren jedoch zunehmend weniger der Fall. Mit der Einführung des privaten Fernsehens fegte „a gale of creative destruction" (Blumler 1991: 194) durch Europa, als dessen Resultat Fernsehsender heute oft nicht mehr selbst produzieren, sondern als Steuerungszentralen für extern an Produzenten vergebene Produktionsaufträge agieren (Mast 1999: 108).

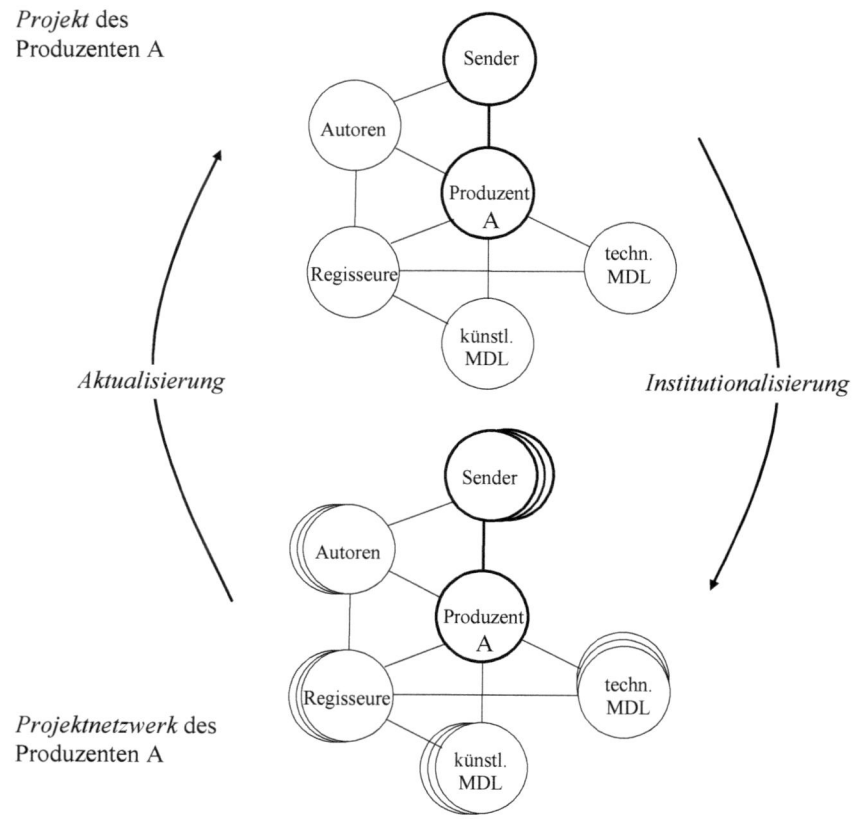

Legende:
techn. MDL = technische Mediendienstleister
künstl. MDL = künstlerische Mediendienstleister

Abb. 1: Rekursive Konstitution von Projekt und Projektnetzwerk –
Mechanismus der (Re-)Produktion (Windeler 2004: 66)

Was ist nun das Besondere von Projektnetzwerken? Wichtig ist, dass die an der Produktion von Content Beteiligten zwar Mitglieder unterschiedlicher Organisationen sind, sich in ihrem situativen Projekthandeln – wie in der Abb. 1 skizziert – jedoch nicht nur a) an der Organisation orientieren, in der sie Mitglied sind, und auch nicht nur b) an dem Projekt, an dem sie gerade arbeiten oder c) an dem Beruf, dem sie sich zugehörig fühlen. Vielmehr aktualisieren kompetente Projektakteure in ihrem situativen Projekthandeln im Projektnetzwerk des Produzenten etablierte Praktiken (↑ in Abb. 1). Zusammen mit anderen Akteuren und unter Einbezug von Industrie- und Berufspraktiken werden diese etablierten Handlungsweisen dadurch entweder fortgeschrieben oder verändert (Windeler/Sydow 2001). Projektakteure aktivieren im Handeln, ohne dass sie sich das explizit klarmachen, ihr in Gedächtnisspuren gespeichertes Wissen, wie Projekte der Content-Produktion beim Produzenten A organisiert werden, wie sie ablaufen, was dabei im Mittelpunkt steht usw. Sie vergegenwärtigen sich, welche Bedeutung einzelnen Arbeitsschritten und Vorgehensweisen bei der Vorbereitung und Durchführung einer Aufnahme zukommt, was dabei als richtig oder als falsch gilt, welche Mittel (etwa welche Einstellung, welches Licht usw., welche Zeit und wie viel Geld) man wie bei der Produktherstellung nutzt. Zudem führen sie sich vor Augen, in welchen Beziehungsgeflechten sie handeln und wie sie die Regeln und Ressourcen des Netzwerks in ihnen mit welchem Erfolg zur Geltung bringen können. Dabei beziehen sie auch ihre Branchenkenntnisse und Branchenerfahrungen mit ein, berücksichtigen, wie andere, vergleichbare Produzenten vorgehen, was diese beachten und wichtig finden sowie allgemeine Grundsätze und Wissensbestände, wie man in der Branche kompetent ein Produkt erstellt. Sie greifen, anders formuliert, im Projekthandeln auf frühere Erfahrungen der Zusammenarbeit im Projektnetzwerk, auf in diesem Kontext übliche Umgangsweisen mit Berufsstandards und auf Einschätzungen über das in der Herstellung von Programminhalten in diesem Kontext Bedeutsame zurück, ohne andere, etwa gesellschaftliche Zusammenhänge aus dem Blick zu verlieren. Und Netzwerkakteure zeigen ihre Kompetenz, indem sie erstens etwa im Projektnetzwerk rekursiv ausgebildete, gebräuchliche Ausdrücke und Normen nutzen, um sich in der Arbeit abzustimmen sowie Abläufe und Produktionsresultate zu bewerten sowie zweitens Produktionsmittel wie soziale Beziehungen und Beziehungsgeflechte auf im Kontext übliche Art und Weise gebrauchen. Und indem und insoweit sie in ihrem situativen Projekthandeln für den Produzenten übliche soziale Praktiken rekursiv-reflexiv aktualisieren, institutionalisieren (↓ in Abb. 1) sie diese Praktiken und die sie kennzeichnenden Strukturen: Es findet also eine rekursive Konstitution von Projekten und Projektnetzwerken in der Zeit und im Raum statt.

Diese Form der Projektkoordination bildet eine spezielle Form der Arbeitsorganisation aus und fordert von Projektbeteiligten gegenüber der „inhouse"-Produktion ein ganz neues Set von Praktiken. Fernsehsender und Produzenten müssen arbeitsteilig als Doppelspitze des Netzwerks organisationsübergreifend Praktiken regeln und koordinieren. Sie müssen etwa nun Teilnehmer an der Produktion aus einem Pool von nicht im Fernsehsender angestellten Akteuren auswählen, die Allokation von Ressourcen und die Evaluation der Praktiken ebenso organisationsübergreifend durchführen. Zudem müssen sie die jeweils neue Konfiguration von Positionen und die Integration der Praktiken über Organisationsgrenzen hinweg unter Einbezug der Erfahrungen mit den Beziehungsgeflechten der Akteure in den Projekten und der Planungen hinsichtlich ihrer Weiterentwicklung gestalten. Und je nachdem, wie sie es machen, entscheiden sie faktisch darüber, welche Beziehungen im Netzwerk sie etwa stärker marktlich oder stärker netzwerkartig koordinieren und ob und inwieweit sie das im Netzwerk ausgebildete Vertrauen (oder Misstrauen) nutzen können oder wollen. Empirisch zeigen sich dabei oftmals Unterschiede in den Beziehungen zu künstlerischen und technischen Mediendienstleistern in der Hinsicht, dass letztere im insgesamt netzwerkförmig koordinierten Projektnetzwerk stärker marktlich ausgelegt sind und Vertrauen in ihnen weniger eine Rolle spielt. Das bedeutet eben auch: Vertrauen kann man im Netzwerk nicht überall gleich verwenden; dieses bietet sich eher in Zonen vertrauensbasierter Zusammenarbeit an als in denen, in denen etwa stärker Misstrauen vorliegt. Projektmitarbeiter stehen ebenso vor einem Set neuer Aufgaben. Sie müssen ihre Aktivitäten und Beziehungen im Projekt unter Rekurs auf das Projektnetzwerk, das heißt in einem doppelten Handlungsbezugsrahmen, koordinieren – einmal im Hinblick auf das Projekt und das andere Mal im Hinblick auf das Projektnetzwerk. Damit sie kompetent handeln können, müssen sie sich je spezifisch auf Projektnetzwerke bezogenes Wissen und Können aneignen und im Projekt verwenden. Darüber hinaus müssen sie lernen, in von Projekt zu Projekt partiell gleichbleibenden wie sich verändernden Beziehungsgeflechten produktiv zu handeln, eine Karriere im Projektnetzwerk jenseits einzelner Organisationsgrenzen zu entwickeln und die Fort- und Weiterbildung eigenständig in die Hand zu nehmen. Zudem sind sie stärker gefordert, selbst dafür zu sorgen, dass sie im nächsten Projekt erneut berücksichtigt werden. Dabei müssen sie mit den Strukturmerkmalen und Dynamiken der Beziehungsgeflechte ebenso klar kommen wie mit den Diskontinuitäten des Projektgeschäfts, obgleich das gesamte Sozial- und Wohlfahrtssystem darauf nicht ausgelegt und alles auf einem hochgradig unsicheren Terrain zu realisieren ist, auch weil abgesicherte Formen der Arbeitsregulation weitgehend fehlen (Windeler/Wirth 2010).

Wie das Beispiel illustriert, steht im Governanceansatz die jeweils dominierende Koordinationsform eines Systems in gemischt regulierten Handlungsfeldern im Mittelpunkt der Erklärung, ohne Akteure, Beziehungsgeflechte sowie weitere Einbettungen, andere Formen der Koordination und Merkmale der Beziehungsgeflechte damit zu vergessen. Begrifflich wird im Strukturationsansatz nicht nur zwischen Netzwerken als Beziehungsgeflechten und Netzwerken als

Governanceform unterschieden, sondern beide in ein komplexes Verhältnis gesetzt. Solange eine Form von Governance dominiert, bilden Strukturmerkmale und Beziehungsgeflechte sich jeweils spezifisch aus. Dementsprechend unterscheidet sich das in Märkten anzutreffende Vertrauen etwa von dem in Netzwerken. Dabei können Beziehungsgeflechte unterschiedlichster Art Bedeutung erlangen, von Geflechten etwa zwischen einzelnen Projektmitarbeitern – z. B. zwischen ehemaligen Studienkollegen oder Freunden – bis hin zu Geflechten zwischen an der Produktion direkt beteiligten Organisationen wie Fernsehproduzenten oder Fernsehsendern. Die Beziehungen zwischen Einzelnen oder das gesamte Set von Beziehungen kann dabei je unterschiedliche Qualitäten aufweisen. Reziprozitäten und Macht können dabei ebenso wie Vertrauen die Zusammenarbeit in Netzwerken prägen. Die soziale Bedeutung der Geflechte, Strukturmerkmale und Koordinationsmodi zeigt sich darin, inwiefern Handelnde diese in Projekt- oder Projektnetzwerkpraktiken berücksichtigen. Damit liefert der Strukturationsansatz nicht nur einen Theorierahmen für den produktiven Einbezug der Erkenntnisse struktureller Netzwerkforschung in strukturationstheoretische Netzwerkanalysen, sondern auch ein erweitertes Verständnis über die soziale Bedeutung der Geflechte wie der Strukturmerkmale wie Macht und Vertrauen in Netzwerken.

Der Strukturationsansatz offeriert zudem einen prozessualen Theorieansatz mit einem speziellen Verständnis der rekursiven Konstitution von Netzwerken. Besonders ist, dass Netzwerke als Sozialsysteme verstanden werden, die in organisationale Felder und Gesellschaftsbereiche eingebettet sind und sich einbetten, die dem Handeln in Netzwerken spezielle Vorgaben machen, etwa im Bereich der Wirtschaft die Vorgabe, dass dort die sozialen Praktiken vor allem auf die (Re-)Produktion von Herrschaft über Materielles ausgerichtet sind (Giddens 1984: 33). Es sind dann jedoch Handelnde, die rekursiv sowohl die Beziehungsgeflechte als auch Netzwerke als Sozialsysteme reflexiv konstituieren, indem sie im Handeln im Netzwerk gültige Sets von Regeln der Signifikation und Legitimation und Ressourcen der Domination und Sicht-, Legitimations- und Handlungsweisen rekursiv im Handeln zum Handeln nutzen. Handlung und Struktur sowie Interaktionen, Sozialsysteme und gesellschaftsweite Zusammenhänge werden also insgesamt als Medium und Resultat eines Prozesses rekursiver Konstitution des Sozialen verstanden, in dem die Dimension von Macht und Herrschaft eine konstitutive Sozialdimension bildet, die im Bereich der Wirtschaft in modernen kapitalistischen Gesellschaften sogar im Mittelpunkt des Geschehens steht. Das bedeutet auch, dass etwa Formen vertrauensvoller Zusammenarbeit in Netzwerken in modernen kapitalistischen Gesellschaften im Bereich der Wirtschaft vor einer speziellen Herausforderung stehen. Sie müssen in einem Handlungsfeld zur Geltung gebracht werden, in dem es bei der Herstellung von Gütern und Dienstleistungen vorrangig um die Produktion und Reproduktion von Herrschaft über allokative Ressourcen geht, über die sich das Prinzip der Kapitalverwertung verwirklicht. Insgesamt wird also ein Verständnis davon angeboten, wie Netzwerke Gesellschaft prägen und Netzwerke, umgekehrt, gesellschaftlich geprägt werden. Der Strukturationsansatz liefert damit sowohl ein spezielles Verständnis des allgemeinen Netzwerkbegriffs als auch des Rekursionsverständnisses. Ferner bietet er einen Theorierahmen, der es gestattet, nicht nur die Erkenntnisse der strukturellen Netzwerkanalyse sowie anderer Forschungsstränge zu integrieren, sondern auch in einen ausgearbeiteten Theorierahmen fortzuentwickeln – was die Analyse und Erklärung der Organisation von Arbeit und ihrer Regulation mit einschließt (hierzu auch Windeler/Wirth 2010).

4. Kooperation und Konkurrenz in Netzwerken

Das Verhältnis von Kooperation und Konkurrenz bildet sich je nach Sozialsystem unterschiedlich aus. In Unternehmungsnetzwerken als netzwerkartig koordinierten Sozialsystemen stehen Kooperation und Konkurrenz in einem Spannungsverhältnis besonderer Art, da die zwei zunächst fundamental entgegengesetzten Logiken der Kooperation und der Konkurrenz in ihnen auf besondere Art und Weise zusammengebunden werden.

Unternehmungen arbeiten in Unternehmungsnetzwerken, indem sie ausgewählte Aktivitäten miteinander netzwerkartig koordinieren, in der Regel zwar nur partiell, aber immer situationsübergreifend zusammen. Das konstituiert in Netzwerken eine Logik der Zusammenarbeit oder *Kooperationslogik*, die auf das *situationsübergreifende gemeinsame* Verfolgen ausgewählter Aufgabenstellungen und Ziele von Unternehmungen im Netzwerk setzt. Gleichzeitig bleiben Unternehmungen in Unternehmungsnetzwerken aber Unternehmungen und verfolgen auch im Netzwerk weiter *individuell* Strategien. Diese versuchen sie, notfalls auch im Netzwerk, *situativ oder wiederkehrend gegen andere* oder sogar *auf Kosten anderer durchzusetzen*. Das bildet die Grundlage für die Konstitution einer durch das Netzwerk induzierten und mit diesem Kontext vermittelten Logik des Wettbewerbs oder *Konkurrenzlogik* (für eine andere Interpretation siehe Teubner 2004a).

Das Besondere der netzwerkartigen Form des Verhältnisses von Kooperation und Konkurrenz zeigt sich im Vergleich. Das Verhältnis von Kooperation und Konkurrenz ist auf *realen Märkten* durch eine *speziell ausgelegte Konkurrenzlogik* charakterisiert. Der Austausch auf Märkten erfolgt, wie uns beispielsweise Granovetter (1985) aufzeigt, in Geflechten von Marktakteuren und erfordert von ihnen im Tausch zumindest ein minimales Maß der Zusammenarbeit. Diese ist im Tausch in der Regel inhaltlich und vom zeitlichen Umfang her radikal begrenzt. Das gilt vor allem für den diskreten Tausch, das heißt für

> „exchange relatively free of relations beyond those created by a common language, a system of order (including property and liberty rights), a monetary system, and, for discrete exchanges not accomplished simultaneously, a legal system enforcing promise" (Macneil 1985).

Je diskreter der Markttausch von Waren, Gütern oder Dienstleistungen realisiert wird, desto weitergehender erfolgt der Tausch im Rahmen der Marktordnung ohne weiteres Ansehen der Tauschbeteiligten vornehmlich über Geld und Marktpreise für festgelegte Güter oder Dienstleistungen (deren Bereitstellung und Zahlungsströme zeitlich exakt bestimmt sind) und desto weitergehender begrenzt sich das für den Markttausch relevante Geschehen primär auf den situativen Tausch. Auch diskrete Tauschsituationen können sich durchaus wiederholen; die Wiederholung ist dann jedoch für den jeweiligen Tausch ohne jeglichen Belang. Dementsprechend dominiert auf Märkten als Orte diskreten Tauschs fast vollständig das Konkurrenzprinzip und wird das ungleiche Verhältnis von Kooperation und Konkurrenz sowie die Beziehungsgeflechte zwischen den Marktakteuren im Rahmen umfassender Marktordnungen weitgehend in den jeweiligen situativen Tauschhandlungen produziert, fortgeschrieben oder verändert. Reale Märkte sind immer nur zu einem gewissen Grad Orte diskreten Tauschs und durch die Marktlogik charakterisiert; vor allem sind sie ebenso gemischt reguliert wie Organisationen und Netzwerke und weisen daher eben auch vielfältige Beziehungsgeflechte zwischen Marktteilnehmern auf, wie nicht zuletzt oligopolistische oder monopolistische Märkte besonders deutlich machen. Das Verhältnis von Kooperation und Konkurrenz nimmt im Resultat auch auf Märkten eine komplexe Gestalt an, bei der jedoch die Konkurrenzlogik dominiert, solange der Tausch vornehmlich über Preise vermittelt ist, also marktlich erfolgt. Die Konkurrenzlogik schreibt sich so auch in die Beziehungsgeflechte zwischen Marktakteuren und deren Aktivitäten ein. Selbst der machtinduzierte oder vertrauensbasierte Tausch wird, so er als Markttausch zu verstehen ist, durch die Logik der Konkurrenz geprägt, die dem Tauschgeschehen zugrunde liegt.

In *Organisationen und Unternehmungen* herrscht typisch eher eine *spezielle Kooperationslogik* zwischen Organisationsmitgliedern und Organisationseinheiten vor, ohne dass in diesem Fall die Konkurrenz zwischen ihnen vollkommen stillgestellt ist. So konkurrieren Mitglieder und Einheiten in Unternehmungen etwa um Autonomiespielräume, den Zugang zu Ressourcen, Karrieren und Anerkennung. Die hochgradig reflexive Form der Koordination, über die etwa Unternehmungen eine einheitliche Leitung in wirtschaftlichen Angelegenheiten erzielen, legt gleichwohl in relevantem Ausmaß fest, wie die Beteiligten interagieren, welche Beziehungen sie unterhalten, welche Prozeduren und Programme sie verfolgen. Das prägt wiederum die Qualitäten der Beziehungen zwischen den Organisationsmitgliedern – und gibt auch der vertrauensvollen oder durch Misstrauen geprägten Zusammenarbeit in Organisationen seine besondere, organisationale Ausprägung. Denn die Zusammenarbeit in Organisationen wird nicht nur organisational induziert; sie wird im Konfliktfall „erzwungen"; ebenso werden beispielsweise Autonomiespielräume und Ressourcenzuweisungen Mitgliedern und Organisationseinheiten im Rahmen der hochgradig reflexiven Regulation des Organisationsgeschehens lediglich gewährt und lassen sich im Rahmen eines Strategiewechsels selbst wieder einschränken. Zudem können Abteilungen oder Konzernunternehmen nicht eigenständig entscheiden, eine Unternehmung oder den Konzern zu verlassen. Die Organisation der Unternehmungen konstituiert in ihnen also tendenziell die Dominanz einer Kooperationslogik besonderer Art, ohne vollkommen auf Mechanismen der Konkurrenz zwischen den Beteiligten und Einheiten zu verzichten. Die Besonderheit, bezogen auf das Verhältnis von Kooperation und Konkurrenz, besteht für Organisationen also vor allem darin, dass elementare Bereiche der Autonomie von Organisationsmitgliedern und Organisationseinheiten durch die Organisation begrenzt und das Verhältnis von Kooperation und Konkurrenz in den Beziehungen zwischen relativ feststehenden, wiederkehrend in das Organisationsgeschehen involvierten Organisationsmitgliedern und Organisationseinheiten auf eine gewisse Dauer gesetzt sind.

In *Netzwerken*, die als Sozialsysteme Interaktionen und Beziehungen von mehreren, selbständig bleibenden sozialen Akteuren (wie Unternehmungen in Unternehmungsnetzwerken) vor allem unter Rekurs auf den dauerhaften Beziehungszusammenhang zwischen sich reflexiv koordinieren, ist die Situation eine grundlegend andere als die auf Märkten oder in Organisationen. Die reflexive Koordination des Netzwerkgeschehens bewirkt, dass Netzwerkakteure untereinander im Netzwerk eine „längerfristig ausgelegte *Reziprozität* (Gouldner) des Gebens und Nehmens von Kooperationsvorteilen" zwischen – und das ist entscheidend – selbständig bleibenden Akteuren konstituieren (Windeler 2001: 233). Die Netzwerkreziprozität besagt, dass ein Netzwerkteilnehmer, der etwas gibt, etwa relevante Informationen, Geld oder anderes, aufgrund der im Netzwerk gültigen generalisierten Reziprozität berechtigt erwarten kann, dass er etwas zurückerhält, ohne weder zu wissen, was er zurückerhält und wann das erfolgt, noch von wem im Netzwerk er etwas zurückerhält und wie im Konfliktfall vorzugehen ist. Denn in Netzwerken ist weder vertraglich, wie auf Märkten, noch per Autorität, wie in Organisationen, geregelt, wie Konflikte zu lösen sind.⁶ Reziprozität, Macht, Vertrauen und Verlässlichkeit – um nur einige mögliche Strukturmerkmale von Netzwerken zu nennen –, gewinnen darüber in Netzwerken ihre Bedeutung und erfahren dadurch, dass sie in Netzwerken in besondere Art und Weise genutzt werden (können), eine ganz besondere Ausprägung. Dabei fallen die Konflikte nicht in jedem Netzwerk gleich aus und können nicht in jedem Netzwerk identisch gehandhabt werden – allein schon weil die Strukturen nie die gleichen sind. Für alle Netzwerke gilt jedoch: Das Verhältnis von Kooperation und Konkurrenz bildet sich in Netzwerken auf der Basis des dauerhaften Beziehungszusammenhangs und des mit ihm einhergehenden Prinzips generalisierter Netzwerkreziprozität als ein Verhältnis von gewisser, situationsübergreifender Dauer zwischen selbständig bleibenden Akteuren aus, die Wettbewerber bleiben und etwa um die Ausgestaltung einzelner Beziehungen im Netzwerk wie um Regelungen des Netzwerkzusammenhangs miteinander – wenn auch je nach Netzwerk auf unterschiedlicher Basis – streiten und konkurrieren. Der dauerhafte Beziehungszusammenhang in Netzwerken eröffnet Unternehmungen also auf der Grundlage einer speziell ausgelegten generellen Reziprozität sowohl Möglichkeiten, miteinander zu kooperieren, ohne die eigene Autonomie aufzugeben, als auch miteinander im Wettbewerb zu bleiben, ohne die Chance zu verwerfen, weiterhin mit Konkurrenten in einem dauerhaften Beziehungszusammenhang zu kooperieren. Macht, Vertrauen, Reziprozität und andere Strukturmerkmale erfahren in Netzwerken nicht nur eine besondere Ausprägung; sie tragen auch mit dazu bei, wie sich das Verhältnis von Kooperation und Konkurrenz konkret in Netzwerken ausgestaltet. Zwar wird auch in Netzwerken zuweilen Wettbewerb geschickt inszeniert (Wilhelm 2009), aber ein dominant marktliches Verhalten, das heißt, eine vor allem an situativen Vorteilen orientierte Haltung verletzt die generalisierte Reziprozitätsnorm und wird – sonst hört das Netzwerk auf ein Netzwerk zu sein – entsprechend im Netzwerk sanktioniert, etwa mit dem direkten oder angedrohten Ausschluss aus dem Netzwerk. Im Resultat kann auch das Verhältnis von Kooperation und Konkurrenz in Netzwerken unterschiedliche Gestalt annehmen. Welches Verhältnis vorliegt, variiert mit den im Netzwerk anzutreffenden Sets von unterschiedlich koordinierten Beziehungsgeflechten und verwendeten Modi der Koordination sowie den das Netzwerk kennzeichnenden Strukturmerkmalen. Ob

---

6   Das bedeutet, wie gesagt, nicht, dass nicht auch in Netzwerken als gemischt reguliertem Handlungskontext vieles ähnlich wie auf Märkten auch vertraglich geregelt ist und gerade auch in hierarchischen Netzwerken gewisse Formen strategischer Steuerung durch eine Organisation anzutreffen sind. Dominant ist in Netzwerken jedoch, sonst hören sie auf, Netzwerke zu sein, dass die Form der Netzwerkkoordination eine generalisierte Reziprozität zwischen den Netzwerkorganisationen jenseits von Vertrag und Anweisung konstituiert.

Netzwerke insgesamt eher kooperativ denn kompetitiv sind, wie Sydow (1992) annimmt, ist daher eine empirische Frage und dürfte sich nicht zuletzt darüber entscheiden, wie viel Wettbewerb Netzwerke unter den Netzwerkorganisationen inszenieren. Im Gegensatz zu Märkten und Organisationen ist in Netzwerken somit die Vorherrschaft einer Logik nicht konstitutiv.

Netzwerkorganisationen sind heute insgesamt mit einer komplexen Aufgabe konfrontiert: Sie müssen verschiedene Governanceformen kombiniert nutzen. Sie sind damit gefordert, verschiedenste, durch die jeweilige Governanceform charakterisierte Beziehungsgeflechte zwischen Akteuren und Organisationseinheiten mit ihren Strukturmerkmalen, beispielsweise das in ihnen anzutreffende Netzwerkvertrauen oder das sich im Netzwerk ausprägende Verhältnis von Macht und Herrschaft, reflexiv zu berücksichtigen. Und sie müssen Formen finden, wie sie diese bei der Verfolgung eigener Zielsetzungen kombiniert verwenden können. Beziehungsgeflechte zwischen Akteuren auf Märkten, in Organisationen und Netzwerken können das Verhältnis von Kooperation und Konkurrenz dabei verstärken oder diesem zuwiderlaufen. Das in einem Netzwerk anzutreffende Verhältnis von Kooperation und Konkurrenz reflektiert daher die Aktivitäten der beteiligten Netzwerkorganisationen, die Beziehungsgeflechte zwischen beteiligten Organisationen, die Strukturmerkmale der Netzwerke und die Interessen der Beteiligten an der Ausgestaltung des Netzwerks, selbst wenn weder eine der Netzwerkorganisationen alleine noch alle zusammen das Netzwerkgeschehen insgesamt kontrollieren können.

5. Reflexive Vernetzung und Arbeitsorganisation – eine Schlussbemerkung

Gerade weil Vernetzung heute zu einer Leitmetapher moderner Gesellschaft avanciert, ist nicht nur die Organisation von Arbeit ohne Rekurs auf Vernetzung nur noch schwer zu denken; reflexive Vernetzung bewirkt heute auch einen Strukturwandel der Arbeitsorganisation. Den Ausgangspunkt bildet die Beobachtung, dass Organisationen heute parallel unterschiedliche Geflechte von Beziehungen, Strukturen und Modi der Koordination in ganz besonderer Art und Weise nutzen. Das Besondere ist: Sie generieren immer wieder erneut intendiert Wissen über verschiedene Formen der Arbeitsorganisation (auf Märkten, in Organisationen und Netzwerken) und nutzen ihr kontinuierlich erneuertes Wissen gezielt, um die Arbeitsorganisation auszugestalten. Einige Netzwerke machen das hochgradig reflexiv. Sie legen rekursiv und hochgradig reflexiv allgemeine Bedingungen fest, unter denen im Netzwerk gehandelt werden muss. Das zeitigt jedoch Konsequenzen: Netzwerke, die das tun, werden dadurch zu einem kollektiven Akteur. Das kann wiederum unintendierte Folgen nach sich ziehen: Denn die Governance darf kritische Grenzwerte der reflexiven Regelung, der Festlegung allgemeiner Bedingungen, unter denen das Geschehen im Netzwerk abläuft, nicht überschreiten. Das ist der Fall, da – wie auch die aktuelle Rechtsprechung verlangt – die beteiligten Akteure selbständig bleiben müssen. In der Literatur werden Franchisenetzwerke als diesbezüglich besonders gefährdet eingestuft. Denn in ihnen regeln Franchisegeber, wie beispielsweise Obi oder McDonald, um nur zwei Beispiele zu nennen, ihre selbständigen Franchisenehmer, die unter dem Namen des Franchisegebers als Unternehmung, das so genannte Outlet, wirtschaftlich eigenständig führen, so weitgehend, dass einige Juristen den Tatbestand einer faktischen Konzernierung gegeben sehen. Die Anerkennung als Netzwerk oder als Konzern hat gegebenenfalls weitreichende Folgen. Würde Franchisenetzwerken der Status des Netzwerks aberkannt und sie fortan als Konzerne gelten, dann würde in ihnen das Konzernrecht gelten. Das würde wiederum bedeuten, dass bei fehlerhaften Produkten etwa die Konzernhaftung greift und die Arbeit in den Outlets im Rahmen des dualen Systems der Interessenvertretung zu regeln wäre (Teubner 2004b).

Aber auch jenseits der Frage kollektiver Handlungsfähigkeit und faktischer Konzernierung geht mit Formen reflexiver Vernetzung eine umfassende Veränderung der Arbeitsorganisation und damit der Bedingungen der Verausgabung von Arbeitskraft einher; diese lässt sich als Strukturwandel bezeichnen. Der Grund ist: Reflexive Vernetzung führt zu einer Pluralisierung parallel verfolgter Formen der Organisation von Arbeit. Das heißt, Organisationen nutzen gleichzeitig, die Vor- und Nachteile kontinuierlich gegeneinander abwägend, verschiedene Formen der Arbeitsorganisation, etwa marktliche, organisationale und netzwerkförmige Formen sowie zum Beispiel machtinduzierte sowie vertrauensbasierte Modi der Koordination. Organisationen überwachen hierzu für sie relevantes Organisationsgeschehen gerade auch im Hinblick auf die erzielten oder erzielbaren Resultate. Auf der Grundlage des von Moment zu Moment erneuerten Wissens organisieren sie die Arbeitsorganisation, re-arrangieren sie die Bündel marktlich, organisational und netzwerkförmig koordinierter Arbeitsformen, ohne die Verausgabung von Arbeitskraft damit programmieren zu können. Das verändert nicht nur tendenziell fortlaufend die Arbeitsbedingungen; es erhöht ebenso die Anforderungen an flexibles und proaktives Handeln und bewirkt, dass sich das Verhältnis von Kooperation und Konkurrenz auf einem sich permanent ändernden Terrain entwickelt. Das erschwert der Tendenz nach bisher praktizierte Formen solidarischen Handelns. Gleichzeitig eröffnet es auch Räume für neue Formen von Solidarität, die jedoch noch erkundet werden müssen. Gerade aufgrund hochgradiger Reflexivität erhöht sich jedoch auch die Kontingenz der Prozesse, was bewirkt, dass keine Netzwerkorganisation – und sei sie noch so mächtig oder reflexiv – in der Lage ist, den selbst mit vorangetriebenen Prozess umfassend zu kontrollieren.

Das permanente Beobachten, Überprüfen und gegebenenfalls veränderte Ausgestalten von Formen der Arbeitsorganisation bewirkt insgesamt also einen komplexen Strukturwandel der Arbeit. Reflexive Vernetzung ist heute eine der treibenden Kräfte dieser Veränderung. Ob der reflexiven Nutzung von Netzwerken sind Akteure in und außerhalb von Organisationen heute zumindest zunehmend mit der Forderung konfrontiert, vielfältige Formen der Koordination und diverse Beziehungsgeflechte ihrerseits zu erfassen, in ihrem Handeln mit zu bedenken und reflexiv zum Handeln zu verwenden. Bestehende Formen können gleichwohl fortgeschrieben werden. Deren Fortsetzung muss heute jedoch begründet werden, etwa über Vorteile, die die gewählte Form gegenüber den anderen, nicht gewählten, aber gleichwohl mit in Erwägung gezogenen Formen aufweist. Reflexive Vernetzung beeinflusst damit über den engeren Netzwerkkontext hinaus etwa auch das Geschehen in Organisationen und auf Märkten. Insgesamt ist es vor allem die Trias aus Organisationen, Märkten und Netzwerken, welche heute die reflexive Ausgestaltung der Arbeitsorganisation in neuer und erweiterter Gestalt und erweiterten Zeit-Raum-Arrangements institutionalisieren.

Das kann nicht beruhigen. Denn Netzwerke sind keine Horte friedlicher, solidarischer Koexistenz. Zwischen den Netzwerkorganisationen herrscht vielmehr ein zumeist latenter Kampf um die Aneignung oder Enteignung von Wissen, Können und vielem mehr. Dabei wird dieser Kampf jedoch durch den dauerhaften Beziehungszusammenhang in Netzwerken in spezieller Art und Weise gezähmt und befördert. Denn, dass Netzwerke vor allem vertrauensbasiert koordiniert würden, wie Powell (1990) meint, mag in Einzelfällen gegeben sein. In den meisten Fällen dürften Netzwerke – man denke etwa nur an Netzwerke zwischen Herstellern und Lieferanten in der Automobilindustrie oder an Projektnetzwerke in der Medienindustrie – jedoch gerade nicht vorrangig durch Vertrauen, sondern in einem weit stärkeren Umfang durch Macht und Herrschaft geprägt sein. Das schließt selbstredend nicht aus, dass Akteure selbst in hochgradig durch Macht geprägten Netzwerken immer mal wieder oder in ausgewählten Bereichen oder bei bestimmten Themen vertrauensvoll interagieren. Wenn das geschieht, erfolgt das jedoch vor dem Hintergrund eines durch Macht und Herrschaft charakterisierten und strukturierten Beziehungszusammenhangs. Daher erscheint es sinnvoll, ein nicht selten in Netzwerkstudien anzutreffendes Bild kritisch zu befragen. In der Literatur trifft man in Netzwerkstudien immer wieder auf idyllische und harmonistische Grundannahmen. Dabei entsteht das Bild, Netzwerke seien beispielsweise Horte der Demokratisierung (selbst bei Perrow 1992). Dieser Eindruck ist zu revidieren, das Bild radikal in Frage zu stellen. Gerade für Netzwerkuntersuchungen im Bereich der Wirtschaft schlage ich vor, einem anderen Diskurspfad zu folgen. Da Macht und Herrschaft in diesem Gesellschaftsbereich im Mittelpunkt stehen, sollten die jeweiligen Ausprägungen von Macht und Herrschaft in Netzwerken und durch Vernetzung in den Mittelpunkt rücken. Davon ausgehend lassen sich Fragen von Vertrauen und Verlässlichkeit in Netzwerken aufnehmen. Viele Formen der Vernetzung im Bereich der Wirtschaft ähneln nämlich eher Kollaborationen im Sinne von erzwungenen Formen der Kooperation mit Wettbewerbern, ermangeln also jeder Idylle. In vielen Netzwerken – man denke etwa an die Zulieferernetzwerke in der Automobilindustrie – geht es um knallharte Herrschaftsausübung, nicht nur um gemeinsame Zielverfolgung, sondern auch um die Exploitation von Netzwerkbeteiligten, die durch die interessierte Auslegung der Arbeitsorganisation in Netzwerken verfestigt wird. Ob und inwieweit gleichwohl Vertrauen, aber auch Verlässlichkeit, Konsens und vieles mehr eventuell essentiell benötigt wird, um die verfolgten Ziele zu erreichen, bildet dann eine interessante Fragestellung. Insgesamt geht mit Formen reflexiver Vernetzung eine vielschichtige, keinesfalls bereits vollkommen erschlossene Umstrukturierung der Arbeitsorganisation mit weitreichenden Auswirkungen auf Beschäftigte und die Gesellschaft einher, die durch machtvolle, sich vernetzende Akteure und Netzwerke vorangetrieben wird, die den Prozess zwar nicht – und schon gar nicht: vollständig – kontrollieren, aber doch interessiert prägen.

Literatur

Altmann, Norbert/Deiß, Manfred/Döhl, Volker/Sauer, Dieter (1986): Ein "Neuer Rationalisierungstyp". Neue Anforderungen an die Industriesoziologie. In: Soziale Welt 37(2): 191–207

Amelung, Volker E./Sydow, Jörg/Windeler, Arnold (Hrsg.) (2009): Vernetzung im Gesundheitswesen. Wettbewerb und Kooperation. Stuttgart: Kohlhammer

Amin, Ash/Thrift, Nigel (1992): Neo-Marshallian nodes in global networks. In: International Journal of Urban and Regional Research 16: 571–587

Baethge, Martin/Oberbeck, Herbert (1986): Zukunft der Angestellten. Neue Technologien und berufliche Perspektiven in Büro und Verwaltung. Frankfurt/Main, New York: campus

Barley, Stephen R. (2010): Building an institutional field to corral a government. A case to set an agenda for organization studies. In: Organization Studies 31(6): 777–805

Barley, Stephen R./Kunda, Gideon (2004): Gurus, hired guns, and warm bodies. Itinerant experts in a knowledge economy. Princeton/NJ: Princeton University Press

Bartlett, Christopher A./Ghoshal, Sumantra (1989): Managing across borders. The transnational solution. Boston: Harvard Business Press

Blumler, Jay G. (1991): The new television marketplace. Imperatives, implications, issues. In: Curran, James/Gurevitch, Michael (Hrsg.) (1991): Mass media and society. London u. a.: Hodder Arnold: 194–215

Boltanski, Luc/Chiapello, Ève (2003): Der neue Geist des Kapitalismus. Konstanz: UVK

Burt, Ronald S. (1983): Corporate profits and cooptation. Networks of market constraints and directorate ties in the American economy. Cambridge/MA: Academic Press Inc

Burt, Ronald S. (1992): Structural holes. The social structure of competition. Cambridge: Harvard University Press

Burt, Ronald S. (1997): The contingent value of social capital. In: Administrative Science Quarterly 42: 329–365

Burt, Ronald S. (2004): Structural holes and good ideas. In: Amercian Journal of Sociology 110(2): 349–399

Castells, Manuel (1996): The information age. Economy, society and culture. Oxford: Blackwell

Cook, Karen S./Emerson, Richard M./Gillmore, Mary R. (1983): The distribution of power in exchange networks. Theory and experimental results. In: American Journal of Sociology 89: 275–305

Crossley, Nick (2011): Towards relational sociology. London, New York: Routledge

Emirbayer, Mustafa (1997): Manifesto for a relational sociology. In: American Journal of Sociology 103: 962–1023

Emirbayer, Mustafe/Goodwin, Jeff (1994): Network analysis, culture and the problems of agency. In: American Journal of Sociology 99(6): 1411–1454

Ferrary, Michel/Granovetter, Mark (2009): The role of venture capital firms in Silicon Valley's complex innovation network. In: Economy and Society 38(2): 326–359

Friedberg, Erhard (1995): Ordnung und Macht. Dynamiken organisierten Handelns. Frankfurt/Main, New York: campus

Giddens, Anthony (1984): The constitution of society. Outline of the theory of structuration. Cambridge: Blackwell

Giddens, Anthony (1990a): The consequences of modernity. Cambridge: Stanford University Press

Giddens, Anthony (1990b): Structuration theory and sociological analysis. In: Clark, Jon/Modgil, Celia/Modgil, Sohan (Hrsg.) (1990): Anthony Giddens. Consensus and controversy. London u. a.: Falmer Press: 297–315

Granovetter, Mark (1985): Economic action and social structure. The problem of embeddedness. In: American Journal of Sociology 91: 481–510

Granovetter, Mark (1995): Getting a job. A study of contacts and careers. Chicago, London: Chicago University Press

Hartmann, Michael (2004): Elitehochschulen. Die soziale Selektion ist entscheidend. In: Prokla 34(4): 535–543

Haveman, Heather/Khaire, Mukti (2006): Organizational sociology and the analysis of work. In: Korczynski, Marek/Hodson, Randy/Edwards, Paul (Hrsg.) (2006): Social theory at work. Oxford: Oxford University Press: 272–298

Homans, George C. (1960): Theorie der sozialen Gruppe. Opladen: Westdeutscher Verlag

Knoke, David/Yang, Song (2008): Social network analysis. London u. a.: SAGE

Macneil, Ian R. (1985): Relational contract. What we do and do not know. In: Wisconsin Law Review 78: 483–525

Manning, Stephan/Sydow, Jörg/Windeler, Arnold (2011): Securing access to lower-cost talent globally. The dynamics of active embedding and field structuration. In: Regional Studies (in Druck)

March, James G. (1991): Exploration and exploitation in organizational learning. In: Organization Science 2(1): 71–87

Marx, Karl (1953): Grundrisse der Kritik der politischen Ökonomie (Rohentwurf). Berlin

Mast, Claudia (1999): Programmpolitik zwischen Markt und Moral. Opladen: Westdeutscher Verlag

Mendius, Hans G./Wendeling-Schröder, Ulrike (Hrsg.) (1991): Zulieferer im Netz. Zwischen Abhängigkeit und Partnerschaft. Köln: Bund

Midler, Christophe (1995): 'Projectification' of the firm. The Renault case. In: Scandinavian Journal of Management 11(4): 363–375

Miles, Raymond E./Snow, Charles C. (1986): Organizations. New concepts for new forms. In: California Management Review 28: 62–73

Minssen, Heiner (2006): Challenges of teamwork in production. Demands of communication. In: Organizations studies 27(1): 103–124

Mitchell, J. Clyde (1969): The concept and use of social networks. In: Ders. (Hrsg.) (1969): Social networks in urban situations. Analysis of personal relationships in Central African towns. Manchester: Manchester University Press: 1–50

Möllering, Guido (2006): Trust. Reason, routine, reflexivity. Amsterdam u. a.: Emerald

Perrow, Charles (1992): Small-firm networks. In: Nohria, Nitin/Eccles, Robert G. (Hrsg.) (1992): Networks and organizations. Structure, form, and action. Boston: Harvard Business Press: 445–470

Piore, Michael J./Sabel, Charles F. (1985): Das Ende der Massenproduktion. Berlin: Fischer

Powell, Walter W. (1990): Neither market nor hierarchy. Network forms of organization. In: Research in Organizational Behavior 12: 295–336

Pozzebon, Marlei (2004): The influence of a structurationist view on strategic management research. In: Journal of Management Studies 41(2): 247–272

Rosenbaum, James E./Kariya, Takehiko (1989): From High School to work. Market and institutional mechanisms in Japan. In: American Journal of Sociology 94(6): 1334–1365

Sahlin-Andersson, Kerstin/Söderholm, Anders (Hrsg.) (2002): Beyond project management. New perspectives on the temporary-permanent dilemma. Malmö: Copenhagen Business School Press

Salancik, Gerald R. (1995): Wanted. A good network theory of organization. In: Administrative Science Quarterly 40: 345–349

Saxenian, Annalee (1994): Regional advantage. Culture and competition in Silicon Valley and Route 128. Cambridge: Harvard University Press

Simmel, Georg (1968): Soziologie. Untersuchungen über die Formen der Vergesellschaftung. Berlin: Duncker & Humbolt

Storper, Michael/Christopherson, Susan (1987): Flexible specialization and regional industrial agglomeration. The case of the U.S. motion picture industry. In: Annals of the American Association of Geographers 77(1): 104–117

Sydow, Jörg (1992): Strategische Netzwerke. Evolution und Organisation. Wiesbaden: Gabler

Sydow, Jörg/Windeler, Arnold (1999): Projektnetzwerke. Management von (mehr als) temporären Systemen. In: Engelhard, Johann/Sinz, Elmar J. (Hrsg.) (1999): Kooperation im Wettbewerb. Neue Formen und Gestaltungskonzepte im Zeichen von Globalisierung und Informationstechnologie. Wiesbaden: Gabler: 211–235

Sydow, Jörg/Windeler, Arnold (2003): Knowledge, trust and control. Managing tensions and contradictions in a regional network of service firms. In: International Studies of Management & Organization 33(2): 69–99

Sydow, Jörg/Möllering, Guido (2009): Produktion in Netzwerken. Make, Buy & Cooperate. München: Vahlen

Sydow, Jörg/Windeler, Arnold/Wirth, Carsten/Staber, Udo (2010): Foreign market entry as network entry. A relational-structuration perspective on internationalization in television content production. In: Scandinavian Journal of Management 26(1): 13–24

Teubner, Gunther (2004a): Coincidentia oppositorum. Das Recht der Netzwerke jenseits von Vertrag und Organisation In: Amstutz, Marc (Hrsg.) (2004): Die vernetzte Wirtschaft. Netzwerke als Rechtsproblem. Zürich: Schulthess: 11–42

Teubner, Gunther (2004b): Netzwerk als Vertragsverbund. Virtuelle Unternehmen, Franchising, Just-in-time in sozialwissenschaftlicher und juristischer Sicht. Baden-Baden: Nomos

Voß, G. Günter/Pongratz, Hans J. (1998): Der Arbeitskraftunternehmer. Eine neue Grundform der Ware Arbeitskraft? In: Kölner Zeitschrift für Soziologie und Sozialpsychologie 50(1): 131–158

White, Harrison C./Boorman, Scott A./Breiger, Ronald L. (1976): Social structure from multiple networks. I. blockmodels of roles and positions. In: American Journal of Sociology 81: 730–780
Wilhelm, Miriam (2009): Kooperation und Wettbewerb in Automobilzuliefernetzwerken. Erkenntnisse zum Management eines Spannungsverhältnisses aus Deutschland und Japan. Marburg: Metropolis
Williamson, Oliver E. (1990): Die ökonomischen Institutionen des Kapitalismus. Tübingen: Mohr
Williamson, Oliver E. (2000): The new institutional economics. Tacking stock, looking ahead. In: Journal of Economic Literature 38(3): 595–613
Windeler, Arnold (2001): Unternehmungsnetzwerke. Konstitution und Strukturation. Wiesbaden: VS Verlag für Sozialwissenschaften
Windeler, Arnold (2003): Spuren im Netzwerkdschungel. Typen von Unternehmungsnetzwerken und Besonderheiten ihrer Koordination. In: Hirsch-Kreinsen, Hartmut/Wannöffel, Manfred (Hrsg.) (2003): Internationale Netzwerke kleiner und mittlerer Unternehmen. Berlin: edition sigma: 35–60
Windeler, Arnold (2004): Organisation der TV-Produktion in Projektnetzwerken. Zur Bedeutung von Produkt- und Industriespezifika. In: Sydow, Jörg/Windeler, Arnold (Hrsg.) (2004): Organisation der Content-Produktion. Wiesbaden: VS Verlag für Sozialwissenschaften: 55–76
Windeler, Arnold (2005): Netzwerktheorien. Vor einer relationalen Wende? In: Zentes, Joachim/Swoboda, Bernhard/Morschett, Dirk (Hrsg.) (2005): Kooperationen, Allianzen und Netzwerke. Grundlagen – Ansätze – Perspektiven. Wiesbaden: Gabler: 211–233
Windeler, Arnold/Sydow, Jörg (2001): Project networks and changing industry practices. Collaborative content production in the German television industry. In: Organization Studies 22(6): 1035–1061
Windeler, Arnold/Wirth, Carsten (2010): Netzwerke und Arbeit. In: Böhle, Fritz/Voss, G. Günter/Wachtler, Günther (Hrsg.) (2010): Handbuch Arbeitssoziologie. Wiesbaden: VS Verlag für Sozialwissenschaften: 569–596
Wirth, Carsten (2006): Arbeitsmarktintegration, personale Netzwerke und die öffentliche Arbeitsvermittlung. In: WSI-Mitteilungen 59(2): 104–109
Wirth, Carsten (2010): Reflexive Arbeitskräftewirtschaft. Strukturation, Projektnetzwerke und TV-Content-Produktion. München, Mering: Hampp
Womack, James P./Jones, Daniel T./Roos, Daniel (1991): Die zweite Revolution in der Automobilindustrie. Frankfurt/Main, New York: campus

Eher kooperativ denn kompetitiv? Zur Beantwortung der Netzwerkfrage für die deutsche und japanische Automobilindustrie

Miriam Wilhelm

Zusammenfassung

Dieser Beitrag beleuchtet die Zusammenarbeit zwischen einem Automobilhersteller und seinem Zulieferer aus einer Netzwerkperspektive. Da nicht jede Beziehung zwischen Akteuren per se ein Netzwerk begründet, wird vor allem der Frage nachgegangen, ob der gewählte Untersuchungsgegenstand tatsächlich als ein Netzwerk zu verstehen ist, d. h., ob die Qualität der Beziehung zwischen dem Hersteller und seinen First-Tier-Zulieferern tatsächlich „eher kooperativ denn kompetitiv" ausgeprägt ist. Für die japanische Automobilindustrie dagegen wird der Netzwerkcharakter der Beziehungen zwischen dem Hersteller und seinen verbundenen Lieferanten, innerhalb des sog. Keiretsu, vorausgesetzt. Der oftmals konstatierte hohe Grad an Partnerschaftlichkeit wird mitunter sogar als ein Baustein des Erfolges dieser Industrie gesehen. Aus diesem Grund sollen Lieferantennetzwerke in Deutschland und Japan miteinander verglichen und im Hinblick auf ihren Netzwerkcharakter diskutiert werden.

1. Einleitung: Strategische Herausforderungen in der internationalen Automobilindustrie

Mit einem Umsatz von 1,9 Billionen Euro und 8,4 Millionen direkt Beschäftigten im Jahr 2004 (OICA 2007) kann die Automobilindustrie weltweit als eine der Schlüsselindustrien der Industrieländer bezeichnet werden. Gleichzeitig kämpft die internationale Automobilindustrie derzeit mit der Herausforderung, dass sich das Koordinationsmodell Markt schon lange nicht mehr für die Beschaffung komplexer Systemumfänge eignet. Stattdessen ist eine enge Zusammenarbeit mit ausgewählten Lieferanten erforderlich, die mitunter – wie im

Falle des Smart – bis zu 80 % der Wertschöpfungsleistung eines Automobils erbringen (Sydow/Möllering 2009). Die veränderten Anforderungen an die Industrie, auf die die Hersteller mit geeigneten Markt-, Produktions- und Organisationsstrategien reagieren müssen, lösen einen Zielkonflikt zwischen *Flexibilität* und *Effizienz* aus, der nur durch die Inkaufnahme weiterer komplexer Widersprüche auf der Ebene der Organisation und Produktion aufgelöst werden kann (Semlinger 1993: 36 ff.). Eine der Reaktionen der Hersteller zur Mobilisierung dezentraler, organisatorischer Selbststeuerungspotentiale war der vielbeschworene Ruf nach der Konzentration auf Kernkompetenzen (vgl. Prahalad/Hamel 1991; Quinn/Hilmer 1994). Damit verbunden ist die Auslagerung aller nicht der Kernkompetenz zurechenbaren Tätigkeiten an ein rechtlich und wirtschaftlich unabhängiges Unternehmen, um auf diese Weise Spezialisierungsvorteile und Kostenreduktionen zu erzielen. Diese auch als *Outsourcing* (Outside Resource Using) bekannte Strategie wird häufig als strategische Entscheidung zwischen „make or buy" (Venkatesan 1992) dargestellt. Um den Anteil der Fremdleistung im Vergleich zur Eigenleistung zu bestimmen, wird häufig die Fertigungstiefe herangezogen. Darunter wird „der Umfang der Teilleistung verstanden, die unter dem Dach des Automobilherstellers von diesem selbst oder von zugehörigen Unternehmen mit Mehrheitsbeteiligung erbracht wird" (Djabarian 2002: 10). Die vom VDA herausgegebene Untersuchung „Future Automotive Industry Structure (FAST 2015)" ermittelte für das Jahr 2002 eine durchschnittliche Fertigungstiefe von 35 % bei den Automobilherstellern (VDA 2004: 19). Offen bleibt, wo genau die Untergrenze der Fertigungstiefe liegt und ob die magische 20 %-Grenze tatsächlich eines Tages unterschritten wird (Heyder 2005: 306). Fraglich ist weiterhin – wie von Pointer (2004: 80 ff.) postuliert –, ob sich die Kernkompetenzen der Endhersteller eines Tages tatsächlich endgültig von der Entwicklung und Fertigung eines Automobils hin zu Design, Marketing und Finanzierung verlagern und der OEM zukünftig nur noch als Markenintegrator agiert. Hier kann allerdings vermutet werden, dass die Hersteller die Gefahr des Verlustes der Markenidentität bei einer zu stark vorangetriebenen Reduzierung der Fertigungstiefe erkannt haben und dieses Szenario daher unwahrscheinlich ist (Sydow/Wilhelm 2007: 4 f.).

Mit der „make-or-buy"-Entscheidung geht häufig auch eine *Modularisierung* der ausgelagerten Funktion einher. Zumeist bezieht sich der Begriff Modularisierung auf die Produktarchitektur und beschreibt im Ergebnis ein Subsystem mit eigenständiger Funktion, das durch die Integration mehrerer oftmals vormontierter Bauteile (Komponenten) entsteht (Takeishi/Fujimoto 2001). Diese Bauteile sollten so konzipiert sein, dass sie weitestgehend autonom entwickelt werden können, d. h., ein Subsystem muss mit einer Subfunktion korrespondieren (Takeishi/Fujimoto 2001: 380 ff.). Dadurch, dass möglichst wenige Schnittstellen zu anderen Modulen benötigt werden, kann die Gesamtkomplexität des Fahrzeugs reduziert und Entwicklungsprozesse verkürzt und flexibilisiert werden (Picot/Baumann 2007). Darüber hinaus können durch die Modularisierung der Produktarchitektur die nachfrageseitig geforderten kleineren und differenzierteren Serien wirtschaftlich verträglich realisiert werden. Auf diese Weise wird dem Hersteller die Verfolgung „hybrider Strategien" wie der individualisierten Massenproduktion ermöglicht (vgl. Piller 2000). Von einem simplen „mix and match", also der funktionsbezogenen Kombination unabhängig voneinander entwickelter Module im Baukastenverfahren zur Realisierung neuer Systemfunktionalitäten oder Designvarianten (Picot/Baumann 2007: 227), kann aufgrund der Offenheit der Schnittstellen der Produktarchitektur dennoch keine Rede sein (Jürgens et al. 2002: 264).

Der Trend zur Modularisierung der Produktarchitektur machte sich Anfang der 1990er vor allem in Europa bemerkbar. Er war mit großen ingenieurswissenschaftlichen Anstrengungen seitens der OEM verbunden, die komplexen Module zu definieren, während sich die Lieferanten gleichzeitig vielfach neuartige Kompetenzen erarbeiten mussten (Jürgens 2005a: 45). Dabei kommt die Entwicklung und Fertigung kompletter Module vor allem für mittelständische Lieferanten „einem Quantensprung gleich" (Freudenberg/Klenk 1999: 129), der zur Folge hat, dass diese ihre Position als Direktlieferant nicht dauerhaft werden halten können. Gleichzeitig stellt diese Entwicklung auch eine Chance für einen Kreis potenter Lieferanten dar. Da die Modularisierung weitaus stärker in Europa als in den USA oder Japan vorangetrieben wurde, konnten vor allem die europäischen Lieferanten davon profitieren und eine technologische Führerschaft auf ihrem Gebiet etablieren (vgl. auch MacNeill/Chanaron 2005). Es gibt viele Gründe, warum dieser Trend in Japan anfangs nur zögerlich verfolgt wurde. Ein wichtiger liegt in der dortigen Zulieferindustrie selbst begründet, die sich zu stark auf die Entwicklung und Produktion von funktional isolierten Komponenten konzentriert hatte und dadurch womöglich die erhöhte Komplexität nicht bewerkstelligen konnte. Zudem zeigten sich die dortigen Zulieferunternehmen weniger aktiv in Bezug auf Diversifikationsbestrebungen als ihre europäischen oder US-amerikanischen Konkurrenten, die beispielsweise durch Merger versuchten, einen umfassenderen Leistungsumfang abzudecken (Takeishi/Fujimoto 2001: 390). In den letzten Jahren kann allerdings eine stärkere Tendenz zur Modularisierung auch in Japan beobachtet werden (Kazama 2005:

105 f.), die bei Herstellern wie Toyota auch mit einer entsprechenden Umgestaltung des Lieferantennetzwerks[1] einhergeht. Da sich die Voraussetzungen und damit auch die Entwicklungen der Zulieferindustrie in Japan und Europa unterscheiden, beziehen sich die folgenden Ausführungen zu den strukturellen und relationalen Implikationen der Reduzierung der Fertigungstiefe und der Modularisierung zunächst einmal primär auf die europäische Automobilindustrie. Auf die Entwicklungen in der japanischen Zulieferindustrie wird dann unter Abschnitt 3 gesondert eingegangen.

2. Eine neue Beziehungsqualität: OEM-Zulieferbeziehungen als Kern strategischer Zuliefernetzwerke in der Automobilindustrie?

Auf der Gesamtebene der Industrie bedeutet die beschriebene Externalisierung von Wertschöpfung an anderer Stelle immer auch eine Internalisierung: „(...) ‚mehr Markt' für den einen, [heißt] mehr Hierarchie' für den anderen Partner" (Gaitanides 1998: 98). Die strukturellen und relationalen Implikationen von Outsourcing- und Modularisierungsstrategien für die Automobilzulieferindustrie werden im Folgenden dargestellt.

2.1 Strukturelle Implikationen für die automobile Wertschöpfungskette

Nicht alle profitieren also im gleichen Maße von dieser Entwicklung. Die von den Herstellern vorgenommene Desintegration führt zu einer Auflösung von Vertragsbeziehungen mit einzelnen Direktlieferanten, die sich fortan als Sublieferanten der verbliebenen First Tier wiederfinden. Die Rückstufung auf den zweiten Rang bedeutet gleichzeitig eine enorme Komplexitätsreduzierung für den OEM, da die Koordination der niedrigeren Tiers fortan über den First Tier läuft (Jürgens 2005a: 44). Gleichzeitig werden die First Tier ihrerseits versu-

---

1 Zur Stärkung ihrer Kompetenzen verschmolz Toyota im Oktober 2004 beispielsweise seine drei Keiretsu-Interieur-Lieferanten Araco, Takanichi und Toyota Boshoku zu einer Firma. Die neue Toyota Boshoku gilt mit einem Jahresumsatz von ca. 12 Millionen Dollar im Jahr 2008 als der viertgrößte Interieur-Lieferant der Welt. Was auf den ersten Blick wie eine Reduzierung des netzwerkinternen Wettbewerbs anmutet, kann auf der übergeordneten Marktebene gleichzeitig als eine Belebung des Wettbewerbsprinzips gedeutet werden (vgl. dazu auch Wilhelm 2009: 283 ff.).

chen, die Anzahl ihrer Direktzulieferer zu reduzieren. Es bleibt daher zu vermuten, dass Konzentrationsprozesse vor allem auf der zweiten Zulieferebene stattfinden werden (Jürgens 2002a: 116). Die betroffenen Zulieferer müssen sich folglich in dem Zuliefernetzwerk neu positionieren und werden ihr Profil als Komponentenspezialist stärken müssen, wenn sie langfristig bestehen wollen.

Modularisierung führt weiterhin zu einer Fragmentierung der Wertschöpfungskette mit einer erhöhten Spezialisierung auf jeder Stufe. Durch die neu zugesprochene Verantwortung ändert sich die Machtkonstellation zugunsten der Zulieferer von wichtigen Komponenten oder Systemen (Jürgens et al. 2002: 261). Statt von einem ehemals monozentrischen System kann erstmalig von einem polyzentrischen System gesprochen werden. Für Jürgens (2004: 20) bedeutet diese Entwicklung, dass die OEMs „immer weniger ihre Beziehungen in einer (quasi)hierarchischen Weise steuern können, da es ihnen an Kompetenzen fehlt, die Arbeit der Zulieferer in einer Weise zu spezifizieren und zu steuern, wie dies im traditionellen System gebräuchlich war". Dies gilt umso mehr mit Blick auf die Lieferanten von Zukunftstechnologien, die sich aufgrund ihrer besonderen Kompetenzen und ihrer häufigen Zugehörigkeit zu anderen Branchen als zum Automobilsektor[2] nicht in einer Abhängigkeitssituation gegenüber dem OEM befinden (Meißner/Jürgens 2007: 32).

Derzeit steht allerdings einer hohen Zahl von Zulieferern eine geringe Zahl von nur 15 unabhängigen Automobilherstellern gegenüber (inklusive der heute noch „kleinen" Hersteller TATA, FAW und SAIC, deren Bedeutung aber wächst), von denen aber die größten sechs OEM[3] klar dominieren (Heyder 2005: 305). Die Zulieferindustrie ist mit einem geschätzten Anteil von 80 bis 85 % hingegen stark mittelständisch geprägt. Die Zahl der Betriebe wird sich Prognosen zufolge bis zum Jahr 2015 gleichwohl weltweit halbieren (Automobilproduktion 2004: 6). Gleichzeitig geht damit vor allem für kritische Bauteile wie Sitze, Bremsen oder Airbags eine starke Systemintegration mit gleichzeitiger Anbieterkonzentration einher. Es wird prognostiziert, dass in Zukunft etwa 15 bis 30 sog. Mega-Lieferanten den Markt beherrschen (Sutherland 2005: 243; Freudenberg/Klenk 1999).

Es bleibt zu vermuten, dass die geschilderten Konzentrationsprozesse zu einer Stärkung der Marktmacht einiger Zulieferer führen werden. Trotz dieser Entwicklung befinden sich die großen First Tier allerdings noch nicht auf Au-

---

2 Bei diesen „neuen Playern" handelt es sich beispielsweise um die Unternehmen Microsoft, Intel oder Motorola, die allein schon aufgrund ihrer Größe von den OEM gleichberechtigt behandelt werden (Chanaron 2004: 204).
3 So vereinigen GM, Toyota, Ford, Renault/Nissan, Volkswagen und Daimler 70 % des Marktvolumens (Kinkel/Zanker 2007: 51).

genhöhe mit den OEM. Ein Vergleich der Unternehmensgrößen macht deutlich, dass zwischen den Umsatz- und Beschäftigtenzahlen der Mega-Lieferanten und der größeren OEM noch erhebliche Unterschiede bestehen (vgl. dazu Meißner/Jürgens 2007: 17). Als „Verlierer" der hier beschriebenen Entwicklung können jene Zulieferer bezeichnet werden, die eine Herabstufung vom ehemaligen Direktlieferanten auf eine niedrigere Wertschöpfungsstufe erfahren haben. Für Gaitanides (1998: 110) stellt dies eine gefährliche Verschlechterung der Position innerhalb des Netzwerkes dar und es gibt seiner Meinung nach „(in) Abhängigkeit der Position (…) meist nur wenige Gewinner in zentralen, dafür aber viele Verlierer in den peripheren Positionen des Netzwerkes". Die „Verlierer" werden langfristig aufgrund von Zahlungsunfähigkeit aus dem Markt ausscheiden. Schon jetzt ist eine jährlich wachsende Zahl von Zulieferinsolvenzen in Deutschland beobachtbar (IKB 2007: 11).

Die Weiterentwicklung der Strukturen und die mit ihr verbundene Machtverteilung sind allerdings noch nicht vollständig absehbar und es existieren unterschiedliche Szenarien (vgl. zum Beispiel Kinkel/Zanker 2007: 72; Freudenberg 2000). Die Wahrheit wird sich zwischen den zwei Extremen einer Polarisierung innerhalb der Zulieferwelt in mächtige „Megasupplier" und sich dem Preisdruck beugende Standardteilelieferanten einerseits und einer blühenden Landschaft aus hochinnovativen kleinen und mittelständischen Zulieferern andererseits einpendeln (Herrigel 2004). Sicher ist indes, dass die dominierende Stellung des OEM, der im Sinne einer „Metakompetenz" die Produktarchitektur beherrscht und die Spezifikationen für die Produktkomponenten definiert, zunehmend in Frage gestellt wird.

2.2 Relationale Implikationen für die automobile Wertschöpfungskette

Viele Autoren sprechen mittlerweile ganz selbstverständlich von netzwerkförmigen Strukturen in der Automobilindustrie (vgl. u. a. Weiss 1999; Wertz 2000; Bartelt 2002). Auch für De Banville/Chanaron (1998: 371) sind die vielfältig eingegangenen Partnerschaften so zahlreich, dass die Industrie sich zu einem „nebulous set of agreements which make it a true planetary-scale spiders's web" entwickelt hat. Wie „vernetzt" diese Branche tatsächlich ist, soll im Folgenden näher beleuchtet werden. Einer Umfrage der IKB zufolge wird die Bedeutung von temporären Kooperationen auf Projektbasis und von dauerhaften Kooperationen ohne Kapitalbeteiligung zwischen Automobilherstellern und Systemlieferanten in Zukunft weiter wachsen. Beteiligungen, Zusammenschlüsse oder Fusionen haben hingegen einen deutlich geringeren Stellenwert (IKB 2003: 28). Die Kooperationen können sich dabei auf verschiedene Bereiche erstrecken:

- Kooperation in der Forschung und Entwicklung (F&E):
  Die Hersteller demonstrieren ihre Kooperationsbereitschaft durch eine immer frühere Einbindung des Lieferanten in den Entwicklungsprozess, um durch die Nutzung der spezifischen Fachkompetenzen des Zulieferers eine Verkürzung der Entwicklungszeit zu erreichen. Weiterhin kann der Lieferant durch die Anpassung der Teilekonstruktion an seine Fertigungsbedingungen und an die des Automobilherstellers erhebliche Kostensenkungen realisieren (Wolters 1995: 94). Je nach Tiefe der Lieferantenintegration und der damit verbundenen Übertragung an Verantwortung können sog. Whitebox-, Greybox- und Blackbox-Ansätze unterschieden werden. Bei dem Whitebox-Ansatz obliegt die Entwicklungsverantwortung weiterhin dem Hersteller, der dem Zulieferer dann entsprechende Zeichnungen zur Verfügung stellt, die die Grundlage seiner Aktivitäten darstellen. Bei dem Greybox-Ansatz handelt es sich bereits um ein gemeinsames Entwicklungsprojekt, bei dem der Hersteller die Basisforschung betreibt und ein detailliertes Lastenheft erstellt, welches als Grundlage für die Entwicklungsarbeit des Lieferanten dient. Blackbox-Teile bezeichnen hingegen Bauteile, die vom Lieferanten autonom nur nach Grobspezifikationen des Kunden entwickelt werden – mit dem Ergebnis, dass Details der Entwicklung für den Hersteller „unsichtbar" bleiben (Petersen et al. 2005: 378). Diese Form der Lieferantenintegration erfolgte vor allem in der japanischen Automobilindustrie weitaus früher als in der europäischen: Clark und Fujimoto (1991: 147) bezifferten Ende der 1980er Jahre den Anteil an Blackbox-Teilen auf 62 %. Für Europa lag der Wert bei 39 %, für die USA nur bei 16 %.

  Die Einbindung des Lieferanten kann dabei sequentiell oder parallel erfolgen. Im ersten Fall („Schnittstellenmodell") gibt der Hersteller die Entwicklungsarbeit ab einem bestimmten Punkt an den Lieferanten weiter. Im zweiten Fall („Teammodell") findet eine intensive Zusammenarbeit zwischen beiden Parteien über den gesamten Entwicklungsprozess statt (Wildemann 1992: 400 ff.). Letzteres wird oft als „Simultaneous Engineering" bezeichnet und meint eine „integrierte und zeitparallele Abwicklung der Produkt- und Prozessgestaltung" (Eversheim et al. 1995: 2). Mit höherer Produktkomplexität wird die Praxis des Simultaneous Engineering immer wahrscheinlicher (Jürgens 2001: 62 f.).

- Kooperation in Beschaffung und Logistik:
  Da die steigende Variantenvielfalt zu einer Explosion der Lagerkosten führen würde, wird die produktionssynchrone Beschaffung und Logistik in

Form einer zeitgenauen Anlieferung von Zulieferteilen (just in time) in die Produktionsreihenfolge des Herstellers (just in sequence) in dieser Branche mittlerweile von allen Herstellern praktiziert. Dies gilt insbesondere dann, wenn es sich um relativ wertvolle Teile mit einem gleichmäßigen und damit relativ gut prognostizierbaren Bedarfsverlauf (sog. A-X-Güter) handelt (vgl. Sydow/Möllering 2009: 117 ff.). Damit die Lieferabrufe teilweise innerhalb einer Stunde erfolgen können, ist die Verfolgung einer solchen Strategie mit hohen Zugeständnissen seitens der Lieferanten verbunden. Nicht selten ist eine Ansiedlung der Fertigungsstätte oder zumindest die Errichtung eines Auslieferungslagers in Herstellernähe erforderlich. Infolgedessen stellt die produktionssynchrone Beschaffung die „zugleich am weitesten vom klassischen Marktmodell entfernteste" (Sydow/Möllering 2009: 121) Version dar.

- Kooperation in der Qualitätssicherung und Produktion:
Durch den Wegfall von Wareneingangskontrollen steht die produktionssynchrone Beschaffung in engem Zusammenhang mit der Übertragung der Qualitätssicherungsverantwortung auf den Lieferanten. Als Konsequenz muss der Lieferant in der Lage sein, Qualität „produktionsimmanent" zu erzeugen (Gehrke 2003: 26). Falls die Produkte eines Lieferanten den hohen Qualitätsanforderungen des Herstellers nicht entsprechen, kann der Hersteller versuchen, die Fähigkeiten des Lieferanten gezielt (weiter) zu entwickeln, womit er auf ein netzwerktypisches Voice statt auf eine Exit-Strategie setzen würde (Podolny/Page 1998: 60).

Im Zentrum der kooperativen Bemühungen in der Produktion steht die räumliche Ansiedlung in Herstellernähe. Am weitesten verbreitet ist in Europa das Modell der Lieferantenparks, von denen im Jahr 2005 bereits 23 existierten (vgl. Schraft et al. 2005 zit. nach Kinkel/Zanker 2007: 44). Die Zulieferer siedeln ihre eigene Fertigung in der Nähe oder teilweise sogar in der Produktionsstätte des Herstellers an und stimmen ihre Produktionsprozesse eng auf die des Herstellers ab (Volpato 2004: 178). Die notwendigen Räumlichkeiten dazu werden entweder vom Hersteller oder von externen Investoren finanziert und bereitgestellt, die der Zulieferer dann für die Laufzeit seines Liefervertrags least. Siedelt der Zulieferer seine Fertigung ohne räumliche Trennung sogar in den Herstellergebäuden an, wird von einem Kondominium gesprochen. Durch unterschiedliche gewerkschaftliche Interessenvertretungen sind diesem Verfahren in Deutschland allerdings recht enge Grenzen gesetzt (Jürgens 2004: 23). Beim Konsortiumsansatz betreibt der Zulieferer weiterhin sogar Teile der Montage des OEM in Eigenverantwortung (vgl. Schraft et al. 2005 zit. nach Kinkel/Zanker 2007: 44).

2.3 Diskussion und Entwicklung eines „graduellen Netzwerkverständnisses"

Die bisherige Darstellung hat gezeigt, dass Automobilhersteller und Zulieferer deutlich enger zusammenarbeiten als dies noch Anfang der 90er Jahre der Fall war. Trotzdem regen sich Zweifel an der grundsätzlichen Existenz netzwerkartiger Beziehungen. So sieht Köhler (1999: 47) die parallele Existenz sowohl zentralistischer als auch dezentralistischer Tendenzen in der Automobilindustrie als Grund, der es „bislang nicht [erlaubt], in unserem Untersuchungsfeld empirisch begründet von einer eigenständigen, sich selbst reproduzierenden Netzwerklogik (...) zu sprechen". Als besonderes Merkmal von Netzwerken werden häufig insbesondere *multilaterale* Beziehungen angeführt (vgl. u. a. Sydow et al. 1995: 15; Windeler 1998: 19; Miklis 2004: 50). In diesem Zusammenhang wird mitunter angezweifelt, dass sich die Beziehungen in der Automobilindustrie tatsächlich zwischen mehr als zwei Organisationen herausbilden:

> „Zwar bestehen in der Branche netzwerkartige Beziehungen, d. h. kooperative, langfristig angelegte Beziehungen zwischen Unternehmen; im Gegensatz zum ursprünglichen Netzwerkbegriff stehen jedoch in der Regel bilaterale Ziele im Mittelpunkt. Bezugspunkt betriebswirtschaftlicher Entscheidungen ist somit nicht das gesamte Netzwerk, sondern die Dyade Produzent – Lieferant" (Wertz 2000: 33).

Wertz ignoriert allerdings, dass die Einbettung der dyadischen Beziehung in weitere *Beziehungszusammenhänge* (vgl. Gulati et al. 2000) Konsequenzen hat. So hängt das Verständnis der Geschäftsbeziehung zwischen OEM und einem First-Tier-Lieferanten „in Netzwerken wesentlich von weiteren Beziehungen zwischen Endprodukteherstellern, System- und Komponentenzulieferern und vor allem von den Beziehungsgeflechten ab (...), in denen die Unternehmungen agieren" (Windeler 2001: 36). Eine Analyse einzelner isolierter dyadischer Beziehungen kann daher nicht ausreichen, sondern die Analyse muss immer unter Berücksichtigung des Beziehungsnetzwerks und seiner Charakteristika durchgeführt werden (Wilhelm 2011; Windeler 2005: 215; Gilbert 2003: 179).

Anhand dieser Ausführungen wird deutlich, dass die Frage, ob die neuen Formen der Zusammenarbeit als Netzwerk zu bezeichnen sind oder nicht, letztlich von dem herangezogenen Netzwerkverständnis abhängt. Das Netzwerkverständnis ist daher in diesem Zusammenhang als ein „graduelles" zu verstehen. So wird ein Netzwerk zunächst einmal über die *Governance* bzw. die Qualität der dyadischen Beziehung definiert, die *„eher kooperativ denn kompetitiv"* ausgeprägt sein muss (Sydow 1992: 79). Diese Frage kann hinsichtlich der Beziehung zwischen einem First-Tier-Lieferanten und einem OEM letztlich nur empirisch beantwortet werden. Weiterhin müssen die Beziehungen zwischen einem First Tier und seinem Abnehmer immer im Kontext des Beziehungsgeflechts zu den weiteren Lieferanten gesehen werden. Bildlich lässt sich eine Vielzahl mehrerer solcher dyadischen Beziehungen vorstellen, die über den Endproduktehersteller sternförmig miteinander verbunden sind. Mit zunehmender (dominant kooperativer) Interaktion zwischen den Zulieferern auf der horizontalen Ebene kann dann von einem „avancierten Netzwerk" gesprochen werden. Die Existenz eines solchen Netzwerks wird am ehesten Toyota zugestanden. So führen Dyer und Nobeoka (2000) die hohe Intensität des Wissensaustauschs im Toyota-Netzwerk auf die Multilateralität und Multiplexität (vgl. zu den Begriffen auch Staber/Sydow 2002: 214 ff.) der Beziehungen zwischen den unterschiedlichen Netzwerkmitgliedern zurück (siehe Abb. 1).

Damit gleichen Netzwerke in der Automobilindustrie in der Realität weder einem „galaktischen System" aus gleich starken Akteuren noch einem monozentrischen System mit den Herstellern und ein paar wenigen Megasuppliern, die der Peripherie praktisch ihre Strategie diktieren (Chanaron 2004: 203). Vielmehr ist die neue Form der Koordination auf dem Kontinuum zwischen diesen beiden Extremen zu verorten, wobei einige Akteure vermutlich „zentraler" und damit machtvoller sind als andere. So konstatiert schon Bieber (1992: 280):

> „Die netzförmige Organisation von Produktionsprozessen verbindet sich nicht – wie manche Beobachter erhoffen – gleichsam naturwüchsig mit einer weitreichenden Dezentralisierung gesellschaftlicher Macht. Vielmehr weisen Produktionsnetzwerke in aller Regel ein Zentrum auf, um das herum sich verschiedene Unternehmen hierarchisch strukturiert gruppieren."

Die Existenz eines solchen „strategic centers" (Lorenzoni/Baden-Fuller 1995) rechtfertigt die Bezeichnung „strategisches Netzwerk" als einen besonderen Netzwerktyp,[4] auf den das Interesse dieser Arbeit gerichtet ist. Darunter versteht Jarillo (1988: 32): „(...) long term purposeful agreements among distinct but related for-profit organizations that allow those firms in them to gain or sustain competitive advantage vis-à-vis their competitors outside the network."

Der Zusatz „strategic" bringt zum Ausdruck, dass hier wieder die Idee des Erlangens von Wettbewerbsvorteilen durch den kooperativen Zusammenschluss verfolgt wird. Dieses vereinte Vorgehen verlangt allerdings nach einer strategischen Führung durch eine „hub firm" (Jarillo 1988: 32) bzw. fokale Unternehmung, die

> „mehr als die anderen am Netzwerk beteiligten den zu bearbeitenden Markt, die dazu heran zu ziehenden Strategien und Technologien sowie die Ausgestaltung der Netzwerkorganisationen,

---

4   Netzwerke können weiterhin auf vielfältige Art und Weise typologisiert werden (vgl. für einen Überblick Sydow 2006: 393 ff.; Sydow et al. 2003: 48 ff.).

einschließlich der über die Grenzen der eigenen Unternehmung hinausreichenden Geschäftsprozesse" definiert (Sydow 2006: 395 f.).

Durch diesen stark hierarchieähnlichen Regulationscharakter ist dieser spezielle Netzwerktyp mehr als andere Unternehmungsnetzwerke Ausdruck intendierten Handelns (Sydow 1992: 82). Ein Übergang zu einem monozentrischen System ist hingegen ausgeschlossen, da der konzernrechtliche Tatbestand der einheitlichen Leitung nicht erfüllt ist. Konzerne mögen zwar häufig ähnlich dezentral geführt sein und eine *interne* Netzwerkorganisation ausbilden, die eingeräumte Autonomie kann aber jederzeit wieder zurückgenommen werden, da die strategische Führung eben nicht gesellschaftsrechtlich bedingt ist (Sydow 2001: 286). Dieser Punkt grenzt die Hierarchie klar vom Netzwerk ab und weist auf die generelle Schwierigkeit der (zentralen) Steuerbarkeit von Netzwerken hin, die aufgrund der relativen Autonomie der rechtlich selbstständigen Unternehmungen nie vollständig gegeben ist (Sydow 1992: 80).

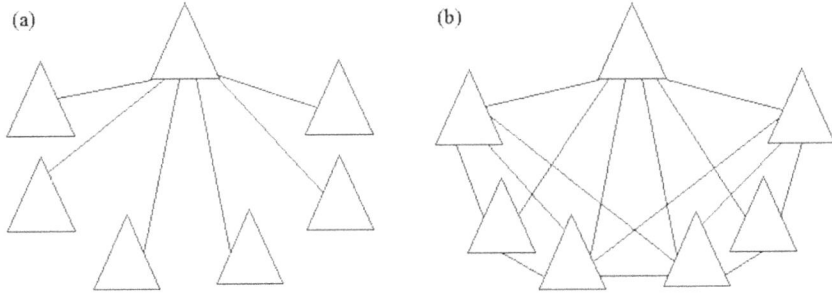

Abb. 1: Vergleich zwischen dem sternförmigen (a) und dem „avancierten" Netzwerk (b) (mod. nach Sydow/Möllering 2009: 229)

Denkt man das „Strategische" an dieser Netzwerkform konsequent zu Ende, so ist die Vision einer Austragung von Wettbewerb zwischen *Unternehmungsnetzwerken* anstelle *einzelner Unternehmungen* (vgl. u. a. Dyer 1996a; Gomes-Caseres 1996) nicht mehr fern. Für die deutsche Automobilindustrie kann die Relevanz eines solchen Szenarios klar verneint werden – exklusive Beziehungen zwischen einem Lieferanten und einem Hersteller existieren höchstens für die ersten ein bis zwei Jahre nach Einführung einer Produktinnovation. In Japan hingegen war diese Exklusivität zu ausgewählten Zulieferern innerhalb der sog.

vertikalen bzw. industriellen Keiretsu lange Zeit gegeben (vgl. auch Sydow 1991; Gerlach 1992). Bei den Keiretsu handelt es sich allgemein um eine vorherrschende Form strategischer Netzwerke in Japan, die sich durch langfristige Beziehungen zwischen ihren Mitgliedern auszeichnet, die häufig durch finanzielle und personelle Verflechtungen abgesichert werden (Gerlach 1992: 3 ff.). Dabei werden die auf diese Weise direkt mit dem Hersteller verbundenen Zulieferunternehmen im hier interessierenden vertikalen Keiretsu als *kankei gaisha* bezeichnet, die ihrerseits wiederum finanzielle und personelle Verflechtungen mit den Sublieferanten, den sog. „Enkelfirmen" (*mago gaisha*), unterhalten. Auf diese japanische Besonderheit soll im folgenden Abschnitt näher eingegangen werden.

3. Vorbild Japan: Relationale Wettbewerbsvorteile durch kooperative Zulieferbeziehungen?

Seit der „zweiten Revolution in der Automobilindustrie" (Womack et al. 1992) ist das Interesse an dem von japanischen Herstellern praktizierten Industriemodell groß. Insbesondere im Zusammenhang mit den Erfolgsmeldungen des von Toyota praktizierten schlanken Produktionssystems (oder auch „Toyota Production System") rückte vor allem auch das Eingehen partnerschaftlicher Beziehungen zu einigen ausgewählten Lieferanten in den Fokus, da dieses sich für die Hersteller in Form von verbesserter Produktqualität, niedrigeren Kosten und schnelleren Durchlaufzeiten auszuzahlen scheint.[5] Wolters (1994: 4) bezifferte die Höhe des Produktionskostenvorteils japanischer Hersteller gegenüber ihren europäischen Konkurrenten vor einiger Zeit gar auf 30 %, von denen sich zwei Drittel auf die verbesserte Zusammenarbeit mit Lieferanten zurückführen lassen. Durch eine wiederholte Zusammenarbeit mit einem konstanten Kreis von Zulieferern können Transaktionskosten gesenkt werden. Weiterhin kann der Lieferant von Skaleneffekten aufgrund steigender Auftragsvolumina und einer erhöhten Planungssicherheit durch langfristige Auftragsvergaben profitieren (vgl. Dyer/ Ouchi 1993: 53 ff.).

---

5   Fruin (1992: 256) sieht zwei Ebenen mit der Toyota-Produktion verbunden, die intra- und die interorganisationale: „The Toyota production system (...) is composed broadly of two parts: what goes on inside Toyota and what occurs outside Toyota within the network of firms supporting Toyota. The succes of this combined system is noteworthy." (Vgl. dazu auch Fruin/Nishiguchi 1993).

Auch für Liker (2004) stellen Methoden wie just in time, Kaizen, „one-piece-flow", „*jidoka*" und „*heijunka*", die Toyota zu weltweiter Berühmtheit verhalfen, nicht die eigentlichen Determinanten des Erfolges dar. Diese sieht Liker vielmehr in Toyotas Fähigkeiten, mit Lieferanten kooperative Beziehungen aufzubauen und zusammen mit ihnen eine „lernende Organisation" zu bilden, begründet (Liker 2004: 6). Dyer (2000: 8) vertritt die gleiche Ansicht und konstatiert, dass Toyota erkannt hat, dass die eigene Unternehmensleistung ein Ergebnis der Leistung aller am gesamten Produktionsnetzwerk beteiligten Unternehmen ist. In einer Untersuchung der nordamerikanischen Toyota-Transplants wird demonstriert, dass Toyota mit einem Local-Content-Anteil von immerhin 70 % mit seinen amerikanischen Zulieferern bessere Ergebnisse hinsichtlich Qualität und Kosten erzielen kann als Ford, GM oder Chrysler. Daraus kann geschlussfolgert werden, dass über die bloße Zusammensetzung des Netzwerkes hinaus das Management partnerschaftlicher Beziehungen entscheidend ist. Demzufolge können verschiedene Hersteller unter Umständen auf ein und dieselben Zulieferer zurückgreifen und trotzdem unterschiedliche Erfolge mit ihnen erzielen (Dyer/Hatch 2006).

Da diese Form der Zusammenarbeit bis Anfang der 90er Jahre noch stark von der damaligen Praxis in Europa und vor allem in den USA abwich, wurde sie unter der Bezeichnung „Japanese Style Partnerships" (Dyer/Ouchi 1993) als Synonym für eine kooperative Lieferantenpolitik in der wissenschaftlichen Literatur diskutiert. Bevor ein Überblick über die dazugehörige Literatur gegeben wird, soll kurz auf die strukturellen Besonderheiten der japanischen Zulieferindustrie eingegangen werden. Hier sei erneut betont, dass mit dieser Darstellung keine monokausale Erklärung im Sinne von „single-factor, simple-minded constructions of a complex people and past" (Fruin 1992: 2) beabsichtigt ist. Für den Erfolg (einiger) japanischer Hersteller können neben den Lieferantenbeziehungen in der Tat mehrere Erklärungsfaktoren herangezogen werden.[6] Nichtsdestotrotz handelt es sich bei den Japanese Style Partnerships um eine Besonderheit, die einen breiten Kreis von Forschern weltweit fasziniert hat und damit eine gesonderte Betrachtung rechtfertigt.

---

6 Für eine umfassendere Betrachtung des „Japanese enterprise system" mit seinen *intra- und organisationalen* Besonderheiten inklusive des *institutionellen* Settings (vgl. u. a. Sydow 1991: 248; Fruin 1992; Jürgens 2005b).

3.1 Die Struktur der japanischen Zulieferindustrie: History matters

Aufgrund der schnell wachsenden Nachfrage nach Automobilen und mangelnder Eigenkapazitäten entschieden sich die japanischen Hersteller Mitte der 50er Jahre für den Aufbau eines Zuliefernetzwerkes durch die gezielte „Rekrutierung" branchenfremder Zulieferer beispielsweise aus dem Flugzeugbau. Damit wandte man sich schon deutlich früher als in den USA und Europa von der Strategie der fordistischen vertikalen Integration ab[7] und begann, sich auf Zulieferer zu verlassen, die man teilweise nur wenig oder gar nicht finanziell kontrollierte. Dabei unterstützten die Hersteller ihre Zulieferer mit Investitionsbeihilfen und der Entsendung von Fachkräften, wodurch schon früh langfristig ausgerichtete, vertrauensvolle Beziehungen gefördert wurden (Cusumano 1985: 241 f.).

Zur Beschreibung der Struktur der japanischen Zulieferindustrie wird klassischerweise das Bild der mehrstufigen Pyramiden bemüht, an deren Spitze sich jeweils ein Endprodukthersteller befindet und bei denen sich mit jeder Stufe abwärts die Zahl der zuliefernden Unternehmen erhöht (zum Beispiel Demes 1989; Ernst 1989; Haak 2005). Diese hierarchieähnliche Struktur wurde bis in die 80er Jahre aufgrund ihrer Macht- und Lohnasymmetrien zwischen den Stufen kritisiert. Insbesondere den untersten Zulieferstufen wurde oft eine „Pufferfunktion" nachgesagt (vgl. u. a. Flüchter/Yamamoto 2002: 18; Kieser 1995: 45).

Die erste Stufe des Sockels formiert sich dabei typischerweise aus den Zulieferern, die mit der Entwicklung und Fertigung von Komponenten und Modulen betraut sind. Durch die früh verfolgte Desintegration ist die Zahl dieser Direktlieferanten weitaus geringer als in europäischen oder amerikanischen Zuliefernetzwerken. Einer Erhebung von Wolters (1995: 28) zufolge, lag deren Zahl in Japan im Jahr 1993 zwischen 162 (Nissan) und 270 (Honda) – in Europa hingegen zwischen 540 (Fiat) und 1500 (VW). Aktuelle Zahlen sind leider nicht zugänglich, aber aufgrund von Ankündigungen zahlreicher nicht japanischer Hersteller, die Zahl der Direktlieferanten kontinuierlich zu reduzieren (vgl. u. a. Arnold 2007: 222), kann mit einer sukzessiven Angleichung gerechnet werden.

Die Zulieferer auf der zweiten Stufe der Pyramide sind mit einer durchschnittlichen Mitarbeiterzahl zwischen 50 und 100 mittelgroß, während es sich bei den Zulieferern der dritten Stufe und der darunterliegenden Stufen oft um kleine Familienbetriebe mit weniger als zehn Mitarbeitern handelt (Fujimoto 2001: 12). Als Schätzgröße für die Zahl der First-Tier-Lieferanten wird häufig

---

7   Tatsächlich wiesen japanische Hersteller bereits in den 1970er Jahren einen Fremdleistungsanteil von über 70 % auf (Fujimoto 2001: 9).

die Anzahl der Mitglieder der Vereinigung der japanischen Automobilzulieferer JAPIA (Japan Auto Parts Industries Association) herangezogen; 2007 zählte sie 457 Firmen (JAPIA 2007). Da sich die Gesamtzahl aller Zulieferer in Japan Schätzungen zufolge auf etwa 10.000 Unternehmen beläuft, ist der Großteil der Firmen damit auf den unteren Ebenen der Pyramide anzusiedeln (JETRO 2005: 26).

Die bestehenden Beziehungen wurden oftmals durch finanzielle und personelle Verflechtungen unterstützt. Demes (1989) warnt allerdings davor, von der Höhe der Kapitalbeteiligung auf die Höhe der Abhängigkeit eines Zulieferers von einem Hersteller zu schließen. Mit durchschnittlichen Kapitalanteilen in Höhe von 15 bis 30 % stellen Mehrheitsbeteiligungen eher die Ausnahme als die Regel dar (Gerlach 1992: 18). Generell sind die Beteiligungen damit eher als „symbolischer Ausdruck, in dem sich die Zugehörigkeit zur Unternehmensgruppe manifestiert" zu werten (Demes 1989: 271). Die Mitglieder des als Keiretsu bezeichneten Zuliefernetzwerks konnten bis Ende der 80er Jahre grob unterschieden werden in finanziell und/oder wirtschaftlich abhängige Produzenten, die nur einen einzigen Hersteller beliefern, Produzenten der Toyota-Gruppe, die alle Hersteller mit Ausnahme von Nissan beliefern und Produzenten der Nissan-Gruppe, die ihrerseits alle Hersteller mit Ausnahme von Toyota beliefern (Park et al. 1999: 13; Fujimoto 2001: 14). Nicht dem Keiretsu zugehörig sind die unabhängigen Teilelieferanten (*dokuritsu gaisha*), die mehrere Hersteller beliefern. Die konstante Auftragsvergabe an verbundene Firmen wird durch den Begriff *keiretsu-kaichu* wiedergegeben (Ohno 2003: 52). Aufgrund der Zugehörigkeit zu einem bestimmten Hersteller-Verbund, die durch die Rivalitäten zwischen einzelnen Herstellern, allen voran Toyota und Nissan, zementiert wurde, warf vor allem die amerikanische Seite diesem System eine Strategie der Abschottung vor.

Die Aufweichung der Keiretsu begann spätestens Ende der 80er Jahre mit der Aufforderung der Hersteller an ihre Zulieferer, neue Geschäftsbeziehungen aufzunehmen. 1989 startete Nippondenso (heute Denso) mit der Lieferung elektrischer Einspritzpumpen an Nissan Motor in den USA. Im Gegenzug nahm der angestammte Nissan-Sitzlieferant Tachi-S Geschäftsbeziehungen mit Toyota auf (Sako 1996: 654). Einer Analyse von Flüchter/Yamamoto (2002) zufolge, die auf Daten eines Berichts der Industry Research Consulting (IRC) von 2000 beruht, produzieren nur 35 % der Mitglieder des Kooperationsverbands von Toyota ausschließlich für Toyota, d. h. etwa zwei Drittel sind gleichzeitig Mitglieder in anderen Zuliefererverbünden. Bei Nissan hingegen pflegen lediglich 18 % der Mitglieder exklusive Lieferbeziehungen, bei Honda sind es dagegen beachtliche 43 % (Flüchter/Yamamoto 2002: 24). Es kann vermutet werden, dass diese „Fremdbelieferungen" in der Tendenz eher zunehmen, womit die

„Ausrichtung erstrangiger Lieferanten auf einen Hersteller heute als Ideal von gestern" erscheint (Flüchter/Yamamoto 2002: 26). Die gleiche Ansicht vertritt auch Fujimoto (2001), der die Metaphorisierung der japanischen Zulieferindustrie als voneinander isolierte Pyramiden („Mount Fuji") als ein Missverständnis bezeichnet. Zwar gibt es durchaus Bauteile, wie den Benzintank, Karosserieteile und Sitze, für die tatsächlich exklusive Lieferbeziehungen bestehen, im Durchschnitt beliefert ein japanischer Zulieferer aber drei Kunden innerhalb einer Teilekategorie (Fujimoto 2001: 13). Aus diesem Grund ist das Bild einer Alpenlandschaft mit sich überschneidenden und offenen Pyramidenspitzen, die aus einem gemeinsamen Untergrund herausragen, angebrachter (Fujimoto 2001: 14; Ohno 2003: 91; Hemmert 2000: 110).

3.2 Japanese Style Partnerships: Literaturüberblick

Anhand der bisherigen Darstellung konnte gezeigt werden, dass die Beschaffungsbeziehungen in Japan aufgrund der historischen Entwicklung schon früh einem Netzwerkmodell nahekamen und damit die Vorteile marktlicher Beziehungen ohne Verzicht auf hierarchietypische Skaleneffekte realisiert werden konnten (Dyer 1996a: 664; Fruin 1992: 268). Diesen „competitive ties" (Smitka 1991) wurde mitunter nachgesagt, Grundpfeiler der japanischen Wettbewerbsstärke zu sein (vgl. dazu auch Hines 1994; Nichiguchi 1994; Lamming 1994).

Im Folgenden soll ein Überblick zur Literatur zu partnerschaftlichen Beziehungen in der Automobilindustrie Japans gegeben werden, deren Herausgabe Anfang der 90er Jahre ihren Höhepunkt hatte. Aktuell ist das Thema in der internationalen wissenschaftlichen Literatur allerdings wenig präsent, vermutlich weil mit zunehmenden Globalisierungsbestrebungen der Automobilhersteller die Unterschiede als obsolet wahrgenommen werden. Dass eine Annäherung tatsächlich stattgefunden hat, zeigt die Untersuchung von Helper/Sako (1995) über den Zeitraum von 1989 bis 1993.[8] Es kann jedoch bezweifelt werden, dass sich die Unterschiede mittlerweile vollständig aufgelöst haben. Untersuchungen der Unternehmensberatung Boston Consulting Group (2004) und der Bamberger Forschungsstelle Automobilwirtschaft (FAW) (zit. nach John 2007) lassen aber Zweifel daran entstehen, dass Hersteller hierzulande tatsächlich einen echten partnerschaftlichen Umgang mit ihren Lieferanten pflegen.

---

8   Auch wenn die Untersuchung auf einen Vergleich zwischen den USA und Japan beschränkt ist, kann eine ähnliche Tendenz für Europa unterstellt werden.

Die folgende Darstellung konzentriert sich auf die zentralen Themen, die in der Literatur zu den Japanese Style Partnerships identifiziert werden konnten und basiert in erster Linie auf dem Rahmenmodell von Fujimoto (2001), das durch weitere Quellen ergänzt wird. Fujimoto beschreibt drei Charakteristika des japanischen Automobil-Zuliefersystems: „long-term relational transactions", „bundeled outsourcing" und „dynamic capability-building competition". Als „triplet" trugen sie in den 80er Jahren und danach zum japanischen Wettbewerbsvorteil auf den internationalen Märkten und zum Leitbildcharakter der japanischen Automobilindustrie bei.

3.2.1 „Long-term relational transactions"

Einer viel zitierten Untersuchung von Dyer/Ouchi (1993) zufolge werden japanische Zulieferverträge langfristig, d. h. für die Dauer eines Produktlebenszyklus, der i. d. R. vier Jahre beträgt, vergeben. Die Wahrscheinlichkeit, auch den Folgeauftrag zu gewinnen, ist mit 90 % extrem hoch. Dies kontrastiert stark mit den Praktiken amerikanischer Hersteller, bei denen die durchschnittliche Vertragslänge bei 2,5 Jahren liegt. Die Wahrscheinlichkeit, den Folgeauftrag zu gewinnen, beträgt lediglich 69 % (Dyer/Ouchi 1993: 54 f.). Diese Ergebnisse weichen von einer Erhebung von Cusumano/Takeishi (1991) ab, die nur marginale Unterschiede bezüglich der Vertragslänge in den USA und Japan feststellen können. Durch die in Japan i. d. R. gewährte Vertragsverlängerung aber stimmt die Gesamtbelieferungsdauer letztlich mit den Werten von Dyer/Ouchi (1993) überein (Cusumano/Takeishi: 570 f.). Scheinbar bedeutsamer als die eigentliche Vertragslänge erweisen sich somit andere Faktoren, die Aufschluss über den langfristigen Charakter von Geschäftsbeziehungen in Japan geben könnten. So können gemäß der Untersuchung von Dyer/Ouchi und Dyer (1996a, b) die guten Ergebnisse japanischer Hersteller hinsichtlich Qualität, Zeit- und Lagerkosten sowie weiterer ökonomischer Kriterien teilweise auf die von den Herstellern und ihren Zulieferern getätigten beziehungsspezifischen Investitionen[9] zurückgeführt werden. Trotz herstellerbedingten Unterschieden in Japan wurden diese

---

9 Bei den von den Autoren als „beziehungsspezifisch" bezeichneten Investitionen handelt es sich gemäß der Transaktionskostentheorie strenggenommen um transaktionsspezifische Investitionen. Diese werden typischerweise unterschieden in „site-specifity", „physical asset specifity", „human asset specifity" und „dedicated asset specifity", wobei letztere für die Umsatzabhängigkeit des Zulieferers vom Hersteller steht (vgl. u. a. Dyer 1996a; Nishiguchi 1994: 143 f.).

generell häufiger getätigt als in den USA (Dyer 1996b: 283; Dyer/Ouchi 1993: 59 f.). Dies führt letztlich zu einer Ausbildung von beziehungsspezifischen Fähigkeiten („relation-specific skills")[10] auf Seiten des Zulieferers (Asanuma 1989). Diskussionsbedarf scheint allerdings dahingehend zu bestehen, ob beziehungsspezifische Investitionen in Japan im Sinne einer „wechselseitigen Geiselnahme" ausgewogen von beiden Seiten getätigt werden (Nichiguchi 1994) oder überwiegend nur von Zuliefererseite (Bensaou 1999: 37).

Bedingt durch Keiretsu-Strukturen hat sich des Weiteren in Japan schon früh ein starker Zusammenhalt zwischen den Mitgliedern eines Lieferantennetzwerkes herausgebildet. Dies spiegelt sich auch in den erstaunlich stabilen Profitraten der Keiretsu-Zulieferer wider. Hier kann vermutet werden, dass die großen Herstellerfirmen aufgrund ihres höheren Diversifikationsgrades und ihrer Finanzierungskraft im Falle von Absatzschwankungen oder Preisänderungen bei Rohstoffen die Rolle eines „risk absorber" für ihre Zulieferer einnehmen (Okamuro 2001: 365). Die Risikoabsorption scheint allerdings eher selektiv für strategische Lieferanten zu erfolgen (Okamuro 2001: 365). Die Zulieferer sind im Gegenzug oft bereit, Preiszugeständnisse zu machen und auch wirtschaftlich unattraktive Aufträge anzunehmen.

In der Literatur finden sich außerdem viele Hinweise darauf, dass die Zusammenarbeit in Japan weitaus weniger formalisiert abläuft als im westlichen Kulturraum. Vielerorts ist gar vom „japanischen Beziehungssystem" im Vergleich zum „westlichen Vertragssystem" die Rede (vgl. u. a. Flüchter/Yamamoto 2002: 26). In diesem Zusammenhang wird häufig auch zwischen einer eher vertrauensbasierten „obligational contractual relation" und einer eher vertragsdominierten „arm's length contractual relation" unterschieden (Sako 1992). Die Vorstellung, total auf Verträge zu verzichten, entspricht in japanischen Geschäftsbeziehungen allerdings nicht der Realität. Anstelle eines einzelnen Vertrages, der alle transaktionsspezifischen Einzelheiten detailliert regelt, findet man vielmehr ein „set of contracts, documents that function as contracts, and well-established practices" (Asanuma 1989: 3). Die Gesamtheit dieser Bestandteile kann ein kohärentes Bild über den (vertraglichen) Rahmen geben, der die Lieferbeziehungen in Japan reguliert: Grundlage der Geschäftsbeziehung ist dabei zunächst ein Basisvertrag, der sich automatisch um ein Jahr verlängert, sofern keiner der beiden Partner Widerspruch einlegt. In diesem Dokument sind

---

10 Darunter definiert Asanuma (1989: 21 ff.) in Abhängigkeit von der Phase des Wertschöpfungsprozesses die Fähigkeit eines Zulieferers, den vorgegebenen Spezifikationen entsprechend das Bauteil zu entwickeln, die Fähigkeit, den Fertigungsprozess zu planen und durch Value Engineering Kosten zu senken, die Fähigkeit, Liefer- und Qualitätsziele zu erfüllen, und die Fähigkeit, durch Rationalisierung und Value Analysis Kosten zu senken.

die generellen Konditionen der Zusammenarbeit geregelt, wie zum Beispiel die Anbindung des Zulieferers an das Kanban-System oder die Zahlungs- und Liefermodalitäten. Die Preise werden in regelmäßigen Abständen neu verhandelt und sind wie die Mengen und die Belieferungsdauer nicht Bestandteil des Basisvertrags. Die Liefermenge bekommt der Zulieferer im Rahmen einer dreimonatigen Produktionsvorschau mitgeteilt, die genauen Produktionspläne allerdings nur für den folgenden Monat und das „Fein-Tuning" über das Kanban-System teilweise nur wenige Stunden vor dem gewünschten Termin (Demes 1989: 275; Smitka 1991: 138 ff.). Dieser gering formalisierten Vertragsgestaltung wird insgesamt eine höhere Flexibilität attestiert, da ökonomische Zuwächse den Marktbedingungen entsprechend aufgeteilt werden können (Dyer/Ouchi 1993: 54). Die Behauptung, dass Hersteller-Lieferanten-Beziehungen in Japan rein auf Vertrauen basieren und im Sinne eines „relational contracting" ohne jegliche vertragliche Fixierungen auskommen (vgl. zum Beispiel Edwards/Samimi 1997: 502), kann aber klar zurückgewiesen werden.

3.2.2 „Bundled outsourcing"

Wie bereits dargestellt, kann die Verringerung der Fertigungstiefe sowohl den Bereich der Entwicklung als auch den der Produktion betreffen. Während westliche Hersteller Fertigungs- und Entwicklungsaufträge eines Bauteils auch heute noch teilweise an verschiedene Zulieferer vergeben, wird in Japan seit den 1980er Jahren ein „bundled outsourcing" verfolgt. In diesem Fall wird die ganzheitliche Vergabe von „functionally related tasks (...) to one company as a package" (Fujimoto 2001: 25) angestrebt. Da in der Entwicklung bereits produktionsspezifische Vereinfachungen des Designs eingeplant werden können, ist der Zulieferer in der Lage, integrative Kompetenzen mit entsprechend positiven Effekten auf Qualität und Produktionskosten zu entwickeln. Die Übernahme der Entwicklungsleistung durch den Lieferanten nach herstellerspezifischen Vorgaben wird häufig auch als „black box parts system" bezeichnet (Clark/Fujimoto 1991).

Fujimoto sieht einen engen Zusammenhang zwischen den „long-term relational transactions" und dem „bundeled outsourcing". Letzteres führt zur Ausbildung von beziehungsspezifischen Ressourcen, die eine langfristige Orientierung fördern. Gleichzeitig erhöht sich die Gefahr einer zulieferseitigen Monopolrente durch herstellerseitige Abhängigkeiten, die sich wiederum in einem Preisanstieg der Zulieferteile äußern würde. Entgegen dieser Vermutung, konnten Cusumano/Takeishi (1991: 73 f.) sogar einen kontinuierlichen Preisverfall feststellen, sodass sich die Frage stellt, warum es nicht zur Entstehung von zulieferseitigen Monopolrenten kommt. Der Versuch einer Beantwortung soll im nächsten Abschnitt erfolgen.

3.2.3 „Capability-building competition"

Nach Ansicht von Fujimoto (2001) liegt ein wesentliches Merkmal japanischer Hersteller-Lieferanten-Beziehungen in der Austragung des Wettbewerbs über alternative Kriterien zum Preis. Ein solcher nonpretialer Wettbewerb äußert sich bereits in der Lieferantenselektion, die in Form eines Entwicklungswettbewerbs (kaihatsu compe) stattfindet (Clark/Fujimoto 1991: 142). Dabei werden die Spezifikationen einer limitierten Anzahl an Lieferanten kommuniziert, die ihrerseits Lösungsvorschläge erarbeiten. Auf diese Weise werden offene Ausschreibungen mit anschließendem Bieterverfahren umgangen. Der Preis als dominantes Selektionskriterium wird durch andere Kriterien ersetzt oder zumindest erweitert. Fujimoto (2001: 24) bezeichnet „capability building" als Alternativkriterium und versteht darunter die Fähigkeit eines Lieferanten, seine Kompetenzen dauerhaft zu erhalten und stetig zu erweitern. Da folglich über aktuell vorhandene Fähigkeiten hinaus das Potential des Kompetenzaufbaus eines Lieferanten mitberücksichtigt werden soll, entsteht hier eine wesentlich anspruchsvollere Form des Wettbewerbs, dessen Austragungsregeln für die Beteiligten nur schwer zu durchschauen sind:

> „Compared with price, a competitors' capability is a much more equivocal signal; even when the company gets accurate information on its rival's superior capability through benchmarking studies, it takes a long time to match it, again unlike price matching" (Fujimoto 2001: 24).

Eine ähnliche Auffassung vertritt Demes (1989: 275), der nicht den Angebotspreis selbst als ausschlaggebendes Selektionskriterium bezeichnet, sondern vielmehr die Fähigkeit, über die Dauer der Geschäftsbeziehung den Preis senken zu können, als entscheidend erachtet.

4. Ausblick

Dieser Beitrag ging der Frage nach, inwieweit innerhalb der deutschen und japanischen Automobilindustrie von der Existenz netzwerkartiger Strukturen gesprochen werden kann. Durch die Erarbeitung eines „graduellen Netzwerkverständnisses" wurde für das Vorhandensein zumindest sternförmiger Strukturen in der Automobilindustrie argumentiert, sofern sich die Qualität der dyadischen Beziehungen zwischen einem Automobilhersteller und einem Zulieferer als „eher kooperativ denn kompetitiv" bezeichnen lässt. Legt man eine derartige relationale Sichtweise an, so kann die Netzwerkfrage für die deutsche Automobilindustrie positiv beantwortet werden. Von avancierten Netzwerkstrukturen, die nicht nur die Existenz vertikaler, sondern auch horizontaler (dominant kooperativer) Beziehungen voraussetzen, scheint die deutsche Automobilindustrie hingegen noch entfernt. Der Vergleich mit Japan zeigt, dass in der dortigen Automobilindustrie aufgrund ihrer historischen Entwicklung und der Umsetzung einer „capability building competition" anstelle eines reinen Preiswettbewerbs durchaus auch von avancierten Netzwerkstrukturen gesprochen werden kann. Allerdings muss hier auf beachtliche herstellerspezifische Unterschiede hingewiesen werden, auf die im Rahmen dieses Beitrags nicht vertiefend eingegangen werden konnte (vgl. dazu Wilhelm 2009).

Inwieweit sich die Strukturen der deutschen und japanischen Automobilindustrie tatsächlich annähern werden, ist indes fraglich. Aktuelle Entwicklungen wie die Auflösungserscheinungen der Keiretsu, die finanziellen Beteiligungen ausländischer Hersteller an japanischen Unternehmen, die Entstehung von Zulieferindustrien in Niedriglohnländern und das Heranwachsen von Mega-Zulieferern vor allem in Europa sind nicht ohne Auswirkungen auf die japanischen Partnerschaften geblieben. Hinzu kommt die allgemeine Bedrohung durch den „China price". Außerdem verfolgen in Japan vor allem Unternehmen mit ausländischer Kapitalbeteiligung vermehrt Global-Sourcing-Strategien (Flüchter 2004). Einige Autoren prognostizieren angesichts dieser Entwicklungen „globale" Strukturen in der Automobilindustrie. So konstatieren beispielsweise MacDuffie/Helper (2007: 418 f.) eine neu entstandene Form der Zusammenarbeit, die sie als „hybrid collaboration" bezeichnen. Diese sei durch „substantial levels of trust, though more open and formalized than the traditional Japanese system" (Duffe/Helper 2007: 419) gekennzeichnet und diesmal nicht an die Nationalität des Herstellerunternehmens gebunden. Gegen die allgemeine Hybridisierung von Zulieferbeziehungen in der globalen Automobilindustrie sprechen allerdings zwei Gründe: Zum einen gilt auch hier wie anderswo, dass im Sinne eines „history matters" die idiosynkratischen Entwicklungen der nationalen Zulieferindustrien zur Herausbildung sehr unterschiedlicher, aber höchst stabiler Arbeitsbeziehungen zwischen Herstellern und Lieferanten in Japan und Deutschland geführt haben. Während deutsche Zulieferer wie Bosch und Continental sich größtenteils unabhängig von einzelnen Kunden entwickelt haben, sind die großen japanischen Zulieferer wie Aisin Seiki und Toyota Boshoku gemeinsam mit ihrem Kunden Toyota gewachsen. Zum anderen werden neben diesen nationaltypischen Entwicklungen gleichzeitig die bereits angedeuteten firmenspezifischen Unterschiede weiterhin eine Rolle spielen, sodass es in Zukunft auch keinen „one best way" (Boyer et al. 1998) im Hinblick auf die Gestaltung von Netzwerkbeziehungen geben wird.

Literatur

Adolphs, Britta (1997): Stabile und effiziente Geschäftsbeziehungen. Eine Betrachtung von vertikalen Koordinationsstrukturen in der deutschen Automobilindustrie. Köln, Lohmar: Eul

Arnold, Ulli (2007): Beendigung von Lieferantenbeziehungen in Unternehmensnetzwerken. In: Garcia-Sanz, Francisco J./Semmler, Klaus/Walther, Johannes (Hrsg.) (2007): Die Automobilindustrie auf dem Weg zur globalen Netzwerkkompetenz. Berlin u. a.: Springer: 215–229

Asanuma, Banri (1989): Manufacturer-supplier relationships in Japan and the concept of relation-specific skill. In: Journal of the Japanese and International Economics 3(1): 1–30

Bachmann, Reinhard (2000): Die Koordination und Steuerung interorganisationaler Netzwerkbeziehungen über Vertrauen und Macht. In: Sydow, Jörg/Windeler, Arnold (Hrsg.) (2000): Steuerung von Netzwerken. Konzepte und Praktiken. Opladen: Westdeutscher Verlag: 107–125

Bartelt, Andreas (2002): Vertrauen in Zuliefernetzwerken. Wiesbaden: Deutscher Universitäts-Verlag

Bensaou, Ben M. (1999): Portfolios of buyer-supplier relationships. In: Sloan Management Review 40(4): 35–44

Bieber, Daniel (1992): Systemische Rationalisierung und Produktionsnetzwerke. In: Malsch; Thomas/Mill, Ulrich (Hrsg.) (1992): ArBYTE – Modernisierung der Industriesoziologie? Berlin: edition sigma: 271–293

Bieber, Daniel/Sauer, Dieter (1991): Kontrolle ist gut! Ist Vertrauen besser? „Autonomie" und „Beherrschung" in Abnehmer-Zulieferbeziehungen. In: Mendius, Hans-Gerhard/Wendeling-Schröder, Ulrike (Hrsg.) (1991): Zulieferer im Netz. Zwischen Abhängigkeit und Partnerschaft. Köln: Bund: 228–254

Boston Consulting Group (BCG) (2004): Beyond Cost Reduction. Abgerufen am 18.02.2011 (http://www.bcg.com/documents/file14316.pdf)

Boyer, Robert/Charron, Elsie/Jurgens, Ulrich/Tolliday, Steven (Hrsg.) (1998): Between imitation and innovation. Oxford: Oxford University Press

Carliss, Y. Baldwin/Clark, Kim B. (1997): Managing in the age of modularity. In: Harvard Business Review, 75(5): 84–93

Chanaron, Jean-Jacques (2004): Relationships between the core and the periphery of the European automotive system. In: International Journal of Automotive Technology and Management 4(2/3): 198–221

Clark, Kim B./Fujimoto, Takahiro (1991): Product development performance. Strategy, organization, and management in the world auto industry. Boston: Harvard Business

Cusumano, Michael A. (1985): The Japanese automobile industry. Cambridge/Mass, London: Harvard University Asia Center

Cusumano, Michael A./Takeishi, Akira (1991): Supplier relations and management. A survey of Japanese, Japanese-transplant, and U. S. auto plants. In: Strategic Management Journal 12(8): 563–588

De Banville, Etienne/Chanaron, Jean-Jacques (1998): Inter-firm relationships and industrial models. In: Freyssenet, Michel/Mair, Andrew/Shimizu, Kiochi/Volpato, Guiseppe (Hrsg.) (1998): One best way? Trajectories and industrial models of the world's automobile producers. Oxford u. a.: Oxford University Press

Demes, Helmut (1989): Die pyramidenförmige Struktur der japanischen Automobilindustrie und die Zusammenarbeit zwischen Endherstellern und Zulieferern. In: Altmann, Norbert/Sauer, Dieter (Hrsg.) (1989): Systemische Rationalisierung und Zulieferindustrie. Frankfurt/Main, New York: campus

Djabarian, Ebrahim (2002): Die strategische Gestaltung der Fertigungstiefe. Wiesbaden: Deutscher Universitäts-Verlag

Dyer, Jeffrey H. (2000): Collaborative advantage. Winning through extended enterprise supply networks. New York: Oxford University Press

Dyer, Jeffrey H. (1996a): Does governance matter? Keiretsu alliances and asset specifity as sources of Japanese competitive advantage. In: Organization Science 7(6): 649–666

Dyer, Jeffrey H. (1996b): Specialized supplier networks as a source of competitive advantage. Evidence from the auto industry. In: Strategic Management Journal 17(4): 271–291

Dyer, Jeffrey H./Hatch, Nile W. (2006): Relation-specific capabilities and barriers to knowledge transfers. Creating advantage through network relationships. In: Strategic Management Journal 27(8): 701–719

Dyer, Jeffrey H./Nobeoka, Kentaro (2000): Creating and managing a high-performance knowledge-sharing network. The Toyota case. In: Strategic Management Journal 21(3): 345–367

Dyer, Jeffrey H./Ouchi, William G. (1993): Japanese-style partnerships. Giving companies a competitive edge. In: Sloan Management Review 3: 51–63

Edwards, Clive T./Samimi, Rod (1997): Japanese interfirm networks. Exploring the seminal sources of their success. In: Journal of Management Studies 34(4): 489–510

Ernst, A. (1989): Subkontraktbeziehungen in der industriellen Zulieferung in Japan. In: ifo-Schnelldienst 42(5/6): 9–24

Eversheim, Walter/Bochtler, Wolfgang/Laufenberg, Ludger (1995): Simultaneous Engineering. Von der Strategie zur Realisierung. Berlin u. a.: Springer

Flüchter, Winfried (2004): Automobilindustrie in Japan. Räumliche Nähe und Wertschöpfungsketten unter Anpassungsdruck. Vortrag auf dem Symposium „Automobilindustrie in Japan und China – Strategische Herausforderungen und neue Perspektiven" am 14.01.2004, Niederrheinische IHK zu Duisburg. Abgerufen am 21.03.2008 (http://www.uni-duisburg.de/Institute/OAWISS/download/doc/Automobilindustrie%20Japan2.pdf)

Flüchter, Winfried/Yamamoto, Kenji (2002): Automobilindustrie in Japan. In: Geographische Rundschau 54(6): 18–26

Fourcade, François/Midler, Christophe (2005): The role of 1st tier suppliers in automobile product modularisation. The search for a coherent strategy. In: International Journal of Automotive Technology and Management Issue 5(2): 146–165

Freudenberg, Thomas (2000): Gespaltene Prognosen. In: Automobil Produktion 4: 76–82

Freudenberg, Thomas/Klenk, Ulf (1999): Strategische Veränderungen in der Zulieferpyramide der Automobilindustrie. In: Hahn, Dietger/Kaufmann, Lutz (Hrsg.) (1999): Handbuch industrielles Beschaffungsmanagement. Wiesbaden: Gabler: 123–134

Fruin, W. Mark (1992): The Japanese enterprise system. Competitive strategies and cooperative structures. Oxford u. a.: Oxford University Press

Fruin, W. Mark/Nichiguchi, T. (1993): Supplying the Toyota production system. Intercorporate organizational evolution and supplier subsystems. In: Kogut, Bruce (Hrsg.) (1993): Country competitiveness. Oxford u. a.: Oxford University Press: 225–246

Fujimoto, Takahiro (2001): The Japanese automobile parts supplier system. The triplet of effective inter-firm routines. In: International Journal of Automotive Technology and Management 1(1): 1–34

Gaitanides, Michael (1998): Schöne heile Netzwerkwelt. Zur transaktionskosten-theoretischen Rekonstruktion der Integration von Zuliefersystemen. In: Glaser, Horst/Schröder, Ernst F./v. Werder, Axel (Hrsg.) (1998): Organisation im Wandel der Märkte. Wiesbaden: Gabler: 91–113

Garibaldo, Francesco/Bardi, Andrea (Hrsg.) (2005): Company strategies and organizational evolution in the automotive sector. A worldwide perspective. Frankfurt/Main u. a.: Lang

Gehrke, Gunter (2003): Kundenbindungsstrategien industrieller Zulieferer. Aachen: Shaker

Gerlach, Michael L. (1992): Alliance capitalism. The social organization of Japanese business. Berkeley u. a.: University of California Press

Gilbert, Dirk U. (2003): Vertrauen in strategischen Unternehmensnetzwerken. Ein strukturationstheoretischer Ansatz. Wiesbaden: Deutscher Universitäts-Verlag

Gomes-Casseres, Benjamin (1996): The alliance revolution. The new shape of business rivalry. Boston: Harvard University Press

Goroncy, Jürgen (2006): Partnerschaft mit Modellcharakter. In: Automobil Industrie 7(8): 34–35

Gulati, Ranjay/Nohria, Nitin/Zaheer, Akbar (2000): Strategic networks. In: Strategic Management Journal 21(3): 203–215

Haak, Rene (2005): The Japanese car industry. Restructuring of the suppliers' sector for a new stage of competitiveness. In: Garibaldo, Francesco/Bardi, Andrea (Hrsg.) (2005): 463–487

Helper, Susan R./Sako, Mari (1995): Supplier relations in Japan and the United States. Are they converging? In: Sloan Management Review 36(3): 77–84

Hemmert, Martin (2000): Zulieferwesen in Japan. In: Pascha, Werner/Storz, Cornelia (Hrsg.) (2000): Klein- und Mittelunternehmen in Japan. Baden-Baden: Nomos: 106–121

Herrigel, Gary (2004): Emerging strategies and forms of governance in high-wage component manufacturing regions. In: Industry and Innovation 11(1/2): 45–79

Heyder, Thilo (2005): Die Automobilindustrie auf dem Weg in ihr zweites Jahrhundert. In: Schmidt, Gert/Bungsche, Holger/Heyder, Thilo/Klemm, Matthias (2005): Und es fährt und fährt... Berlin: edition sigma: 299–311

Hines, Peter (1994): Creating world class suppliers. Unlocking mutual advantage. London: Financial Times Management

IG Metall (2006): Branchenanalyse Automobilindustrie 2006, Teil 5: Automobilzulieferindustrie. Abgerufen am 14.08.2008 (http://www.igmetall.de/cps/rde/xbcr/SID-0A456501-F12C42D5/internet/docs_ig_metall_xcms_19431)

IKB (2003): Automobilindustrie – Neue Chancen, zunehmender Investitions- und Finanzierungsbedarf. Abgerufen am 21.05.2008 (http://www.unie.nl/cms/publish/content/downloaddocument.asp?document_id=478)

IKB (2007): Branchenbericht Automobilzulieferer 2007. Abgerufen am 14.06.2008 (http://www.ikb.de/content/de/branchen_und_maerkte/branchenanalysen/index.jsp)

JAPIA (2007): Abgerufen am 29.10.2007 (http://www.japia.or.jp/japia/2007/link.html)

Jarillo, J. Carlos (1988): On strategic networks. In: Strategic Management Journal 9(1): 31–41

JETRO (2005): Japanese Market Report No. 76: Automobile Assembly Parts. Abgerufen am 18.05.2008 (http://www.jetro.go.jp/en/market/report/pdf/2005_12_a.pdf)

John, B. (2007): Studie: Hersteller missbrauchen Einkaufsmacht. Abgerufen am 08.07.2008 (http://www.automobilwoche.de/apps/pbcs.dll/article?AID=/20070706/REPOSITORY/70705003)

Jung, H. F: (1992): Lean Management. Arbeitswelt und Unternehmensethik in Japan. In: WiSo-Führungskräfte-Akademie Nürnberg (1992): Lean Management, Dokumentation einer Informations- und Diskussionsreihe. Erlangen

Jürgens, Ulrich (2000): Communication and cooperation in the new product and process development networks. An international comparison of country- and industry-specific patterns. In: Ders. (Hrsg.) (2000): New product development and production networks. Berlin u. a.: Springer

Jürgens, Ulrich (2001): Appraoches towards integrating suppliers in simultaneous engineering activities. The case of two German carmakers. In: International Journal of Automotive Technology and Management 1(1): 61–77

Jürgens, Ulrich (2002a): Zulieferer im Brennpunkt. In: Mückenberger, Ulrich/Menzl, Marcus (Hrsg.) (2002): Der Global Player und das Territorium. Opladen: Leske + Budrich: 114–124

Jürgens, Ulrich (2004): Gibt es einen europaspezifischen Entwicklungsweg in der Automobilindustrie? WZB – Discussion Paper SP III 2004-301

Jürgens, Ulrich (2005a): Restructuring the automobile industry and its workforce. A worldwide perspective. In: Garibaldo, Francesco/Bardi, Andrea (Hrsg.) (2005): 31–56

Jürgens, Ulrich (2005b): Was ist „japanisch" an den japanischen Unternehmen? In: Storz, Cornelia/Lageman, Bernhard (Hrsg.) (2005): Konvergenz oder Divergenz? Der Wandel der Unternehmensstrukturen in Japan und Deutschland. Marburg: metropolis: 249–261

Jürgens, Ulrich/Meißner, Heinz-Rudolf/Renneke, Leo/Sablowski, Thomas/Teipen, Christina (2002): Vom chandlerianischen Unternehmensmodell zum Wintelismus? Abschlussbericht an die Deutsche Forschungsgemeinschaft, Schwerpunkt 197: Regulierung und Restrukturierung der Arbeit in den Spannungsfeldern von Globalisierung und Dezentralisierung

Kamath, Rajan R./Liker, Jeffrey K. (1994): A second look at Japanese product development. In: Harvard Business Review 72(6): 154–170

Kieser, Alfred (1995): Die MIT-Studie zur Automobilindustrie, oder: Wie man eine Revolution anzettelt. In: Bungard, Walter (Hrsg.) (2005): Lean Management auf dem Prüfstand. Weinheim: Beltz: 37–51

Kinkel, Steffen/Zanker, Christoph (2007): Globale Produktionsstrategien in der Automobilzulieferindustrie. Berlin u. a.: Springer

Köhler, Holm-Detlev (1999): Auf dem Weg zum Netzwerkunternehmen? Anmerkungen zu einem problematischen Konzept am Beispiel der deutschen Automobilkonzerne. In: Industrielle Beziehungen 6(1): 36–51

Lamming, Richard (1994): Die Zukunft der Zulieferindustrie. Frankfurt/Main, New York: campus

Liker, Jeffrey K. (2004): The Toyota way. New York: Mcgraw-Hill Professional

Lincoln, James R./Gerlach, Michael L. (2004): Japan's network economy. Cambridge: Cambridge University Press

Lorenzoni, Gianni/Baden-Fuller, Charles (1995): Creating a strategic center to manage a web of partners. In: California Management Review 37(3): 146–163

Mac Duffie, John P./Helper, Susan (2007): Collaboration in supply chains with and without trust. In: Heckscher, Charles/Adler, Paul (Hrsg.) (2007): The firm as a collaborative community. Reconstructing trust in the knowledge economy. Oxford u. a.: Oxford University Press: 417–466

MacNeill, Stewart/Chanaron, Jean-Jacques (2005): Trends and drivers of change in the European automotive industry: (II) scenarios and implications. In: International Journal of Automotive Technology and Management 5(1): 107–134

Meißner, Heinz-Rudolf/Jürgens, Ulrich (2007): Zur Lage der deutschen Automobilindustrie im Jahr 2007, Studie erstellt für die Bundestagsabgeordnete Sabine Zimmermann. Berlin

Miklis, Marco (2004): Coopetitive Unternehmungsnetzwerke. Problemorientierte Erklärungs- und Gestaltungserkenntnisse zu Netzwerkbeziehungen zwischen Wettbewerbern. Marburg: metropolis

Mol, Michael J. (2003): Purchasing's strategic relevance. In: Journal of Purchasing & Supply Management 9(1): 43–50

Müller-Stewens, Günter/Gocke, Andreas (1995): Kooperation und Konzentration in der Automobilindustrie. Strategien für Zulieferer und Hersteller. Chur: Macmillan Education Australia

Nichiguchi, Toshihiro (1994): Strategic industrial sourcing. The Japanese advantage. Oxford, New York: Oxford University Press

Ohno, H. (2003): Nihon no jidosha buhin sangyo: globaru henkaku no jidai (Die japanische Automobilzulieferindustrie: Zeitalter der globalen Umwälzungen). Tokio

OICA (Organisation Internationales des Constructeurs d'Automobiles) (2007). Abgerufen am 16.05.2008 (http://oica.net/wp-content/uploads/2007/06/oica-depliant-final.pdf)

Okamuro, Hiroyuki (2001): Risk sharing in the supplier relationship. New evidence from the Japanese automotive industry. In: Journal of Economic Behavior & Organization 45(4): 361–381

Park, Sung-Jo/Holzhausen, Arne/Hennig, Gabriele/Haehling von Lanzenauer, Natascha (1999): Keiretsu am Ende? Hagen: ISL-Verlag

Petersen, Kenneth J./Handfield, Robert B./Ragatz, Gary L. (2005): Supplier integration into new product development. Coordinating product, process and supply chain design. In: Journal of Operations Management 23(3/4): 371–388

Picot, Arnold/Baumann, Oliver (2007): Modularität in der verteilten Entwicklung komplexer Systeme. Chancen, Grenzen, Implikationen. In: Journal für Betriebswirtschaft 57(3/4): 221–246

Piller, Frank T. (2000): Mass Customization. Ein wettbewerbsstrategisches Konzept im Informationszeitalter. Wiesbaden: Deutscher Universitäts-Verlag

Podolny, Joel M./Page, Karen L. (1998): Network forms of organization. In: Annual Review of Sociology 24(1): 57–76

Pointer, Wolfgang (2004): Umbruch in der Automobilindustrie? Von den Grenzen des Outsourcings. Frankfurt/Main u. a.: Lang

Powell, Walter W. (1990). Neither market nor hierarchy. Network forms of organization. In: Staw, Bary M./Cummings, Larry L. (Hrsg.) (1990): Research in organizational behavior. Greenwich, London: Jay Pr: 295–336

Prahalad, C.K./Hamel, Gary (1991): Nur Kernkompetenzen sichern das Überleben. In: Harvard Manager 13(2): 66–78

Quinn, James B./Hilmer, Frederick G. (1994): Strategic outsourcing. In: Sloan Management Review 35(4): 43–55

Richter, Klaus (2007): Beschaffung bei der BMW AG. Vortrag am 14.05.2007 auf dem Würzburger Automobilgipfel

Rossetti, Christian/Choi, Thomas Y. (2005): On the dark side of strategic sourcing. Experiences from the aerospace industry. In: Academy of Management Executive 19(1): 46–60

Sako, Mari (1992): Prices, quality and trust. Cambridge: Cambridge University Press

Sako, Mari (1996): Suppliers' associations in the Japanese automobile industry. Collective action for technology diffusion. In: Cambridge Journal of Economics 20(6): 651–671

Sako, Mari (2004): Supplier development at Honda, Nissan and Toyota. Comparative case studies of organizational capability enhancement. In: Industrial and Corporate Change 13(2): 281–308

Schraft, Rolf D./Westkämper, Engelbert/Freese, Jochen/Bischoff, Jürgen/Barthel, Holger/Lehnert, Oliver (Hrsg.) (2005): Lieferantenparks in der europäischen Automobilindustrie. Stuttgart: Fraunhofer IPA

Semlinger, Klaus (1993): Effizienz und Autonomie in Zulieferungsnetzwerken – Zum strategischen Gehalt von Kooperation. In: Staehle, Wolfgang H./Sydow, Jörg (Hrsg.) (1993): Managementforschung 3. Berlin, New York: Gabler: 309–354

Smitka, Michael J. (1991): Competitive Ties, Subcontracting in the Japanese automotive industry. New York: Columbia University Press

Staber, Udo/Sydow, Jörg (2002): Organizational adaptive capacity. A structuration perspective. In: Journal of Management Inquiry 11(4): 408–424

Stratmann, Jürgen (2005): Trio international. In: ADAC Motorwelt 8: 10–12

Sutherland, Dylan (2005): OEM-supplier relations in the global auto and components industry. Is there a business revolution? In: International Journal of Automotive Technology and Management 5(2): 234–251

Sydow, Jörg/Windeler, Arnold/Krebs, Michael/Loose, Achim/van Well, Benny (1995): Organisation von Netzwerken. Strukturationstheoretische Analysen der Vermittlungspraxis in Versicherungsnetzwerken. Opladen: Westdeutscher Verlag

Sydow, Jörg (1991): Strategische Netzwerke in Japan. Ein Leitbild für die Gestaltung interorganisationaler Beziehungen europäischer Unternehmungen? In: Zeitschrift für betriebswirtschaftliche Forschung 42(3): 238–254

Sydow, Jörg (1992): Strategische Netzwerke. Evolution und Organisation. Wiesbaden: Gabler

Sydow, Jörg (2001): Zum Verhältnis von Netzwerken und Konzernen. Implikationen für das strategische Management. In: Ortmann, Günther/Sydow, Jörg (Hrsg.) (2001): Strategie und Strukturation. Strategisches Management von Unternehmen, Netzwerken und Konzernen. Wiesbaden: Gabler: 271–298

Sydow, Jörg (2006): Management von Netzwerkorganisationen. Zum Stand der Forschung. In: Ders. (Hrsg.) (2006): Management von Netzwerkorganisationen. Wiesbaden: Gabler: 385–469

Sydow, Jörg/Duschek, Stephan/Möllering, Guido/Rometsch, Markus (2003): Kompetenzentwicklung in Netzwerken. Eine typologische Studie. Wiesbaden: VS Verlag für Sozialwissenschaften

Sydow, Jörg/Möllering, Guido (2009): Produktion in Netzwerken. München: Vahlen

Sydow, Jörg/Wilhelm, Miriam (2007): Unternehmenskooperation entlang der Wertschöpfungskette. In: Thexis 24(3): 2–5

Takeishi, Akira (2001): Bridging inter- and intra-firm boundaries. Management of supplier involvement in automobile product development. In: Strategic Management Journal 22: 403–433

Takeishi, Akira/Fujimoto, Takahiro (2001): Modularisation in the auto industry. Interlinked multiple hierarchies of product, production and supplier systems. In: International Journal of Automotive Technology and Management 1(4): 379–396

VDA (Verband der Automobilindustrie e. V.) (Hrsg.) (2004): Future Automotive Industry Structure (FAST) 2015 – die neue Arbeitsteilung in der Automobilindustrie. Frankfurt/Main

Venkatesan, Ravi (1992): Strategic sourcing. To make or not to make. In: Harvard Business Review 70(6): 98–107

Volpato, Giuseppe (2004): The OEM-FTS relationship in automotive industry. In: International Journal of Automotive Technology and Management 4(2/3): 166–197

Weiss, Sebastian (1999): Management von Zuliefernetzwerken. Ein multilaterales Kooperationskonzept am Beispiel der Automobilindustrie. Dissertation, Universität Zürich

Wertz, Boris (2000): Management von Lieferanten-Produzenten-Beziehungen. Eine Analyse von Unternehmensnetzwerken in der deutschen Automobilindustrie. Wiesbaden: GBV

Wildemann, Horst (1992): Entwicklungsstrategien für Zulieferunternehmen. In: ZfB 62(4): 391–413

Wilhelm, Miriam (2009): Kooperation und Wettbewerb in Automobilzuliefernetzwerken. Erkenntnisse zum Management eines Spannungsverhältnisses aus Deutschland und Japan. Marburg: metropolis

Wilhelm, Miriam (2011): Managing coopetition in horizontal supply chain relations. Linking dyadic and network levels of analysis. In: Journal of Operations Management (Im Druck)

Windeler, Arnold (1998): Zum Begriff des Unternehmungsnetzwerks. Eine strukturationstheoretische Notiz. In: Heinze, Rolf G./Minssen, Heiner (Hrsg.) (1998): Regionale Netzwerke. Realität oder Fiktion? Diskussionspapier der Fakultät für Sozialwissenschaften der Ruhr-Universität Bochum 98(4): 18–32

Windeler, Arnold (2001): Unternehmungsnetzwerke. Konstitution und Strukturation. Wiesbaden: VS Verlag für Sozialwissenschaften

Windeler, Arnold (2005): Netzwerktheorien. Vor einer relationalen Wende? In: Zentes, Joachim/Swoboda, Bernhard/Morschelt, Dirk (Hrsg.) (2005): Kooperationen, Allianzen und Netzwerke. Wiesbaden: Gabler: 211–233

Wolters, Heiko (1994): Purchasing in the European automobile industry. An empirical study of European assemblers. Forschungsbericht Humboldt-Universität Berlin

Wolters, Heiko (1995). Modul- und Systembeschaffung in der Automobilindustrie. Gestaltung der Kooperation zwischen europäischen Hersteller- und Zulieferunternehmen. Wiesbaden: Deutscher Universitäts-Verlag

Womack, James P./Jones, Daniel T./Roos, Daniel (1992): Die zweite Revolution in der Automobilindustrie. Frankfurt/Main, New York: Heyne

III. Vertrauen in Kooperationen

Vertrauen und Misstrauen – Soziologische Überlegungen

Martin Endreß

Zusammenfassung

Der Beitrag unternimmt es, ausgehend von einer Bestimmung der Begriffe Vertrauen und Misstrauen über die Unterscheidung von drei Modi des Vertrauens (reflexiv, habituell, fungierend), Vertrauen als im Kern mehrdimensionales Phänomen zu verstehen. Darauf aufbauend wird angesichts der Ambivalenz von Vertrauen und Misstrauen, insofern beide sowohl als Kooperationsressource wie auch als Kooperationsrestriktion wirksam werden können, den Entstehungsbedingungen und Entstehungskonstellationen von Vertrauensverlust und Misstrauen nachgegangen, um die Konturen von Vertrauenskrisen sowohl in personalen als auch in institutionellen Konstellationen skizzieren zu können. Das dabei beobachtbare Spannungsverhältnis von individuellen Handlungsvollzügen und strukturellen Rahmenbedingungen von Vertrauensgaben wie Vertrauensentzügen eröffnet die Perspektive für das Paradoxon einer Institutionalisierung von Misstrauen als vertrauensbildender Maßnahme und ermöglicht es darüber hinaus, Hinweise auf fördernde Rahmenbedingungen für die Etablierung von Vertrauenskulturen in personalen und institutionellen Kontexten zu geben.

1. Einleitung

Das Phänomen Vertrauen im Hinblick auf seine Kapazität als kooperationsfördernde Ressource zu untersuchen, scheint offenkundig plausibel. So lautet das Urteil im Editorial einer 2008 erschienenen Studie (Ernst & Young) über die Bedeutung des Vertrauens in Geschäftsbeziehungen bei mittelständischen Unternehmen:

> „Die vorliegende Studie über Schweizer mittelständische Unternehmen weist nach, dass Vertrauen in Geschäftsbeziehungen gemeinhin eine tragende Rolle spielt. Das höchste Vertrauen genießen dabei Inhaber- und familiengeführte Betriebe. Vertrauen ist in erster Linie eine Frage

von persönlichen Eigenschaften und Fähigkeiten. In der persönlichen Beziehung zeigt sich denn auch, ob die zentralen Werte nur postuliert oder tatsächlich auch gelebt werden. Ehrlichkeit, Integrität, Wohlwollen, Loyalität oder Toleranz drücken sich in der Haltung des Geschäftspartners aus. Daher ist den Befragten der persönliche Kontakt für den Aufbau von Vertrauen wichtiger als die allgemeine Dauer der Zusammenarbeit."

Jenseits des Umstandes jedoch, dass dieses Urteil die Alltagserfahrungen einer im Kern positiven Bedeutung von Vertrauen bestätigt, scheint an diesem Ergebnis vor allem ein anderer Aspekt bemerkenswert: In dieser Beschreibung mit Blick auf unternehmerisches Handeln wird *nicht* vorrangig auf die sonst insbesondere in ökonomischen Kontexten üblichen Bezugspunkte und Aspekte von Vertrauen abgestellt. Zu diesen zählen – wie in Anlehnung an Ripperger (1998) und Osterloh/Weibel (2006) formuliert werden kann – vor allem die Annahme, dass Vertrauen sich auf Verhaltensrisiken (z. B. Betrug) innerhalb einer Austauschbeziehung bezieht, oder auch die Vorstellung, dass echtes Vertrauen seitens eines Vertrauensgebers (z. B. Auftraggebers) dann vorliegt, wenn dieser *erstens* eine bewusste Vorstellung über das Ausmaß der Verhaltensrisiken in Bezug auf den Vertrauensnehmer (z. B. Dienstleisters) hat; er *zweitens* auf Sicherungsmechanismen (z. B. Vertragsstrafen) gegen diese Verhaltensrisiken verzichtet sowie *drittens* für ihn die so genannte Vertrauenshandlung und der potenzielle Schaden aus den nicht ausgeschlossenen Verhaltensmöglichkeiten den Nutzen des Verzichts auf die Sicherungsmechanismen übersteigen (z. B. Nutzen aus Einsparung von Kontrollkosten). Das sich hier artikulierende Verständnis von Vertrauen als rationales Verhalten scheint gegenwärtig ebenso evident wie dominant. Umso überraschender ist die zuvor zitierte Schlussfolgerung der Schweizer Studie, die vorrangig auf „persönliche Eigenschaften und Fähigkeiten" abstellt. Dieser Hinweis gibt Anlass, zunächst eine Unterscheidung für die Analyse des Phänomens des Vertrauens und seiner Bedeutung in unterschiedlichsten Sozialsituationen einzuführen.

2. Zu den Begriffen des Vertrauens und des Misstrauens

Vertrauen scheint einerseits ein alltäglich vertrautes Phänomen zu sein – in privaten wie in geschäftlichen Zusammenhängen. Und doch bleibt dieses Phänomen zugleich eigentümlich fremd – und zwar fremd sowohl hinsichtlich seiner Nichtbeachtung als auch hinsichtlich seiner Verstehbarkeit. Ein alltäglich zentrales Vertrauensphänomen, das nicht selten in seiner Bedeutung unterschätzt wird, ist bspw. das Handeln wider besseres Wissen (vgl. Spitzley 1992): u. a. beim Rauchen, beim Alkohol trinken, bei zu schnellem Auto fahren, bei riskanten Überholmanövern, beim Spekulieren an der Börse, beim Lotto spielen etc. Andererseits sind Vertrauensverhältnisse zumeist so nah, dass sie sich einer (wissenschaftlichen) distanzierten Analyse zu entziehen scheinen: „Das Vertrauen ist eine empfindliche Pflanze, die eine Untersuchung ihrer Wurzeln möglicherweise auch dann nicht aushält, wenn diese Wurzeln vor der Untersuchung noch ziemlich gesund waren" (Baier 2001: 83).

Vertrauen wird vor allem als grundlegende Bedingung privater wie beruflicher Verhältnisse und Beziehungen betrachtet und scheint in beiderlei Hinsicht doch recht unterschiedliche Färbungen zu zeigen. Zunächst stellen sich gerade auch in beruflichen Zusammenhängen, insbesondere in Bezug auf die Bereiche der Kollegialität und des Kundenumgangs, Fragen des Vertrauens beinahe täglich: sensible Sachverhalte oder Daten bedürfen einer *vertraulichen* Behandlung, die *Vertrautheit* mit relevanten Themen, Materien und Daten ist für eine gelingende berufliche Praxis essenziell, ein *vertrauenswürdiger* Umgang wie vertrauenswürdige MitarbeiterInnen und KollegInnen gehören zum Grundkapital eines Unternehmens und nicht zuletzt sollten MitarbeiterInnen davon ausgehen können, dass ihnen seitens des Unternehmens *Vertrauen* entgegengebracht wird.

Alltagssprachlich offenkundig ist also die Nähe des Vertrauensbegriffs zu den ebenfalls zukunftsbezogenen Begriffen des Hoffens und des Zuversichtlich-Seins. Selbstverständlich bezieht sich Vertrauen solchermaßen auf Zukünftiges und diese Haltung hinsichtlich einer näheren oder ferneren Zukunft impliziert Annahmen über den weiteren „Gang der Dinge". Aber diese Annahme umschreibt keineswegs eine jeweils reflexiv gewonnene Hypothese über kommende zu erwartende bzw. erwartete Entwicklungen, sondern sie macht geradezu im Gegensatz zu einer solchen kognitiven Verengung als im Kern implizit bleibende, lediglich latent wirksame (d. h. fungierende) Grundannahme den Kern des Vertrauensphänomens aus. Deshalb wird einem häufig erst durch einen erfolgten Vertrauensbruch deutlich, dass man zuvor vertraut hatte. Vertrauen verbindet sich im Kern gerade nicht mit spezifischen, d. h. bewussten und rational erwogenen („kalkulierten") Erwartungen hinsichtlich spezifischer Situationen. Entsprechende „Erwartungen" werden zumindest nicht kognitiv antizipiert, sondern sie bestimmen als mitlaufend wirksamer (eben als fungierender) Modus Handlungssituationen und letztlich das Sozial- und Weltverhältnis eines Handelnden (vgl. Endreß 2010a). Der angesprochene Zukunftsbezug bleibt danach typischerweise in vielerlei Hinsicht unbestimmt und diffus.

Bereits dieser Hinweis macht unmittelbar deutlich, dass es offenkundig wenig hilfreich ist, mit Blick auf die drei typischen Konstellationen, bezogen auf die alltäglich von Vertrauen und Vertrauenswürdigkeit die Rede ist, mit einem identischen, d. h. bedeutungsgleichen Vertrauensbegriff zu arbeiten. Als diese drei Konstellationen lassen sich idealtypisch unterscheiden: Vertrauen (im zunächst weitesten Sinne) mit Blick auf andere Personen (bspw. Lebenspartner), im Hinblick auf organisatorische Rahmungen (bspw. einen Fahrplan) oder in Bezug auf Institutionen (Banken, Staat). Für deren Untersuchung unter Aspekten des komplexen Phänomens des Vertrauens sind dabei m. E. drei Formen des Vertrauens – gerade auch für eine Analyse von Vertrauenskrisen und Konstellationen des Misstrauens – notwendig auseinanderzuhalten (vgl. Endreß 2010b):

- Im Falle der Erwartung, ein gutes Auto erworben, also eine überlegte Kaufentscheidung getroffen zu haben (oder einen Kredit zurückzuerhalten) ist von einer (weitgehend) kognitiv strukturierten, also *reflexiven Erwartung* auszugehen.

- Bezogen auf die (implizit bleibende) Annahme, den Weg zur Arbeit jeden Morgen problemlos zu finden (oder anzunehmen, dass der Fahrplan seitens einer Beförderungsgesellschaft eingehalten wird), ist dagegen angemessener von einer primär *habituellen Einstellung*, einem gewohnheitsmäßigem Sich-Verlassen-auf im Sinne habitualisierten Vertrauens zu sprechen.

- Schließlich ist für die „Erwartung", im Zuge einer Reise unbeschadet ans Ziel zu gelangen (oder einem „selbstverständlichen" Ausgehen von der Zuneigung des Partners), auf eine Dimension des Vertrauensphänomens zu verweisen, die sich sowohl rationaler Kalkulation als auch eingeschliffener, routinisierter Praxis im Kern entzieht und auf ein vorgängiges Vertrauen im Sinne eines vor-reflexiven, *fungierenden Modus* des Zur-Welt-Seins verweist. Es handelt sich um ein elementares Grundverhältnis („Grundvertrauen"), ein Verhältnis zu uns selbst, zu Anderen und zur „Welt", das über singuläre Situationen hinausweist und durch punktuelles Scheitern kaum irritierbar ist.

Ein solcher Ansatz, der auf die Unterscheidung von Modi des Vertrauens abstellt, scheint ertragreicher zu sein als eine Unterscheidung von Vertrauensformen, die sich gewissermaßen an „Gegenständen", also den Objekten des Vertrauens ausrichtet, wie das bei der bspw. von Luhmann (1968) und Giddens (1991) bevorzugten Unterscheidung von persönlichem und Systemvertrauen der Fall ist. Ertragreicher scheint der hier vorgeschlagene Ansatz, von drei hinreichend distinkten Modi des Vertrauens auszugehen, deshalb zu sein, weil empirisch offenkundig ist, dass die Vertrauensgabe und damit das Vertrauensverhältnis zu unterschiedlichen ‚Objekten' eben auch sehr unterschiedlich sein kann. So ist das (von Giddens eingeführte) Kriterium der Unterscheidung von gesichtsabhängigem und gesichtsunabhängigem Vertrauen sicherlich wichtig, aber es ist eben das, was es ist: ein Kriterium, ein Aspekt der Vertrauensgabe, der als solcher noch keinerlei Auskunft über den Modus (oder die Typik) des dadurch realisierten Vertrauensphänomens enthält. Viel eher akzentuiert die von Giddens favorisierte Unterscheidung den Aspekt der Sättigung menschlicher Erfahrung. Diese ist selbstredend auch für die Konturen von Vertrauensverhältnissen zentral, allerdings nicht gleichzusetzen mit ihrem Modus. Dieser Hinweis auf unterschiedliche Modi des Vertrauens, die ihren Kern im Modus fungierenden Vertrauens haben, verweist zudem darauf, dass Vertrauen insofern ein besonderes Gut ist, als es einerseits eine *Ressource* für Interaktionen darstellt, andererseits jedoch erst *Produkt* von Interaktionen ist. Somit ist Vertrauen ein Gut, das sich durch seinen Gebrauch nicht verringert, sondern vermehrt bzw. verstärkt: Vertrauen erzeugt Vertrauen. Ebenso wie Misstrauen typischerweise Misstrauen erzeugt.

3. Zur Ambivalenz von Vertrauen und Misstrauen

Den Alltagsbedeutungen zufolge dominieren mit Bezug auf den Vertrauensbegriff eindeutig die positiven, für den Misstrauensbegriff ebenso eindeutig die negativen Assoziationen: Vertrauen scheint fraglos gut – Misstrauen fraglos schlecht.[1] Gerade in ökonomischen Zusammenhängen wird regelmäßig auf die positiven Implikationen von Vertrauen verwiesen: Vertrauen reduziere die Transaktionskosten, sei ertragssteigernd und kooperationsförderlich, steigere die Qualität der Arbeit, sei motivations- und kreativitätssteigernd, fördere Innovationen und führe schließlich zur Optimierung von Anpassungsfähigkeiten. Vertrauen wird ebenso mit Blick auf Mitarbeiterkonstellationen in seiner positiven Wirkung herausgestellt: es steigere die Selbststeuerung und verringere damit Kontrollerfordernisse, es befördere eine Veränderungsbereitschaft, sei der Gesundheit zuträglich bzw. reduziere die Anfälligkeit für Krankheiten, motiviere und fördere Beteiligungen und beflügele allgemein die Motivation, sei also ein vorbeugendes Mittel gegen Demotivierungen.

Gegenüber diesen einseitig positiven Bestimmungen möchte ich die Aufmerksamkeit gerne auf die Ambivalenzen lenken, die mit den beiden Phänomenen Vertrauen und Misstrauen verbunden sind. Um es plastisch zu formulieren:

---

[1] Dass mit diesen Verständnissen letztlich in grundlagentheoretischer Hinsicht wohl adäquate und d. h. m. E. dem Kernphänomen des Vertrauens objektiv entsprechende Bedeutungshorizonte mobilisiert werden (s. o.), kann an dieser Stelle nicht gesondert thematisiert werden.

So gut möglicherweise Vertrauen sein mag, ein „Zuviel" an Vertrauen ist bisweilen das eigentliche Problem. Man denke nur an die Fälle von Kindesmissbrauch oder an Heiratsschwindler, die (wie auch andere Phänomene) zeigen, dass zu viel Vertrauen in das Vertrauen – kontextabhängig – eine fahrlässige Handlungsoption darstellt. Im englischsprachigen Raum spricht man hier von „the dark side of trust" (vgl. Gargiulo/Ertrug 2006). So „schlecht" oder problematisch umgekehrt möglicherweise Misstrauen sein mag, ein „Zuwenig" an Misstrauen ist bisweilen ebenso fatal, wie dies im Falle von Finanzaufsichten in der jüngeren Vergangenheit nur allzu offenkundig geworden ist. Sicherlich: im ersteren der angeführten Fälle würde man typischerweise von Leichtgläubigkeit oder Vertrauensseligkeit sprechen, im letzteren hingegen eher von Fahrlässigkeit oder Pflichtverletzung. Das sind jedoch bereits normative Zurechnungen, die einer weiteren Überprüfung bedürfen. Für den Augenblick signalisieren diese Hinweise zunächst einmal mit Blick auf die Vielfältigkeit sozialer Verhältnisse und Konstellationen die changierenden Begriffsbestimmungen. Deshalb gilt es, der Zweischneidigkeit (Ambivalenz) der Phänomene des Vertrauens und des Misstrauens einige Aufmerksamkeit zu schenken und ihre den alltäglichen Intuitionen bisweilen zuwiderlaufenden Implikationen freizulegen. Denn Vertrauen ist – aus soziologischer Perspektive – nicht per definitionem „etwas Gutes" und umgekehrt Misstrauen ebenso wenig zwangsläufig „etwas Schlechtes". Vertrauen als Kooperationshindernis gilt es ebenso in den Blick zu nehmen wie Misstrauen als Kooperationsressource. Für die soziologische Analyse erscheint es als sinnvoll, sich in beiden Fällen von eingeschliffenen alltagssprachlichen Bedeutungs- und Verständnishorizonten zu verabschieden. Diese Beobachtung motiviert die weiter gehende These: Vertrauen ist als ein mehrdimensionales Phänomen zu begreifen, und dieser Umstand sollte Eingang in jedwede Vertrauensanalyse finden.

Für die Soziologie ist ein solcher Ansatz nun paradoxerweise grundlagentheoretisch ebenso selbstverständlich wie de facto unwahrscheinlich. Wird nämlich in der Soziologie das Phänomen des Vertrauens diskutiert, dann sind die Hinweise auf entsprechende Erörterungen (gerade jüngeren Datums) ebenso zahlreich wie nur zu geläufig (bspw. auf die diesbezüglich Beiträge von Barber (1983), Coleman (1982, 1991), Fukuyama (1995), Gambetta (1988, 1993, 2001), Giddens (1991), Luhmann (1968, 1988), Misztal (1996), Putnam (1993), Sztompka (1995, 1998, 1999) – seltener finden sich auch Referenzen auf Gellner (1988) oder Ledeneva (2003, 2009)). Misstrauen ist demgegenüber ein markant weniger behandeltes Thema – außer in den (wenn überhaupt der Soziologie zuzurechnenden) Beiträgen von Kramer (1999), Tomlinson/Lewicki (2003)[2], Kramer/Cook (2004) und Hardin (2004) wird der Begriff insbesondere in der deutschsprachigen soziologischen Debatte kaum erörtert und empirisch intensiv untersucht. Das gilt zumindest, wie gesagt, für die Soziologie.

Insoweit die Frage der Bedeutung von Vertrauen in unternehmensübergreifenden Kooperationen hier im Zentrum steht, ist an dieser Stelle eine weitere Vorbemerkung zum leitenden Verständnis von Kooperation einzuschalten. *Kooperation* lässt sich verstehen als das strukturierte, d. h. nicht zufällige, auf relative Dauer gestellte und sich durch (zumindest temporäre) wechselseitige Erwartungssicherheit (entweder auf reziproker oder auf nicht-reziproker Basis) begründende koordinierte (und damit zielorientierte) Wirken (Zusammenwirken) Mehrerer (vgl. zu interorganisatorischen Teams: Sinetar 1988; Stock-Homburg/Gaitanides 2006; Van de Ven/Smith Ring 2006). Diese Bestimmung scheint für die Zwecke der nachfolgenden Überlegungen sowohl hinreichend formal als auch offen für unterschiedliche normative Wertungen.

4. Das Entstehen von Misstrauen: Vertrauenskrisen, Vertrauensverluste, Vertrauensbrüche und Misstrauen

Die Thesen einer grassierenden Vertrauenskrise und eines um sich greifenden Vertrauensverlustes sind inzwischen ihrerseits nur allzu vertraut. Und diese Vertrautheit stabilisiert ebenso selbstverständlich die entsprechende Erwartung: Man kann darauf vertrauen, dass die Schieflage der Vertrauenskultur weiterhin auf der gesellschaftlichen Agenda stehen wird. Eine Irritation dieser Erwartung würde paradoxerweise geradezu zum Vertrauensverlust führen.

Zu den aktuellen Konstellationen für die Diagnose einer Vertrauenskrise gehören die Finanzmärkte, die als „Welt voller Misstrauen" beschrieben werden. Dazu gehört ein immenser Vertrauensverlust in der Öffentlichkeit gegenüber zahlreichen Branchen seit Beginn der Wirtschafts- und Finanzkrise Anfang des Jahres 2010, insbesondere gegenüber Banken und Kapitalmärkte, Versicherungen, die Automobilbranche sowie Unternehmensdienstleister. Die politischen Beobachter machen seit der Griechenlandkrise im April 2010 ein „Klima des Misstrauens" zwischen den Koalitionsparteien auf Bundesebene aus, ein „Vertrauensverlust für den Euro" wird diagnostiziert und Pharmaindustrie wie

---

2   Bezogen auf die englischsprachige Literatur scheinen die beiden Begriffe „mistrust" und „distrust" in inhaltlicher Hinsicht nicht unterscheidungsrelevant.

Gesundheitspolitik mussten sich nach den Ungereimtheiten (eigentümlichen Absprachen bzw. Verträgen zwischen Politik und Industrie) um den Impfappell im Zuge der Schweinegrippe einen Vertrauensverlust vorrechnen lassen. Die Diagnosen scheinen eindeutig und ließen sich nahezu beliebig ergänzen.

Gleichwohl: Wir vertrauen oder misstrauen nicht einfach immer nur bzw. tun im Kontext einer bestimmten Situation definitiv nur das eine und das andere nicht. Die Wirklichkeit ist deutlich weniger eindeutig; vielfach erfahren wir uns selbst als zwischen unterschiedlichen Einschätzungen oder miteinander unverträglichen (inkonsistenten) Überzeugungen ringend (vgl. Lahno 2002: 215 f.). Wir sind in einer Vielzahl von alltäglichen Situationen schlicht zu einem Ambivalenzmanagement gezwungen – und in derartigen Situationen geben dann zumeist Kleinigkeiten den Ausschlag, lassen also das Pendel zum Vertrauen oder eben zum Misstrauen hin ausschlagen. Der alltägliche Balanceakt zwischen fraglos Hingenommenem, bereits fragwürdig Gewordenem und prinzipieller potenzieller Fragwürdigkeit kommt dennoch typischerweise in Form des Vertrauensentzuges und -verlustes, von Misstrauen oder der Auflösung vertrauter Handlungskontexte regelmäßig zum Ausdruck.

Erfahrungen der (latenten) Zerbrechlichkeit sozialer Wirklichkeit sind ein Korrelat der konstitutiven „latenten Fragilität" und Veränderungsdynamik menschlicher Deutungen der sozialen Welt wie ihres grundlegenden Bezuges zu dieser Welt. In Interaktionen stehen stets sowohl die jeweils eigene Weltsicht sowie der Welt- und Sozialbezug als auch das Selbstbild und der Selbstbezug zwangsläufig mit „auf dem Spiel". Aktuell beobachtbare Entzivilisierungen des Umgangs mit anderen Menschen in Form zunehmender Brutalität und forcierter Rücksichtslosigkeiten vermitteln dabei einen bedrückenden Eindruck von den möglichen Konturen eines Verlustes von Vertrauenskulturen. Am Horizont steht bisweilen der Verlust des Vertrauens in das, was Erving Goffman (1963) die Haltung der „civil inattention", der höflichen Nichtbeachtung, genannt hat: Die Ausbildung und der Erhalt eines grundlegenden Sicherheitsempfindens als fungierendes Prinzip alltäglich flüchtiger Begegnungen und anonymer Sozialkontakte im öffentlichen Raum scheint brüchig zu werden. Dieses Prinzip reguliert routinemäßig die Alltagspraxis unaufdringlichen wechselseitigen Voneinander-Notiz-Nehmens, also eine Kultur des Taktes und des Respekts. Hier liegen gegenwärtig vermutlich die größten Herausforderungen gerade auch für die deutsche Gesellschaft.

Angesichts des angedeuteten Erfordernisses eines kontinuierlichen Ambivalenzmanagements zwischen Vertrauen und Misstrauen kann die entsprechende alltagspraktische Handlungsmaxime nur lauten: Zwischen naiver Vertrauensseligkeit und paranoidem Misstrauen (gut aristotelisch) die Mitte zu halten (sozusagen zwischen Skylla und Charybdis). Diese Auskunft erscheint einerseits trivial und andererseits mag sie für die an eindeutigen, knappen und auch noch alternativlos geltenden Regeln Orientierten als besonders unbefriedigend daherkommen und deshalb kaum als jederzeit anwendbare Blaupause des Handelns dienen können. Dafür hat sie jedoch einen unschätzbaren Vorteil: sie ist nahe an der sozialen Wirklichkeit. Mit Menschen verkehren und arbeiten heißt eben nicht, einfache Rechenregeln und -gesetze anwenden zu können, sondern soziale Sensibilität zeigen zu müssen. So muss man sich bspw. auf Kollegialität ganz selbstverständlich verlassen können und nicht jedes Verhalten der Arbeitskollegen und -kolleginnen zunächst argwöhnisch im Horizont professioneller Standards reflektieren müssen, um Kollegialität überhaupt realisieren zu können. Auch Kollegialität lebt von der ebenso prinzipiellen wie permanenten Unterstellung, dass Kollegialität das professionelle Handlungsmuster aller Kollegen bzw. Kolleginnen prägt (wir können auch von einer basalen, stets im Hintergrund wirkenden Loyalitätsunterstellung sprechen).

5. Zur Genese von Vertrauenskrisen

Wie für die Analyse von Vertrauensphänomenen so ist auch für eine Analyse des Entstehens von Vertrauenskrisen bzw. der Etablierung von Misstrauen eine Ebenendifferenzierung vorzunehmen (vgl. Endreß 2002: 53 ff.). Leitend sollte eine idealtypische Unterscheidung zwischen einer Mikro-, einer Meso- und einer Makroebene des Sozialen sein (vgl. auch Lane 1998): Neben der Ebene eines (i) funktional diffusen persönlichen Vertrauens im Rahmen dichter Sozialbeziehungen (Mikro) lassen sich die Ebenen eines (ii) funktional spezifischen Vertrauens in professionellen, organisatorisch vermittelten Interaktionen, das auf die Kompetenzen einer Person setzt (Meso), und eines (iii) funktional generalisierten Vertrauens, eines institutionellen oder Systemvertrauens hinsichtlich der Erfüllung genereller Erwartungen (Makro) unterscheiden.

Zu heuristischen Zwecken lässt sich diese Unterscheidung durchaus fruchtbar mit der vorstehend eingeführten Unterscheidung von Modi des Vertrauens verbinden (+ / − = ausgeprägter bzw. weniger ausgeprägter Zusammenhang):

Tabelle 1: Vertrauensmodi und Sozialebenen

	Vertrauensmodi		
	Reflexives Vertrauen	Habitualisiertes Vertrauen	Fungierendes Vertrauen
Funktional diffuses Vertrauen (Mikro)	–	+	+
Funktional spezifisches Vertrauen (Meso)	+	–	+
Funktional generalisiertes Vertrauen (Makro)	+	+	+

Von vorrangigem Interesse ist dabei im vorliegenden Zusammenhang die Unterscheidung zwischen den zwei erstgenannten Ebenen (vgl. auch Bereswill 2010): Vertrauen und Misstrauen als individuelle Handlungsressourcen auf der einen Seite und Vertrauen wie Misstrauen als organisatorischer bzw. institutioneller Mechanismus auf der anderen Seite. Für das Entstehen von Misstrauen in persönlichen Konstellationen – zunächst unabhängig davon, ob diese privater oder aber beruflicher Natur sind – ist insbesondere auf die folgenden Umstände bzw. Implikationen für individuelle Handlungsressourcen zu verweisen: auf (a) den Verlust von Verlässlichkeit und Vertrauenswürdigkeit Anderer, auf (b) Beschädigungen des Vertrauens durch Intrigen, Neid, Mobbing, auf (c) Verletzungen, Entehrungen, Nichtbeachtung (Verletzbarkeit und Verwundbarkeit von Menschen), auf (d) den Missbrauch von Sprache, auf (e) die Verweigerung von Anerkennung, auf (f) die unfaire Verteilung von Arbeitslasten, auf (g) symbolische Erniedrigungen, die zu fundamentalen Erosionen der Strukturen der Lebenswelt führen können (vgl. Endreß 2004), auf (h) unerwartete Verhaltensweisen, die Aufmerksamkeit auf sich ziehen, da sie nicht eindeutig interpretierbar sind, die typischerweise regelmäßig Skepsis hervorrufen und somit mit hoher Wahrscheinlichkeit dazu angetan sind, Misstrauen hervorzurufen (vgl. Bierhoff 1995: 2150) sowie schließlich (i) auf ausufernde Kontrolle, die Vertrauen untergräbt. Für das Entstehen von Misstrauen auf politisch-gesellschaftlicher und organisationaler Ebene – also als institutioneller Mechanismus – lässt sich generell insbesondere auf *vier Umstände* verweisen, die hier ursächlich sein können: (a) auf die Ungewissheit, die Unsicherheit der sozialen, politischen und ökonomischen Situation (Arbeitslosigkeit, Inflationsrisiko und finanzielle Instabilität [u. a. Bankenzusammenbrüche], Kriminalitätseskalation, politische Undurchsichtigkeit), (b) auf die Ineffizienz und Schwäche ordnungspolitischer Kontrollinstanzen (Rechtsinstitutionen, Polizei, Steuerbehörden), (c) auf das öffentliche Bild gesellschaftlicher und politischer Eliten, denen eine fehlende Gemeinwohlorientierung attestiert oder denen – im Zuge von Vetternwirtschaft – eine Selbstbedienungsmentalität vorgeworfen oder denen leere politische Versprechungen und mangelnde Transparenz vorgehalten werden sowie (d) auf die Intransparenz und Undurchschaubarkeit von Abläufen, Prozessen oder Strukturen, ungenügende bzw. ausbleibende Kommunikation, durch die Fehlentscheidungen zur Zurechnung von Inkompetenz oder Kompetenzmangel führen und die Zweifel an der Zuverlässigkeit von Akteuren oder Institutionen notwendig nach sich ziehen (vgl. insges. Sztompka 1995: 268–271, 1999: 174 ff.).

Versucht man die angeführten Aspekte für das mögliche Entstehen von Vertrauenskrisen spezifischer zu beleuchten, dann lassen sich diese nach *drei Sinndimensionen* gliedern. Unterschieden werden kann nach zeitlichen, räumlichen und sozialen Gesichtspunkten:

Vertrauen (als Modus in einer Gegenwart) ist an *Zeit* gebunden (vergangene Erfahrungen) und auf Zeit, genauer auf Zukunft gerichtet. Es bedarf Zeit, um ein Vertrauensverhältnis aufzubauen, und umgekehrt setzt ein hohes Maß an Instabilitäten und Flexibilitätsanforderungen Vertrauen schnell unter Druck. Eine zu ausgeprägte Veränderungsdynamik oder enorme Beschleunigungseffekte im sozialen Leben erzeugen das Risiko der Erosion von Vertrauensbeziehungen. Insbesondere für private Beziehungen und professionelle Interaktionen wie bspw. Arzt-Patienten-Konstellationen gilt, dass zu wenig Zeit einen Mangel darstellt, der den Eindruck, einfach abgefertigt zu werden, erzeugt und damit auf Seiten der Betroffenen ebenso das Gefühl nach sich zieht, nicht ernst genommen zu werden. Insofern Vertrauen als ein auf die Zukunft gerichteter Modus des Weltverhältnisses zu begreifen ist, führt ein Vertrauensverlust dann konsequent zu einem Verlust von Zukunftsvertrauen.

In *räumlicher* Hinsicht sind es zumeist Fremdheitserfahrungen, die Vertrauen bedrohen: Ein Mangel an Vertrautheit mit örtlichen Konstellationen oder Ortlosigkeiten – wie Gefühle der Entwurzelung oder auch der Orientierungslosigkeit – ist dazu angetan, Krisen des Vertrauens zu erzeugen oder Misstrauen zu säen.

In *sozialer* Hinsicht schließlich können Vertrauenskrisen durch eine mangelnde Aufklärung bspw. von Seiten professioneller Akteure oder durch den Eindruck ausgelöst werden, dass man sich von Seiten der professionellen Akteure oder Anbieter von Dienstleistungen nicht wirklich oder unangemessen (wie im Falle ausbleibender Behandlungserfolge) um die Belange von Kunden, Patienten oder Klienten kümmert. In solchen Konstellationen entstehen Unsicherheiten und Verunsicherungen – wie dies in noch weit ausgeprägterem Maße für gesellschaftliche Krisensituationen wie Wirtschaftskrisen, unter Kriegsbedingungen oder im Gefolge von Systemumbrüchen gilt –, durch die sich elementare Verschiebungen der gesamtgesellschaftlichen Bedingungen des Zusammenlebens vollziehen.

Zusammenfassend lässt sich formulieren, dass es im weitesten Sinne und im Kern Enttäuschungen oder auch ganze Bündel von Enttäuschungen sind, die letztlich zu einer Vertrauenskrise und möglicherweise zu einem Vertrauensverlust führen. Gleichfalls ließe sich von negativen Lebenserfahrungen sprechen. Misstrauen anderen Menschen oder auch Institutionen gegenüber führt konsequent zu einem Rückzug der eigenen Person, zu einer Selbstverhüllung. Diese Form des Rückzuges kann auf persönlicher Ebene bspw. durch den Abbruch von Sozialkontakten und auf institutioneller Ebene bspw. durch Formen der Arbeitsverweigerung wie Nachlässigkeiten, „Krankfeiern" oder Ähnliches zum Ausdruck kommen. Für ein abschließendes Verständnis dieser ebenso vielfältigen wie vielgestaltigen Hintergründe von Vertrauenskrisen und Vertrauensverlusten bietet sich der Rückbezug auf die vorstehend eingeführte Unterscheidung von Vertrauensmodi an, um ebenso die Konturen dieser Misstrauenskonstellationen zu schärfen:

- Ein Vertrauensverlust kann sich auf vormals rational kalkulierte und geplante Handlungszüge beziehen und so reflexives Vertrauen erodieren lassen.

- Ein Verlust von Vertrauen kann den Zusammenbruch bisher vertrauter und selbstverständlich gewesener Praktiken und Orientierungsschemata nach sich ziehen und sich somit auf die Dimensionen habitualisierten Vertrauens erstrecken.

- Ein Vertrauensverlust kann den Verlust umfassenden Selbst-, Sozial- und Weltvertrauens und das Zerbrechen des Selbstwertgefühls bedeuten (bspw. im Zuge von Traumata) und sich solchermaßen auf der Ebene fungierenden Vertrauens einstellen.

6. Zum Umgang mit Vertrauenskrisen: Im Spannungsfeld von individuellem Agieren und strukturellen Bedingungen

Niklas Luhmanns Auskunft ist ebenso schlicht und knapp wie komplex und weitreichend: Vertrauen und Misstrauen seien funktionale Äquivalente (1989: 78). Luhmann zufolge leisten Vertrauen wie Misstrauen Identisches: Wie Vertrauen so reduziert auch Misstrauen (und zwar bisweilen auf geradezu drastische Weise) Komplexität (1989: 78). Sicherlich, die objektive Unsicherheit in Sozialkonstellationen (die für die Komplexität sozialer Verhältnisse regelmäßig typisch ist; und zwar sowohl aufgrund von deren Unübersichtlichkeit als auch aufgrund ihrer Veränderungsdynamik) lässt sich (mal mehr, mal weniger, mal kurzfristiger, mal längerfristiger) durch die Mechanismen „Vertrauen" oder „Misstrauen" temporär in subjektive Sicherheit verwandeln (und damit in Handlungsgewissheit, Entscheidungsreife, Orientierungsklarheit), wie Luhmann betont. Die Reflexionsebene, für die Luhmann dies formuliert, ist diejenige der Gesellschaftstheorie. Gleichwohl kann man diese Einsicht auf Verhältnisse zwischen Personen durchaus übertragen: Auch hier lassen sich unklare oder undurchsichtige Verhältnisse durch das einseitige Umstellen auf „Vertrauen" oder „Misstrauen" radikal vereinfachen. Es stellt sich dann allerdings regelmäßig die Anschlussfrage, um welchen Preis eine derartige Strategie jeweils verfolgt werden soll. Was bedeutet dies für die mit Blick auf Unternehmen und ihre intra- wie interorganisationalen Verflechtungen bedeutsamen, wenn nicht für einen Unternehmenserfolg unabdingbaren Formen funktionierender und vertrauensvoller Zusammenarbeit?

Die bisherigen Überlegungen ermöglichen es zunächst, ein Plädoyer wider voreilige Zurechnungen zu formulieren: Akteure neigen in der Mehrzahl alltäglicher und professioneller Handlungskonstellationen zu Verantwortungsdiskursen, d. h. zu normativ aufgeladenen Zurechnungen von Schuld, Fehlverhalten und Unzulänglichkeiten. Das ist aus alltäglicher Teilnehmerperspektive ebenso verständlich wie aus wissenschaftlicher Beobachterperspektive problematisch und sachlich unzureichend. Denn gerade in institutionellen Zusammenhängen gilt die Formel, dass die Gratwanderung zwischen institutioneller Handlungsvollmacht und persönlicher Selbstermächtigung vornehmlich – wenn nicht gar nur – im Kontext einer Kultur institutioneller Reflexivität bewältigt werden kann und muss. Das Stichwort „institutionelle Reflexivität" zielt auf eine Form des bewussten Umgangs mit organisationsbezogenen Vertrauensverhältnissen und Vertrauenskulturen.

Ein entsprechendes Paradoxon der Institutionalisierung von Misstrauen, um institutionelles Vertrauen auf Dauer stellen zu können (vgl. Sztompka 1998: 25 ff., 1999: 141 ff.), ist in demokratischen politischen Systemen zu Legitimationserfordernissen in Gestalt von regelmäßigen allgemeinen Wahlen und der damit einhergehenden Festlegung zeitlich überschaubarer Legislaturperioden, in Form des Gewaltenteilungsprinzips mit einer unabhängigen Justiz, auf der Ebene innerparlamentarischer Kontrollmechanismen/-prozeduren sowie nicht zuletzt in der Einrichtung unabhängiger Medien typischerweise realisiert. In einer Demokratie bedarf es eines legitim institutionalisierten Systems der Kontrolle des Machtgebrauchs und eines ebenso legitim institutionalisierten Systems der Sanktionierung von Machtmissbrauch. Und beides setzt die transparente Adressierung und Zuschreibungsmöglichkeit von Verantwortlichkeit voraus. Organisierte Unverantwortlichkeit darf von daher als Krisenszenario gelten. Dieses Paradoxon einer Institutionalisierung von Misstrauen als vertrauensbildende Maßnahme lässt sich über den engeren politischen Bereich hinaus generalisieren. Es findet sich ebenso im rechtlichen Bereich bspw. in Gestalt von Revisionsverfahren und der anwaltlichen Verteidigung von Angeklagten wie im ökonomischen Bereich in Form der Einführung überregionaler Tarifvertragssysteme, von Mitbestimmungsregelungen und der Wahl von Betriebsräten. Jeweils ist es die – wenn man so will – Institutionalisierung von Misstrauensagenturen, die der Stabilisierung der Vertrauenskultur des parlamentarischen Systems oder einzelner gesellschaftlicher Bereiche wie auch Organisationen dient.

Insgesamt wird damit deutlich, dass rechtliche, politische oder anderweitige institutionelle Mechanismen nicht nur eine Alternative zu Vertrauenskonstellationen darstellen, sondern dass sie als Mechanismen institutionalisierten Misstrauens zugleich ebenso als Ressourcen, Voraussetzungen und unterstützende Rahmenbedingungen der Vertrauensbildung zu deuten sind. Letztlich geht es hier um die Frage nach den Bedingungen und Möglichkeiten einer „Vertrauenskultur" – egal, ob diese Frage auf politische Systeme oder Prozesse im engeren Sinne oder auf gesellschaftliche Institutionen oder auf Unternehmen als Organisationen (oder auf die von ihnen geführten „Marken") bezogen wird.[3]

Vertrauenskrisen und Vertrauensverluste lassen sich nun hinsichtlich ihrer zeitlichen Ausdehnung (kurzfristig – mittelfristig – langfristig) ebenso wie nach ihrer Intensität (oberflächlich – tief sitzend) oder auch bezüglich ihrer sozialen Verortung (individuell – institutionell – gesellschaftlich) unterscheiden. In allen diesen Hinsichten steht vorrangig immer das Verhältnis von Vertrauen und der

---

3   Doch auch Kulturen des Misstrauens sind ambivalent: Das lässt sich gut mit Blick auf die Mafia studieren (vgl. Banfield 1958; Putnam 1993), insofern, dass hier Ambivalenzen selbst intern zu konstatieren sind, denn dieses süditalienische Klima des Misstrauens beruht mafiaintern seinerseits eben gerade auf ebenso ausgeprägten wie exklusiven Vertrauensverhältnissen, also auf stark auf Vertrauensprinzipien beruhenden sozialen Strukturen (vgl. Gambetta 1988; vgl. auch Lahno 2002: 280, 342 ff.).

Handlungsfähigkeit von Menschen im Hinblick auf die mit diesen Verhältnissen einhergehenden gesellschaftlichen Implikationen im Blick.

Richard Sennett hat im Rahmen anderweitiger Überlegungen für dieses Verhältnis von individuellen und gesellschaftlichen Aspekten auf den Zusammenhang zwischen einem Arbeitsplatzverlust und der „Angst vor Nutzlosigkeit" sowie „dem Gespenst der Überflüssigkeit" aufmerksam gemacht (1998: 308). Seine zentrale Einsicht lässt sich für die vorliegende Argumentation ebenso gewinnbringend aufnehmen: Klar herausgestellt wird von Sennett der Zusammenhang von (beruflicher) Arbeit, Selbstwertgefühl und Vertrauen – insbesondere mit Blick auf die sich unter aktuellen gesellschaftlichen Bedingungen forciert abzeichnende Entwicklung von „double bind"–Situationen. Damit bezeichnet Sennett die Gleichzeitigkeit des Wissens darum, dass einerseits die gesamte Arbeitssituation (also die Konstellationen von Arbeits- und Absatzmärkten ebenso wie die Unternehmenssituation generell) außerhalb der Kontrolle des einzelnen Arbeitsplatzinhabers liegt, andererseits aber die Verantwortung für das, was im Falle eines Arbeitsplatzverlustes geschieht, dennoch von jedem einzelnen Arbeitnehmer übernommen werden muss, ihm also zugeschrieben wird. Die Einzelnen werden hier, so Sennett, in eine „Dialektik des Versagens" geführt, nämlich zugleich als ohnmächtiger Zuschauer und verantwortlicher Akteur adressiert zu werden (1998: 312 f.). Es ist die gleichzeitige Etablierung einer Selbstzuschreibungskultur im Lichte der Kriterien „Leistung" und „Verantwortlichkeit" und einer gesellschaftlich erzeugten institutionellen Schutzlosigkeit, die Personen entblößt, Selbstwertgefühle destabilisiert und damit letztlich Selbstkulturen etabliert, die (zumindest mittelfristig) gesellschaftliche Erosionen oder Destabilisierungen als Konsequenzen nach sich ziehen können. Umgekehrt heißt das für Kooperationen innerhalb und zwischen Organisationen, dass die Entwicklung des Selbstbewusstseins von Mitarbeitern und die Sorge um deren Selbstwertgefühl zum Kern eines guten Betriebsklimas und damit potenziell zu einem erfolgreichen Unternehmen gehören.

In diesem Zusammenhang ist noch ein weiteres Prinzip zu beachten: das Prinzip der Asymmetrie von Zuschreibungspraktiken (dazu Gouldner 1984: 118 ff.). Erfahrungen von Vertrauen und Misstrauen werden alltäglich in unterschiedlichem Maße Personen zugerechnet: Während ein Vertrauensbruch häufig weniger der diesen verursachenden Person, sondern vielfach (zumindest schuldeinschränkend) den situativen Umständen zugerechnet wird, wird eine unerwartete Vertrauensgabe, ein unerwarteter Vertrauensbeweis umgekehrt weniger den

Umständen als viel eher der diese bekundenden Person zugeschrieben.[4] Ein Prinzip, das sowohl bei reziproken als auch bei nicht-reziproken Beziehungen zur Anwendung kommt. Diese Diskrepanz sagt etwas über die Strukturen alltäglicher Orientierungsmuster bzw. alltäglich eingeschliffener Erwartungsprofile. An einer klaren Schuldzuweisung hindert Akteure zumeist nicht nur das Wissen um eigenes Schuldig-werden-Können und Schuldig-geworden-Sein, sondern ebenso ihre Erfahrung und die von Akteuren ganz selbstverständlich verwendeten Legitimierungsmuster in entsprechenden Situationen: Situationen, in denen Umstände regelmäßig als „Ausreden" bzw. als „entschuldigende Rahmenbedingungen" und damit als Begründungskonstellationen für „verminderte Schuldzurechnungsfähigkeit" herangezogen werden. Umgekehrt wissen Akteure (in mehr oder weniger elaborierter Form) um die ausgeprägte Trägheit von Verhaltens-, Denk- und Handlungsmustern, was – in durchaus positivem und kooperationsförderlichem Sinne – die Stabilität der Erwartungen von Akteuren hervorruft bzw. begründet. Entsprechend liegt es in der Logik dieser strukturellen Rahmenbedingungen jedweder Erfahrungs- und Handlungssituation, dass Unerwartetes eben nicht diesen Strukturen, sondern den in ihnen agierenden Individuen (und damit, wenn man so will, dem unkalkulierbaren „Rest") zugerechnet wird: das ist eine große Chance für das Gelingen von Kooperationen. Ist dem so, dann kann man zugleich davon ausgehen, dass soziale Beziehungen am Arbeitsplatz, also innerhalb von Abteilungen, zwischen den Abteilungen und auch zwischen Organisationen „häufig durch eine gewisse Vorsicht und Zurückhaltung, aber auch durch die Erwartung gekennzeichnet [sind], dass Interaktionspartner manipulative Techniken einsetzen können" (Bierhoff 1995: 2151). Unter der Voraussetzung des soeben angeführten Prinzips der Erwartungsstabilität bedeutet das dann, dass ein überzogen „kumpelhafter", „vertrauter", „vertraulicher" Umgang wohl eher zum Entstehen von Misstrauen beitragen dürfte.

Also nicht Nähe an sich und um jeden Preis erzeugt unter allen sozialen Konstellationen Vertrauensverhältnisse. Anders formuliert: Im Umgang mit Mitarbeitern und Kollegen dürfte stets ein kluges Maß (die Mitte) zwischen Nähe und Distanz gefordert sein. Es gilt, wechselseitig Grenzen zu respektieren und Grenzen zu setzen. In der klassischen deutschen Begrifflichkeit nannte man das ‚Takt' bzw. das entsprechende Vermögen ‚Taktgefühl' (vgl. Plessner 1924). Von zentraler Bedeutung auf der Ebene persönlicher Beziehungen ist nach dem Gesagten der Zusammenhang von Vertrauen und individueller Verletzlichkeit bzw. Verletzbarkeit (vgl. Lahno 2002: 161), während auf der Ebene von Orga-

---

4   Vgl. Gouldner (1984: 138): „Kein Geschenk wird eher die Aufmerksamkeit auf sich lenken als ein Geschenk, das angesichts unserer früheren Verschuldung, unserer zukünftigen Ambitionen und unserem gegenwärtigen Stand der Verpflichtungen nicht hätte gemacht werden müssen."

nisationen primär das Verhältnis von Vertrauen und institutionellen Mechanismen (u. a. Regeln, Schranken) für die Konturen von Vertrauens- wie Misstrauenskonstellationen zentral ist.

7. Vertrauensaufbau und die Verhinderung von Vertrauensverlusten

Selbstverständlich ist klar: Strukturelle Veränderungen bzw. institutionenpolitische Maßnahmen garantieren allein keineswegs automatisch dauerhafte Lösungen, aber sie bilden die eine nicht hintergehbare Seite jeder Frage nach der Möglichkeit und Chance der Herausbildung von Vertrauenskulturen. Und jenseits dieser Rahmenbedingungen bedarf es ebenso der Personen, die diesen Rahmenbedingungen in konkreten Interaktionen Gestalt geben. Strukturen wie Personen also müssen Nähe und Distanz zulassen und ermöglichen. Sowohl die Vertrauenskultur innerhalb einer Organisation oder eines Unternehmens (also intra-organisationales Vertrauen) als auch ggf. eine Vertrauenskultur zwischen Organisationen oder Unternehmen (also inter-organisationales Vertrauen) sind also ihrerseits durchaus Produkte expliziter Vertrauensgaben wie der Institutionalisierung von Misstrauensagenturen. Anders formuliert: Eine entwickelte Vertrauenskultur ist kein diffus harmonisches Einerlei, sondern ein strukturiertes Gesamtbild unterschiedlicher Mechanismen. Als Effekt kann ein entsprechendes Geflecht institutioneller Vorkehrungen wie persönlicher Verhaltensformen dazu angetan sein, eine intra- oder interorganisationale Vertrauenskultur auszubilden. Entscheidend ist es aber, die Zweistufigkeit dieses Prozesses zu beachten: Vertrauen ist, das sollten die vorstehenden Überlegungen verdeutlicht haben, kein unmittelbar und direkt abrufbares Produkt.

Sicher: Ein Klima des Vertrauens in Organisationen und im Umgang zwischen Organisationen schafft wechselseitig Glaubwürdigkeit und erhöht somit typischerweise die Chance, Kunden, Mitarbeiter und Kooperationspartner auch zukünftig zu binden. Zu beachten ist dabei jedoch wiederum, dass Organisationen und Unternehmen unterschiedliche Positionen und damit Verantwortlichkeiten, Arbeitsprozesse und Erwartungen kennen. Diese sind für das Vertrauensprofil von jeweils zentraler Bedeutung. Das heißt, unterschiedliche Positionen bringen unterschiedliche Vertrauenserwartungen und Vertrauensprofile mit sich. Es wäre also stets zu unterscheiden, wer mit wem kooperiert und aufgrund welcher Position in einem Unternehmen oder einer Unternehmenskooperation – Topmanagement, mittleres/unteres Management, ausführendes Personal (Mitarbeiter) – welche Vertrauenserwartungen und -erfordernisse zu berücksichtigen sind. An dieser Stelle lassen sich lediglich einige allgemeine Rahmenbedingungen für das (potenzielle) Entstehen von Vertrauen bzw. Vertrauenskulturen bzw. von Konstellationen vertrauensvoller Zusammenarbeit anführen (im Anschluss an Bierhoff 1995: 2151 f.). Dazu gehören die Konsistenz und Transparenz von Entscheidungen: Vorhersehbarkeit, Verlässlichkeit, die Offenheit von Kommunikationen (gegenseitige Informationen), das Einhalten von Zusagen (Wort halten, zu einem Wort stehen), Loyalität, also der Umstand, als fair handelnde Person zu gelten (als mit wohlwollenden Absichten handelnd beurteilt zu werden), als ehrlich und integer eingeschätzt zu werden sowie diskret zu sein, d. h., mit vertraulichen Informationen umgehen zu können (Vertrauenswürdigkeit dokumentieren). Weiterhin gehören dazu die Präsenz und Ansprechbarkeit (sich Zeit nehmen), hinreichende Kompetenz bei der Bewältigung von Aufgaben zugeschrieben zu bekommen, die Fähigkeit und Bereitschaft, Probleme zu thematisieren, Chancen für Weiterbildungen zu eröffnen, Handlungs- und Gestaltungsspielräume auch im Arbeitsprozess zu ermöglichen und einzuräumen. Umsicht bei der Zusammensetzung von Teams zu zeigen, die Bereitschaft zur Verteilung von Entscheidungsbefugnissen zu signalisieren sowie die Erkenntnis zu vermitteln, dass Anerkennungen von Leistung bzw. guter Mitarbeit ausgesprochen und umgesetzt werden.

Jenseits der aufgeführten Aspekte darf als zentraler Bestandteil einer Vertrauenskultur zudem die Frage gelten, wie in Organisationen insbesondere bei abteilungsübergreifenden Teams und gerade auch zwischen Organisationen mit (manifesten wie latenten) Konflikten umgegangen wird. Sowohl das Vertrauen auf wie das Wissen um institutionalisierte Misstrauensmechanismen ermöglichen einen konstruktiven Umgang mit Konflikten, ohne deren Lösung sogleich zu garantieren. Darüber hinaus muss aber ebenso die Inanspruchnahme von Mediationen bzw. von Organisationsentwicklungsinterventionen als vertrauensbildende Maßnahmen begriffen werden – und zwar auch jenseits der Signalwirkung, die von der Bereitschaft, sich auf einen Mediationsprozess einzulassen, ausgeht. Wobei gerade in solchen Konstellationen gilt: Ein typischer Mechanismus, der Vertrauen untergräbt, ist das Ausnutzen von Schwächen; ein typischer Mechanismus, der Vertrauen fördert, ist die offene (transparente) Kommunikation unter den Betroffenen (ähnlich Bierhoff 1995: 2148).

8. Coda

Die vorstehenden Überlegungen nahmen ihren Ausgang von einem Klärungsversuch der Begriffe Vertrauen und Misstrauen über die Unterscheidung von drei Modi (reflexiv, habituell, fungierend) des Vertrauens, die Vertrauen als im

Kern mehrdimensionales Phänomen erkennbar werden ließen (1.). Daran schloss sich die Beobachtung der grundlegenden Ambivalenz von Vertrauen und Misstrauen hinsichtlich der Frage ihrer Funktionalität als Kooperationsressource oder eben als Kooperationsrestriktion an (2.). Diese strukturelle Ambivalenz gab sodann der Frage nach Entstehungsbedingungen und Entstehungskonstellationen von Vertrauensverlust und Misstrauen besondere Bedeutung (3.) und warf damit zugleich die Frage nach den Konturen von Vertrauenskrisen sowohl in personalen als auch in institutionellen Konstellationen auf (4.). Dieses Panorama Vertrauen fördernder und Vertrauen unterlaufender Situationsaspekte lenkte die Aufmerksamkeit auf das Spannungsverhältnis von individuellen Handlungsvollzügen und strukturellen Rahmenbedingungen sowohl von Vertrauensgaben wie auch von Vertrauensentzügen und machte die Bedeutung des Paradoxons einer Institutionalisierung von Misstrauen als vertrauensbildende Maßnahme – nicht zuletzt im Kontext von „double bind"–Situationen und der Asymmetrie von Zuschreibungspraktiken deutlich (5.). Die Überlegungen schlossen mit Hinweisen auf fördernde Rahmenbedingungen für die Etablierung von Vertrauenskulturen in personalen und institutionellen Kontexten (6.).

Die Überlegungen verdeutlichen, dass Vertrauen wie Misstrauen auf der einen Seite Kooperationen ermöglichen, Kooperationen also auf bzw. in Vertrauen und Misstrauen gründen, und auf der anderen Seite gelingende Kooperationszusammenhänge zugleich die Basis für Vertrauen und eine Bestätigung der „Funktionalität" institutionalisierten Misstrauens darstellen. Wir haben es also systematisch gesehen mit einem Verhältnis strenger Wechselseitigkeit zu tun, wobei in einer funktionalen Optik Vertrauen als Komplexitätsreduktionsmechanismus ebenso wie als Koordinations- und als Integrationsmechanismus in den Blick tritt. Zentral bleibt ungeachtet dieser Einsicht jedoch der Hinweis darauf, dass Kooperationen wie Vertrauensverhältnisse eine sehr spezifische Balance halten müssen, um als solche „zu funktionieren". Diese Balance ist eine des kontinuierlichen Spannungsausgleichs zwischen Nähe und Distanz. Vertrauen ist beides: eine Kultur der Nähe unter Achtung der Distanz, die der Respekt der Nähe erfordert. Insgesamt steht in allen Fällen von Vertrauensverlust der Kollaps von Vertrauenskulturen auf der Agenda. Wird es dabei vermieden, strukturelle Dilemmata strukturpolitisch aufzufangen, dann wird über den Austausch von Personen zwar temporär für Entlastung gesorgt werden können – aber nur um den Preis ggf. weiterer struktureller Destabilisierungen. Und umgekehrt gilt wohl, dass eine ausschließliche Flucht in Personen, gar in charismatische Führungsfiguren, zwar ggf. im Einzelfall tragen mag, diese Option aber keineswegs die für Organisationen in jeder Hinsicht unabdingbaren dauerhaften Funktionszusammenhänge zu gewährleisten vermag. Damit bleibt es bei dem nicht hintergehbaren Verweisungsverhältnis von Strukturen und Personen aufeinander. Es lässt sich somit abschließend wiederholen: Für die Etablierung und Aufrechterhaltung von Kooperationen ermöglichenden und fördernden Vertrauensbeziehungen ist eine Kultur der Nähe unter Achtung der Distanz unerlässlich, die der Respekt der Nähe erfordert.

Literatur

Bachmann, Reinhard (1997): Kooperation und Vertrauen in zwischenbetrieblichen Beziehungen. In: Hradil, Stefan (Hrsg.) (1997): Differenz und Integration. Die Zukunft moderner Gesellschaften. Frankfurt/Main, New York: campus: 255–270
Bachmann, Reinhard/Zaheer, Akbar (Hrsg.) (2006): Handbook of Trust Research. Cheltenham/UK, Northampton/MA/USA: Elgar
Baier, Annette (2001): Vertrauen und seine Grenzen. In: Hartmann, Martin/Offe, Claus (Hrsg.) (2001): 37–84
Banfield, Edward C. (1958): The Moral Basis of a Backward Society. Glencoe: Free Press
Barber, Bernard (1983): The Logic and Limits of Trust. New Brunswick/NJ: Rutgers University Press
Bereswill, Mechthild (2010): Vertrauen in Institutionen sozialer Kontrolle. Das Beispiel Jugendstrafvollzug. In: Schweer, Martin K. W. (Hrsg.) (2010): Vertrauensforschung 2010. A State of the Art. Frankfurt/Main u. a.: Lang: 173–189
Bierhoff, Hans W. (1995): Vertrauen in Führungs- und Kooperationsbeziehungen. In: Kieser, Alfred/Reber, Gerhard/Wunderer, Rolf (Hrsg.) (1995): Handwörterbuch der Führung. Stuttgart: Schäffer-Poeschel: 2148–2158
Coleman, James S. (1982): Systems of Trust. In: Angewandte Sozialforschung 10: 277–299
Drepper, Thomas (2006): Vertrauen, organisationale Steuerung und Reflexionsangebote. In: Götz, Klaus (Hrsg.) (2006): Vertrauen in Organisationen. München, Mering: Hampp: 185–204
Endreß, Martin (2001): Vertrauen und Vertrautheit. Phänomenologisch-anthropologische Grundlegung. In: Hartmann, Martin/Offe, Claus (Hrsg.) (2001): 161–203
Endreß, Martin (2002): Vertrauen. Bielefeld: transcript
Endreß, Martin (2003): Vertrauen, Vertrauenswürdigkeit und die Grenzen eines reflexiven Vertrauensbegriffs. In: Erwägen–Wissen–Ethik 14: 346–348
Endreß, Martin (2010a): Vertrauen – soziologische Perspektiven. In: Maring, Matthias (Hrsg.) (2010): 91–113
Endreß, Martin (2010b): Vertrauenskrisen und Vertrauensverluste. In: Widerspruch. Münchner Zeitschrift für Philosophie 29(51): 27–40
Ernst & Young AG (Hrsg.) (2008): Vertrauen zahlt sich aus. Eine Studie über das Vertrauen in Geschäftsbeziehungen von mittelständischen Unternehmen in der Schweiz. Zürich: Ernst & Young
Fukuyama, Francis (1995): Trust. The Social Virtues and the Creation of Prosperity. London: Hamish Hamilton
Gambetta, Diego (1988): Mafia. The Price of Distrust. In: Ders. (Hrsg.) (1988): 158–175
Gambetta, Diego (Hrsg.) (1988): Trust. Making and Breaking Cooperative Relations. Oxford, Cambridge/MA: Blackwell
Gambetta, Diego (1993): Trust and Cooperation. In: Outhwaite, William/Bottomore, Tom (Hrsg.) (1993): The Blackwell Dictionary of Twentieth-Century Social Thought. Oxford, Cambridge/MA: Blackwell: 678–680

Gambetta, Diego (2001): Können wir dem Vertrauen vertrauen? In: Hartmann, Martin/Offe, Claus (Hrsg.) (2001): 204–237
Gargiulo, Martin/Ertug, Gokhan (2006): The dark side of trust. In: Bachmann, Reinhard/Zaheer, Akbar (Hrsg.) (2006): 165–186
Gellner, Ernest (1988): Trust, Cohesion, and the Social Order. In: Gambetta, Diego (Hrsg.) (1988): 142–157
Giddens, Anthony (1991): Konsequenzen der Moderne. Frankfurt/Main: Suhrkamp
Goffman, Erving (1963): Behavior in Public Places. Notes on the Social Organization of Gathering. New York, London: Free Press
Gondek, Hans-Dieter/Heisig, Ulrich/Littek, Wolfgang (1992): Vertrauen als Organisationsprinzip. In: Dies. (Hrsg.) (1992): Organisation von Dienstleistungsarbeit. Sozialbeziehungen und Rationalisierung im Angestelltenbereich. Berlin: edition sigma: 33–55
Gouldner, Alvin W. (1984): Reziprozität und Autonomie. Ausgewählte Aufsätze. Frankfurt/Main: Suhrkamp
Hardin, Russell (2004): Distrust. New York: Russell Sage Foundation. Volume VIII. Series on Trust
Hartmann, Martin/Offe, Claus (Hrsg.) (2001): Vertrauen. Die Grundlage des sozialen Zusammenhalts. Frankfurt/Main, New York: campus
Heisig, Ulrich (1997): Vertrauensbeziehungen in der Arbeitsorganisation. In: Schweer, Martin K. W. (Hrsg.) (1997): Interpersonales Vertrauen. Theorien und empirische Befunde. Opladen: Westdeutscher Verlag: 121–153
Heisig, Ulrich/Littek, Wolfgang (1995): Wandel von Vertrauensbeziehungen im Arbeitsprozess. In: Soziale Welt 46: 282–304
Janowicz, Martyna/Nooderhaven, Niels (2006): Levels of inter-organizational trust. Conceptualization and measurement. In: Bachmann, Reinhard/Zaheer, Akbar (Hrsg.) (2006): 264–279
Kramer, Roderick M. (1999): Trust and distrust in organizations. Emerging perspectives, enduring questions. In: Annual Review of Psychology 50: 569–598
Kramer, Roderick M./Cook, Karen S. (Hrsg.) (2004): Trust and Distrust in Organizations. Dilemmas and Approaches. New York: Russell Sage Foundation. Volume VII. Series on Trust
Lahno, Bernd (2002): Der Begriff des Vertrauens. Paderborn: mentis
Lane, Christel/Bachmann, Reinhard (Hrsg.) (2000): Trust Within and Between Organizations. Conceptual Issues and Empirical Applications. Oxford, New York: Oxford University Press
Ledeneva, Alena V. (2003): Informal Practices in Changing Societies. Comparing Chinese Guanxi and Russian Blat. SSEES/UCL, Working Paper No. 45
Ledeneva, Alena V. (2009): From Russia with Blat. Can Informal Networks Help Modernise Russia? In: Social Research 76(1): 257–288
Luhmann, Niklas (1988): Vertrautheit, Zuversicht, Vertrauen. Probleme und Alternativen. In: Hartmann, Martin/Offe, Claus (Hrsg.) (2001): 143–160
Luhmann, Niklas (1989): Vertrauen. Ein Mechanismus der Reduktion von Komplexität. Stuttgart: Enke
Maring, Matthias (Hrsg.) (2010): Vertrauen. Zwischen sozialem Kitt und der Senkung von Transaktionskosten. Karlsruhe: KIT
Misztal, Barbara A. (1998): Trust in Modern Societies. The Search for the Bases of Social Order. Cambridge: Polity Press
Noteboom, Bart (2002): Trust. Forms, Foundations, Functions, Failures and Figures. Cheltenham/UK, Northampton/MA/USA: Elgar
Nuissl, Henni/Schwarz, Anna/Thomas, Michael (2002): Vertrauen – Kooperation – Netzwerkbildung. Unternehmerische Handlungsressourcen in prekären regionalen Kontexten. Wiesbaden: Westdeutscher Verlag
Osterloh, Margit/Weibel, Antoinette (2006): Investition Vertrauen. Prozesse der Vertrauensentwicklung in Organisationen. Wiesbaden: Gabler

Plessner, Helmut (1981): Grenzen der Gemeinschaft. Zur Kritik des sozialen Radikalismus. In: Ders. (1981) Gesammelte Schriften V. Frankfurt/Main: Suhrkamp: 7–133
Putnam, Robert D. (1993): Making Democracy Work. Civic Traditions in Modern Italy. Princeton/NJ: Princeton University Press
Ripperger, Tanja (1998): Ökonomik des Vertrauens. Analyse eines Organisationsprinzips. Tübingen: Mohr
Ropohl, Günter (2010): Das Misstrauen in der Technikdebatte. In: Maring, Matthias (Hrsg.) (2010): 115–132
Schweer, Martin K. W. (2003): Vertrauen als Organisationsprinzip. Vertrauensförderung im Spannungsfeld personalen und systemischen Vertrauens. In: Erwägen – Wissen – Ethik 14: 323–332
Schweer, Martin K. W./Thies, Barbara (2003): Vertrauen als Organisationsprinzip. Perspektiven für komplexe Systeme. Bern u. a.: Huber
Sennett, Richard (1998): Der neue Kapitalismus. In: Berliner Journal für Soziologie 8: 305–316
Sinetar, Marsha (1988): Building Trust into Corporate Relationships. In: Organizational Dynamics 16(3): 73–79
Spitzley, Thomas (1992): Handeln wider besseres Wissen. Eine Diskussion klassischer Positionen. Berlin, New York: de Gruyter
Stock-Homburg, Ruth/Gaitanides, Michael (2006): Interorganisationale Teams. Aktueller Überblick und Entwicklung eines konzeptionellen Bezugsrahmens. In: Die Unternehmung 60(1): 43–60
Sztompka, Piotr (1995): Vertrauen. Die fehlende Ressource in der postkommunistischen Gesellschaft. In: Kölner Zeitschrift für Soziologie und Sozialpsychologie – Sonderheft 35: 254–276
Sztompka, Piotr (1998): Trust, Distrust and Two Paradoxes of Democracy. In: European Journal of Social Theory 1(1): 19–32
Sztompka, Piotr (1999): Trust. A Sociological Theory. Cambridge: Cambridge University Press
Taylor, Richard G. (1990): Trust and Influence in the Workplace. In: Organization Development Journal: 33–36
Van de Ven, Andrew H./Smith Ring, Peter (2006): Relying on trust in cooperative interorganizational relationships. In: Bachmann, Reinhard/Zaheer, Akbar (Hrsg.) (2006): 144–164
Zand, Dale E. (1972): Trust and Managerial Problem Solving. In: Administrative Science Quarterly 17(2): 229–239

Vertrauen als Organisationsprinzip in interorganisationalen Kooperationen

Martin K. W. Schweer

Zusammenfassung

Vor dem Hintergrund der gesamtgesellschaftlichen und insbesondere der wirtschaftlichen Dynamiken wird im vorliegenden Beitrag die Vertrauensthematik im Hinblick auf interorganisationale Kooperationen und Interaktionen beleuchtet. Hierzu wird zunächst die Funktionalität von Vertrauen als Organisationsprinzip herausgearbeitet, daran anschließend werden Perspektiven zur Modellierung der Vertrauensentwicklung im Kooperationsprozess vorgestellt. Unter Berücksichtigung der aktuellen empirischen Befundlage wird dabei vor allem der Stellenwert kritischer personaler und situationaler Parameter für die nachhaltige Etablierung von interorganisationalem Vertrauen spezifiziert.

1. Einleitung

Vertrauen als sensible und so genannte „weiche" Variable (Schmickl/Jöns 2001: 3 f.) zwischenmenschlicher – und damit eben auch – geschäftlicher Beziehungen erscheint auf den ersten Blick als eine unsichere Basis für interorganisationale Kooperationsbeziehungen, baut es doch in der Regel auf persönlichen Kontakten auf und reduziert damit die Optionen möglicher Kooperationen (McEvily et al. 2003: 99; vgl. Williamson 1993). Diese Sichtweise berücksichtigt jedoch nur unzureichend die soziale Realität von ökonomischen Austauschbeziehungen sowie die Funktionsweise von Vertrauen im Kontext ebensolcher Beziehungen (McEvily et al. 2003: 99). Der scheinbar antiquierte Mechanismus des Vertrauens ist gerade in der heutigen Wirtschaftswelt ein wesentlicher, der nahezu alle Formen des Austausches beeinflusst (Arrow 1974). Vertrauen erweitert die Möglichkeiten der Koordination innerhalb und außerhalb von Organisationen und nimmt damit entscheidenden Einfluss auf deren Produktivität (Oswald

2010: 76 f.). In interorganisationalen Zusammenhängen ist Vertrauen angesichts der Globalisierung der Märkte zu einer zwingenden Notwendigkeit geworden, da Austauschbeziehungen zwischen zwei oder mehreren Unternehmen unabdingbarer werden, um den steigenden Anforderungen der Kunden[1] gerecht werden zu können. Sowohl auf den verschiedenen Ebenen einer Organisation als auch in bilateralen oder sogar größeren Netzwerken mehrerer Organisationen bietet eine Zusammenarbeit auf Basis von Vertrauen deutliche Vorteile, denn sie ist Regularien der Überwachung und Sanktionierung überlegen.

Veränderungen in den Bereichen der sozialen Struktur von Gesellschaften (Flexibilisierung), der ökonomischen Austauschbeziehungen (Globalisierung) und der Organisationsformen (Wandel und Virtualisierung) unterstreichen die Relevanz von interorganisationalen Kooperationen. Formen solcher Verbünde sind vom informellen Ergebnis- und Erfahrungsaustausch bis hin zur Fusion denkbar (Child 1998; Lorange/Roos 1992). Die Zahl der Unternehmenszusammenschlüsse nimmt weltweit zu, dies scheint aber keineswegs eine Erfolgsgarantie zu sein; so haben bspw. von 103 Zusammenschlüssen mit deutscher Beteiligung weniger als die Hälfte ihren Umsatz und weniger als ein Drittel ihren Börsenwert steigern können (Jansen/Körner 2000 zitiert nach Schmickl/Jöns 2001: 3). Auch kooperative Wettbewerbsstrategien nehmen seit Ende der 1980er Jahre signifikant zu, wenngleich solche strategischen Allianzen zwischen zwei oder mehreren Unternehmen von einer insgesamt hohen Misserfolgsquote gekennzeichnet sind (Schilke 2009: 528). Die Gründe dieser Negativbilanz werden nun vielfach den so genannten weichen Bedingungen zugeschrieben (siehe Schmickl/Jöns 2001: 3 f.), also den sozialen Strukturen und Prozessen auf interpersonaler und systemischer Ebene. Auf Basis einer multivariaten Analyse von 302 deutschen Unternehmen stellt Schilke drei wesentliche Determinanten erfolgreicher Verbünde im Bereich der Forschung und Entwicklung heraus: Das Lernen aus bisherigen Allianzen, die spezifischen Organisationskulturen und die Zentralisierung des Allianzmanagements (Schilke 2009: 541 f.). Letztgenannter Faktor umfasst eigene Organe, wie etwa eine Allianzabteilung oder einzelne Allianzspezialisten innerhalb der Organisation, welche die Aktivitäten des Unternehmens bezüglich der Kooperationsbeziehungen steuern und mit dem Partnerunternehmen koordinieren. Diese Allianzkoordinatoren stellen zudem den Wissenstransfer sicher (Schilke 2009: 533).

Eine Akzentuierung des Vertrauens erscheint nun besonders in Anbetracht der organisationalen Veränderungen angebracht, die interorganisationale Kooperationen mit sich bringen bzw. die von den Beteiligten antizipiert und ggf.

---

1   Um die Lesbarkeit zu wahren, schließt die Verwendung der männlichen Form die weibliche ein.

auch als bedrohlich empfunden werden. Viele Formen des Zusammengehens zwischen Organisationen basieren ja zunächst auf interpersonalem Vertrauen, etwa dem Vertrauen in einzelne Mitarbeiter von Projektteams. In der Folge von durchaus häufig vorgenommenen personalen Veränderungen sind solche Vertrauensbeziehungen jedoch oftmals gefährdet. Im Gegensatz hierzu kann ein „Vertrauensklima" zwischen den Kooperationspartnern im Sinne systemischen Vertrauens nachhaltig die Beziehungsqualität in der interorganisationalen Zusammenarbeit stabilisieren, es trägt in höherem Maße den veränderten Anforderungen Rechnung, etwa im Bereich von gemeinsamer Forschung und Entwicklung, Just-in-time-Lieferung und Beziehungsmanagement (Dodgson 1993: 78). Vertrauen senkt dann die Transaktionskosten, es ermöglicht die Etablierung und Aufrechterhaltung effektiver Netzwerke zwischen Unternehmen (Sydow 1998). Andererseits lassen aktuelle Krisen immer wieder erkennen, dass es keinen Zustand des unumstößlich konsolidierten Vertrauens geben kann, auch staatliche Kontrollmechanismen vermögen Vertrauensbrüche im Bereich ökonomischer Transaktionen nicht zu verhindern (Eilfort/Raddatz 2009). Realisiertes Vertrauen auf interpersonaler wie systemischer Ebene kennzeichnet dementsprechend letztlich immer eine Beziehungsqualität, die durch das permanente gegenseitige Bemühen und Wertschätzen getragen sein muss, wenn sie auch auf systemischer Ebene über andere Wege vermittelt wird als auf interpersonaler Ebene, bspw. mittels eines gelebten Unternehmensleitbilds (siehe Möller 2005; Schweer in Druck).

Vor diesem Hintergrund stellen sich für den hier fokussierten Schwerpunkt zwei zentrale Fragen. Erstens: Welche Bedeutung hat Vertrauen als „weiche" Bedingung für den Erfolg interorganisationaler Kooperationen? Zweitens: Wie lässt sich Vertrauen im Prozess interorganisationaler Kooperation fördern und stabilisieren?

Um diesen Fragen nachzugehen, wird im vorliegenden Beitrag zunächst ein kurzer Abriss des Forschungsstandes zu den Grundlagen des Vertrauensphänomens gegeben. Die Ergebnisse einschlägiger Arbeiten zum Vertrauen als Organisationsprinzip bilden sodann den Ausgangspunkt für den Schwerpunkt der Einlassungen, wie sich nämlich Vertrauen im Bereich der interorganisationalen Zusammenarbeit nachhaltig etablieren lässt.

2. Zugänge zum Vertrauensphänomen und ihre Relevanz für die Betrachtung organisationaler Prozesse

In der Theorienbildung zum Vertrauenskonstrukt lassen sich Ansätze unterscheiden, die eher auf personale, situationale oder im Sinne dynamisch-transaktionaler Ansätze (Lewin 1935; siehe auch Schweer 2010) auf das komplexe Wechselspiel beider genannten Faktorengruppen blicken. Die in der Literatur bereits gut dokumentierte historische Systematisierung der Vertrauensforschung (siehe u. a. Schweer/Thies 2003) soll an dieser Stelle in Hinblick auf die in der Betrachtung von Organisationen relevanten Aspekte zugespitzt werden.

Deutsch (1958, 1973) fokussiert situationale Faktoren, wobei in seiner Betrachtung zwei wesentliche Bedingungen erfüllt sein müssen, um überhaupt von Vertrauen sprechen zu können: Zum einen ist die Entscheidung, zu vertrauen, mit einem unklaren und mehrdeutigen Ergebnis verbunden. Es ist also ein Risiko vorhanden, da ein Vertrauensvorschuss auch enttäuscht werden kann. Zum anderen wird vorausgesetzt, dass etwaige Vorteile geringer sind als die Nachteile, die bei einem Vertrauensbruch oder -missbrauch entstehen würden. Vertrauen resultiert demnach aus einer subjektiv-rationalen Kalkulation, in der die Eintrittswahrscheinlichkeit der möglichen Vorteile höher bewertet wird als jene der möglichen Nachteile (Loose/Sydow 1997).

Situationale Rahmenbedingungen mit hohen Unsicherheiten in der Abwägung alternativer Entscheidungen prägen jede Organisation, jede Ebene einer Organisation und vor allem jede interorganisationale Zusammenarbeit. Diese Rahmenbedingungen nehmen Einfluss auf Kosten-Nutzen-Überlegungen, die mit einem Vertrauensvorschuss verbunden sind. Im Sinne einer konstruktivistischen Perspektive liegen aber von Person zu Person zum Teil ganz unterschiedliche Wahrnehmungs- und Bewertungssysteme der sozialen Wirklichkeit vor. Also: Führungskräfte und Mitarbeiter nehmen inter- und intragruppal Situationen different wahr; die gleichen Rahmenbedingungen determinieren nicht automatisch spezifische personenübergreifende Effekte (Schweer/Thies 2003: 6).

Die Konzentration auf personale oder situationale Variablen im Bereich des Vertrauens ist jedoch zu eingeschränkt. In interaktionistischen bzw. dynamisch-transaktionalen Ansätzen wird daher unter Bezugnahme auf einschlägige persönlichkeitspsychologisch fundierte Arbeiten (Bergman et al. 2003) das Vertrauensphänomen aus einer integrierten Sicht aus personalen und situationalen Variablen betrachtet.

Im Rahmen der differentiellen Vertrauenstheorie (Schweer 2008) erfolgt eine solche Betrachtung unter differential- und sozialpsychologischer Fundierung. Die differentielle Sicht auf das Erleben und Verhalten in vertrauensrelevanten Situationen wird durch die Fokussierung auf die personalen Antezedentien der individuellen Vertrauenstendenz und der impliziten Vertrauenstheorien angestrebt. Die individuelle Vertrauenstendenz wird als eine relativ stabile Persönlichkeitseigenschaft begriffen, die auf der Lernvergangenheit von Individuen beruht und die subjektiven Überzeugungen hinsichtlich der prinzipiellen Möglichkeit von Vertrauen in bestimmte Personengruppen oder soziale Systeme zum Ausdruck bringt. Diese sind allerdings, anders als in der Konzeption Rotters (1971, 1981), nicht generalisiert, sondern stets lebensbereichsspezifisch ausgeprägt. Die subjektiven Kriterien der Vertrauenswürdigkeit im Sinne normativer Erwartungen bilden die impliziten Vertrauenstheorien, diese fungieren qua Wahrnehmungsfilter (Schweer 2008: 20). In dem hier thematisierten Kontext ließe sich nun weiter dahingehend differenzieren, dass beide personalen Antezedentien über die beruflichen Erfahrungen in hohem Maße auch organisationsspezifisch beeinflusst sind. Auf diesen personalen Vorbedingungen fußen wiederum die konkreten Handlungskompetenzen, die neben den individuellen Fertigkeiten aus der konkreten Bereitschaft resultieren, ebendiese Fertigkeiten auch einzusetzen (Schweer/Thies 2003: 4).

3. Vertrauen als Basisvariable organisationalen Handelns

Vertrauen ist aus einer differentiell-psychologischen Perspektive ein interindividuell variierendes Wahrnehmungs- und Orientierungsmuster (vgl. Schweer 2010: 153). Im Sinne Niklas Luhmanns ist es ein zentraler Mechanismus zur Reduktion sozialer Komplexität (Luhmann 2000: 27 f.; Schweer/Thies 2003: 12), dieser Mechanismus macht den funktionalen Charakter des Vertrauens aus (Schweer 2010: 153). Vertrauen wird damit gleichsam zu einer Basisvariablen organisationalen Handelns, zu einem „Schmiermittel" in ökonomischen Austauschprozessen (Arrow 1980), das sodann neuere Formen der Kooperation im interorganisationalen Bereich (Sydow 1998) eröffnet. Vertrauen lässt eine Reihe von positiven Effekten erwarten (Zaheer/Harris 2006: 190), aber es ist eben schwierig, Vertrauen zu entwickeln und aufrechtzuerhalten (Sydow 1998: 32). Zudem stellt Vertrauen das Resultat sozialer Praktiken dar, die im Extremfall sogar unabsichtlich Vertrauen als Nebenprodukt von Interaktionsprozessen hervorbringen können (Sydow 1998: 54).

Im Sinne der doppelten Kontingenz (Luhmann 1971; Loose/Sydow 1997: 164) ist schließlich im Auge zu behalten, dass alle auf andere Menschen bezogenen Erlebens- und Handlungsmuster immer auch von den konkreten Interaktionspartnern tangiert werden, die ja ebenso frei und inkonsequent in ihren Entscheidungen agieren können wie das Individuum selbst. Vertrauen bietet nun die

Möglichkeit, dem Problem der doppelten Kontingenz dadurch zu begegnen, dass (Handlungs-)Alternativen erwartbar gemacht werden können und damit Komplexität reduziert wird (Loose/Sydow 1997).

Wie bereits angedeutet, geht Vertrauen mit einer Reihe günstiger Erlebens- und Handlungsmuster einher; dies machen die Ergebnisse vielfältiger empirischer Studien evident (Dirks/Ferrin 2001; Oswald 2010): Vertrauen steigert die Motivation und die Anstrengungsbereitschaft von Organisationsmitgliedern, fördert deren Arbeitszufriedenheit und erhöht die Wahrscheinlichkeit positiver Wahrnehmungs- und Informationsverarbeitungsprozesse. In Anbetracht gesellschaftlicher Veränderungen (sich auflösende soziale Netzwerke, gelockerte Bindungen, Entfremdung von sozialen Institutionen usw.) und vor allem solcher im Bereich des Arbeitslebens (flachere Hierarchien, wechselnde Teams, multinationale Konzerne mit uneinheitlichen Zeitrahmen usw.) sind Maßnahmen von „Command und Control" (Tyler 2003) in ökonomischen Beziehungen nicht mehr effektiv und lassen Vertrauen umso relevanter werden.

4. Zwei Komponenten interorganisationalen Vertrauens

Es wurde bereits darauf hingewiesen, dass auf interorganisationaler Ebene (und damit auch in Kooperationsbeziehungen) der Blick gleichermaßen auf interpersonales und systemisches Vertrauen zu richten ist: Während sich nun das personale Vertrauen auf die konkreten Interaktionspartner richtet (Vertrauen in die Repräsentanten eines Partnerunternehmens), bezieht sich das systemische Vertrauen auf spezifische (Teil-)Systeme der kooperierenden Organisation (Vertrauen in das Partnerunternehmen bzw. die Partnerabteilung, ein interorganisationales Projektteam (Schweer/Thies 2003)).

Beide Vertrauenskomponenten bedingen sich gegenseitig, da systemisches Vertrauen in einem hohen Maß aus den Erfahrungen mit vertrauenswürdigen Repräsentanten des Systems resultiert, also etwa mit konkreten Ansprechpartnern im Partnerunternehmen, dem Firmengründer, dem Manager oder anderen Personen, die im alltäglichen Umgang als repräsentativ für das jeweilige Unternehmen wahrgenommen werden – also als prototypisch und nicht als eine Ausnahmeerscheinung von der Regel.

Das Vertrauenserleben mit Blick auf den Kooperationspartner kann dabei aus einer sehr individuellen Sicht resultieren (etwa aus der Perspektive einzelner Mitarbeiter), ebenso hat aber auch der Hintergrund der kollektiven Erfahrungen und Betrachtungsweisen einen wichtigen Einfluss (Schweer/Thies 2003: 8). Je nach eigener Organisationskultur und Etabliertheit von Kooperationen können die vertrauensrelevanten Bewertungen der Partnerorganisation dabei mehr oder weniger stark von intergruppalen Effekten der Auf- und Abwertung betroffen sein (Kramer 2009). So führt etwa eine offene Unternehmenskultur zu einer positiven Haltung der Mitarbeiter gegenüber der Partnerinstitution (Schilke 2009: 532), ein erheblicher kultureller Unterschied zwischen den beteiligten Unternehmen hingegen kann sich in Widerständen und Ängsten der Mitarbeiter äußern (Schmickl/Jöns 2001: 5).

Um also die Komplexität der Facetten erlebten Vertrauens erfassen zu können, muss jede Organisation stets einen multiperspektivischen Blick auf die potentiell wirkenden Vertrauensprozesse haben, welcher die Effekte und das Zusammenwirken einzelner Repräsentanten und Kollektive auf das Individuum und die verschiedenen Gruppen verbindet. Nur auf diese Weise (und eben nicht mittels isolierter Einzelinterventionen) lässt sich nachhaltig Vertrauen als Organisationsprinzip verankern.

5. Vertrauen als Organisationsprinzip

Vertrauen als ein grundlegendes Organisationsprinzip bildet die Basis der Wertorientierungen, die immer wieder Impulse für Reflexionsprozesse innerhalb der Institution geben, auf denen letztendlich die gelebte Organisationskultur fußt. Das vertrauensrelevante Selbstbild einer Institution erstreckt sich dabei auf das intra- und interorganisationale Vertrauenserleben, wobei im Sinne der Selbstreferentialität von sozialen Systemen (Luhmann 2009; Schweer/Thies 2003: 104) vertrauensbildende Maßnahmen eben nur von solchen (Teil-)Systemen initiiert werden können, die selbst auf der Basis von Vertrauen funktionieren. Dementsprechend müssen im Selbstbild einer Organisation vertrauensrelevante Werte und Normen entwickelt und geteilt werden. Transparenz und Partizipation in der Kommunikation sind dabei wesentliche Bestandteile (Schweer/Thies 2003: 105). Dies birgt einen erheblichen Vorteil in Krisenzeiten im Hinblick auf den Umgang mit Konfliktsituationen und neuen Herausforderungen.

Formen des systemischen Vertrauens in Organisationen sind aufgrund der fehlenden Komponente der interpersonalen Reziprozität nur schwerlich umzusetzen. Durch eine auch für die Kooperationspartner erkennbare und konsequente „Philosophie", einen Kodex (Preisendörfer 1995), kann die Basis für einen langfristigen Vertrauensaufbau geschaffen werden. Dieser Kodex muss die gesamtgesellschaftliche Diskussion einbeziehen und auch entsprechend umgesetzt werden. Ein Selbstbild, das nur auf dem Papier Gültigkeit besitzt und in der praktischen Zusammenarbeit keine Rolle spielt, kann keinen nachhaltigen

Effekt auf die Etablierung von Vertrauen haben und wird als bloße Schönheitsreparatur entlarvt. Mittelfristig muss eine Synthese aus personalem und systemischem Vertrauen erreicht werden, um einen sich selbst verstärkenden Kreislauf anzuregen, der Vertrauen, Transparenz, Partizipation und Kommunikation vorantreibt (Schweer/Thies 2003: 107).

6. Merkmale vertrauenswürdiger Organisationen

Bilanziert man die vorliegenden empirischen Arbeiten, so lässt sich für die Vertrauenswürdigkeit von Organisationen neben der Orientierung an zentralen vertrauensrelevanten Prinzipien insbesondere die Echtheit als wesentliches Kriterium ausmachen.

Zu den zentralen vertrauensrelevanten Prinzipien zählen (wahrgenommene) Transparenz, Partizipation, Kooperation und Gerechtigkeit, darüber hinaus und noch fundamentaler die (wahrgenommene) Orientierung an ethisch-moralischen Prinzipien. Diese wird in Form von fixierten Leitbildern und Unternehmensgrundsätzen erkennbar, also etwa im Umgang mit Stakeholdern (Lieferanten, Abnehmern/Kunden, Mitarbeitern), bei Verfahrensfairness und -gerechtigkeit (siehe Müller 1997: 193) und der Beteiligung (Müller 1997: 202) usw. Weitere relevante Indikatoren der Vertrauenswürdigkeit können mit den Dimensionen der Sozialverträglichkeit oder des Umweltschutzes verbunden sein (Meffert/Kirchgeorg 1993). Das oben genannte Kriterium der Echtheit ist vor allem deshalb bedeutsam, da nur tatsächlich gelebte vertrauensrelevante organisationale Wertorientierungen auch wirklich langfristig glaubwürdig kommuniziert werden, und auf diese Weise kann dann nachhaltig Vertrauen etabliert werden. Echtheit schafft Vertrauen, bloße Fassade hingegen wird, wie bereits dargestellt, als Mogelpackung entlarvt und zerstört damit Vertrauen.

Die Authentizität der fixierten Leitbilder ist besonders in Krisenzeiten relevant, weil man dann auf ihnen aufbauen kann. Nur eine ehrliche Auseinandersetzung mit den eigenen Stärken und Schwächen kann Probleme aufdecken und damit die Grundlage zu deren Lösung schaffen. Vertrauenswürdigkeit ist hierbei keineswegs ein reines Kommunikationsproblem, ein Mangel an Vertrauenswürdigkeit resultiert zumeist aus tiefer liegenden systemischen Schwachpunkten. Im Zuge der Diagnose müssen die Perspektiven der unterschiedlichen organisationalen Teilsysteme mit ihren divergierenden Erwartungen und Bedürfnissen berücksichtigt werden, damit sich einzelne Bereiche nicht kollektiv abschotten bzw. an spezifischen Werte- und Normensystemen orientieren.

7. Etablierung von Vertrauen – Herausforderungen für Organisationen

Relativ zum intraorganisationalen Bereich müssen in interorganisationalen Verbünden größere Hindernisse im Zuge der Etablierung von Vertrauen überwunden werden. Derartige Kooperationen sind nicht nur komplexer, sie sind zudem per definitionem weniger festgelegt als solche mit formalen Organisationsstrukturen, so etwa im Bereich der Hierarchien (Williamson 1985; Sydow 1998: 55).

Hat eine Organisation für sich Vertrauen als zentrale Ressource erkannt, so besteht die grundlegende Herausforderung in der Sensibilisierung für die Differentialität der vertrauensrelevanten Situationen – und dies gleichermaßen intra- und interorganisational. Also: Es gibt grundsätzlich keine allgemeingültigen Kriterien für die Vertrauenswürdigkeit, da diese interindividuell, intergruppal und interorganisational variieren. Allerdings kann mit Zaheer und Harris (2006: 185) angemerkt werden: „The greater the independence between two organizations, the greater the need for trust."

Die Etablierung von Vertrauen ist mit Kosten verbunden, zum einen in zeitlicher Hinsicht, zum anderen aber auch mit Blick auf die erforderlichen Ressourcen (Schoorman et al. 1996; Schweer 2008; Shapiro et al. 1992; Zaheer/Harris 2006: 181–183). Über die Zeit und eine damit verbundene Historizität geteilter Erfahrungen bilden sich in jeder Organisation kollektive Strukturen mit jeweils eigenen sozial geteilten Vorstellungen und Erfahrungen heraus. Diese unterschiedlichen Teilsysteme wenden spezifische Kriterien für die Vertrauenswürdigkeit von Personen(gruppen) an, sie kommen auf diese Weise zu ganz eigenen Vertrauensurteilen. Es lassen sich nun sicherlich bei Betrachtung dieser Cluster mehr oder minder große Schnittmengen ausmachen. Das Ziel einer Organisation muss es selbstverständlich sein, diese Schnittmengen möglichst groß werden zu lassen, damit weitestgehend homogene Kriterien und Bewertungsstandards ein Auseinanderdriften innerhalb des Unternehmens verhindern. Zumindest aber sollte ein grundlegendes Verständnis für die Unterschiedlichkeit der Vertrauensperspektiven in der Gesamtorganisation ausgebildet werden. Beide Aufgaben lassen sich umso besser bewältigen, je stärker die Verbundenheit des Einzelnen und der Teilsysteme mit dem Gesamtsystem verankert ist.

Angesichts der bereits angesprochenen Bereichsspezifizität individuellen und kollektiven Vertrauens (je nach Handlungsbereich werden unterschiedliche normative Erwartungen salient) ist deshalb gerade auch mit Blick auf den interorganisationalen Zusammenhang systemisches Vertrauen nicht nur aus einer individuellen Perspektive (dies ist bislang überwiegend in der Vertrauensforschung geschehen), sondern zudem verstärkt aus einer sozialen Perspektive zu betrachten, die Vertrauen über aggregierte individuelle Werte hinaus als ein kollektives Konstrukt konzeptualisiert und empirisch fassbar macht.

Im Kontext von interorganisationalen Kooperationen sind emotionale Beziehungen zwischen den Interaktionspartnern nicht unbedingt gegeben und vor allem schwer aufzubauen, dennoch können sogenannte „boundary-spanning roles" (z. B. Sydow 1998: 55) bei der Etablierung von Vertrauen und der Aufrechterhaltung der Kooperationsbeziehungen von Vorteil sein, also durch Unternehmensmitglieder, die mit den Außenkontakten betraut sind. Eine gewisse Konstanz beim Personal erleichtert dabei über die gesicherten Interaktionen den Prozess der Vertrauensentwicklung und führt nachweislich zu weniger Misserfolgen bei Kooperationsbeziehungen (vgl. Zaheer/Harris 2006: 185 f.). Ehrliche Kommunikation, Informationsweitergabe, Interesse am Gegenüber und das Ernstnehmen von Problemen des Anderen stellen diesbezüglich wesentliche Faktoren der Vertrauensförderung dar (Schweer/Thies 2003: 115).

Die Etablierung von Vertrauen ist mit Kosten verbunden, neben den erforderlichen zeitlichen sind selbstverständlich zudem materielle Ressourcen erforderlich (Zaheer/Harris 2006: 183). Psychologische Ausgangspunkte können die Präsentation der eigenen Verwundbarkeit (verbunden mit der Gefahr, dass diese von der Gegenseite ausgenutzt wird) und die Darstellung der eigenen Vertrauenswürdigkeit sein (Zaheer/Harris 2006: 184). In beiden Fällen müssen jedoch die vertrauensrelevanten Signale auch als solche wahrgenommen werden, damit sich ein reziproker Prozess entwickeln kann.

Da Organisationen in interorganisationalen Kooperationen über einzelne Repräsentanten interagieren, ist dabei zumindest am Anfang der persönliche Kontakt entscheidend. Allerdings ist interorganisationales Vertrauen nicht nur auf diese „boundary-spanning roles" (Sydow 1998: 55) zu beschränken, es bedarf zudem einer entsprechenden gegenseitigen Beachtung und Wertschätzung innerhalb der Organisation als solche, die jeweils im Hintergrund steht. Dementsprechend muss auch systemisches Vertrauen dahingehend aktiv gefördert werden, dass die gesamte kooperierende Organisation mit ihrer ethisch-moralischen Wertorientierung glaubhaft vermittelt wird (Zaheer/Harris 2006: 185; Hagen/Simons 2003). Unterschiede in den Organisationskulturen können dabei je nach Ausprägung fördernde oder hemmende Effekte für den Aufbau von Vertrauen haben.

8. Spezifika interorganisationaler Kooperationen

Im interorganisationalen Kontext sind Kooperationen zwischen Organisationen stets mit mehr oder weniger überschaubaren und kalkulierbaren Risiken verbunden. In der Entwicklung interpersonalen Vertrauens ist dabei prinzipiell immer die Möglichkeit gegeben, einen gewährten Vertrauensvorschuss missbrauchen zu können (Schweer 2008: 14). Nichtsdestotrotz werden solche Verbünde in der Hoffnung eingegangen, dass die positiven Effekte gegenüber den negativen Effekten überwiegen. Vom informellen Erfahrungsaustausch bis hin zur Fusion erstreckt sich eine breite Palette von denkbaren Formen des Zusammengehens. Sie geht mit einer sehr unterschiedlichen Interaktionsdichte und ebenso mit sehr differenten Veränderungsdynamiken einher, sodass die Auswirkungen auf die beteiligten Organisationen deutlich variieren können. Bei einer Fusion sind bspw. die Konsequenzen für die betroffenen Mitarbeiter ganz erheblich, etwa wenn Abteilungen zusammengelegt bzw. Kompetenzen und Handlungsspielräume umgestaltet werden. Ungewissheit und Unsicherheit steigen dann erheblich, hinzu können Ängste und sogar Widerstände kommen. Dementsprechend wächst der Bedarf an Vertrauen als Regulationsmechanismus für die Risikominimierung. Auftretende Vertrauenserosionen begünstigen dabei rigides Verhalten, Störungen in den Kommunikationsabläufen und verzögerte Arbeitsprozesse bis hin zu Know-how-Verlusten.

Darüber hinaus sind interorganisationale Netzwerke natürlich keineswegs nur durch Kooperation geprägt, Unternehmen befinden sich ja stets im Spannungsfeld von Kooperation und Wettbewerb, Autonomie und Abhängigkeit sowie Vertrauen und Kontrolle (Sydow 1998). Kontrollierende Elemente sind deswegen besonders zu Beginn eines Verbundes von hoher Bedeutung, weshalb etwa Das und Teng (1998, 2003) auf die notwendige Balance zwischen Vertrauen und Kontrolle verweisen, die eben Sanktionsmaßnahmen einschließen kann (Schweer/Thies 2003: 67). Nach den Annahmen der Spieltheorie (Axelrod 2000: 8–22) können – der Gewinnstrategie "tit for tat" folgend – unter geeigneten Bedingungen Kooperationen auf Basis der Verfolgung von Eigeninteressen der Partner entstehen. Kooperationsbeziehungen werden aber erst dann interessant, wenn nicht ein Null-Summen-Spiel, sondern vielmehr der gemeinsame, sich steigernde Erfolg der Kooperationspartner fokussiert wird (Axelrod 2000). Die Ergebnisse von DeDreu, Giebels und Van de Vliet (1998) verdeutlichen, dass ein hohes Maß an Sanktionsmacht sich negativ auf die Etablierung von Vertrauen auswirken kann. Organisationen können es sich nicht erlauben, wenn sie auf eine nachhaltige Reputation abzielen, Vertrauen zu enttäuschen, da die kurzfristigen Gewinne nicht die langfristigen Vorteile einer etablierten Vertrauensbeziehung im interorganisationalen Rahmen aufwiegen können (Hill 1990).

Auch wenn es für vertrauensfördernde Maßnahmen nie zu spät sein mag, kann eine solche schwierige Situation sicherlich umso besser bewältigt werden, je mehr Vertrauen bereits in den einzelnen Partnerorganisationen aufgebaut worden ist.

9. Vertrauen als Kernmerkmal erfolgreicher interorganisationaler Kooperation

Wie schon angedeutet, werden die sogenannten weichen Faktoren oftmals für den fehlenden Erfolg von interorganisationalen Kooperationsbemühungen verantwortlich gemacht. Vertrauen kommt jedoch aufgrund seiner zentralen Funktion für das soziale Miteinander auf allen Ebenen organisationalen Handelns eine grundlegende Bedeutung zu: Vertrauen reduziert potenzielle Risiken, es erleichtert die Informationsverarbeitung und die Strukturierung sozialer Beziehungen (Schweer in Druck), was sich auch in geringeren Transaktionskosten widerspiegelt (Matthes 2007).

Vertrauen fördert im Sinne eines zirkulär-perpetuierenden Wirkungsprozesses den Verzicht auf Kontrolle (Bjilsma/Koopman 2003), die Bereitschaft zu offenerer Kommunikation und zu mehr Transparenz. Hieraus kann ein höheres Maß an Verbundenheit bei den Partnern resultieren, das wiederum in effizientere Entscheidungen mündet (Bartelt 2002). Ferner erhöht Vertrauen das Commitment der Partner und steigert so den Wert von Netzwerken (Thoms 2003). Die damit einhergehende Stabilisierung von Vertrauen verfestigt die in Gang gesetzte positive Entwicklung.

10. Zum „organisational fit" in internationalen Kooperationen

Der Stellenwert strategischer Allianzen ist auch im Bereich von kleinen und mittleren Unternehmen (KMU) seit den 1990er Jahren erheblich gewachsen. Dabei geht es nicht mehr hauptsächlich um kostenorientierte Zusammenschlüsse, die letztlich als Türöffner für vollständige Zusammenschlüsse fungieren und damit den Verlust von Identität und Unabhängigkeit der Unternehmen bedeuten. Mehr und mehr werden wissensintensive Verbünde auf der Basis von virtuellen Netzwerken anvisiert, die neue Anforderungen an die Organisationen im Bereich des Managements dieser Kooperationen stellen (Douma et al. 2000: 579 f.). Der „organisational" bzw. „cultural fit" bezieht sich dabei auf die Passung der am Kooperationsprozess beteiligten Unternehmen, wobei neben organisationalen Dyaden gleichermaßen Netzwerke denkbar sind (Zaheer/Harris 2006: 181). Die Unternehmen können dabei hinsichtlich ihrer wirtschaftlichen Macht und ihrer jeweiligen Kulturen mehr oder weniger symmetrisch sein. Zudem kann der Erfahrungshintergrund hinsichtlich neuer Kooperationsformen in Quantität, Qualität und Wertung unterschiedlich weit auseinander liegen, schließlich kann auch das innerbetriebliche Vertrauen in den Organisationen variieren.

Aus der interpersonalen Vertrauensforschung ist bekannt, dass Bemühungen zum Vertrauensaufbau seitens des schwächeren Partners (analog auf der systemischen Ebene also das wirtschaftlich schwächere Unternehmen) häufig als strategisch interpretiert werden und dementsprechend keine positiven Wirkungen entfalten. Diese Erkenntnis ist umso wichtiger, da vor allem unausgeglichene Verbünde zwischen ungleichen Partnern Vertrauen notwendig erscheinen lassen (Zaheer/Harris 2006: 182). Zwar können grundsätzlich heterogene Organisationskulturen innovative Prozesse für den Fall anregen, dass Unternehmen bereit sind, voneinander zu lernen und sich auf diese Weise zu ergänzen. Konträre Führungs- oder Konfliktkulturen etwa können jedoch ebenso hemmende Effekte zeitigen, da sie besonders für die progressivere Seite eine Einschränkung bisheriger Handlungsspielräume signalisieren. Zudem sind dann Widerstände auf Seiten der Mitarbeiter zu erwarten (siehe zusammenfassend Schmickl/Jöns 2001).

Der Umgang mit Heterogenität erfordert von daher in der Gesamtbetrachtung ein erhebliches Maß an Sensibilität und Unsicherheitstoleranz (zum Konstrukt der Unsicherheitstoleranz siehe Clauss 1979: 48). Forschungsarbeiten zur Ambiguitäts- oder Ungewissheitstoleranz gehen auf Frenkel-Brunswik (1949) zurück; Möhlenkamp (1975), Clauss (1979) und Almeroth (1983) prägten den Begriff vor dem Hintergrund von Arbeiten zu Informationsverarbeitungs- und Konfliktbearbeitungsprozessen im Kontext von Lern- und Leistungsverhalten. Neuere Forschungsarbeiten liegen bspw. mit der Ungewissheitstoleranzskala von Dalbert (1999) vor. Personales Vertrauen spielt bei der Reduktion von Unsicherheit in sozialen Interaktionsprozessen eine entscheidende Rolle (Schweer/ Thies 2003: 43). Möhlenkamp (1975) versteht unter Unsicherheitstoleranz einen hypothetischen intrapsychischen Regulierungsmechanismus, der affektive Reaktionen auf kognitive Unsicherheit beeinflusst (Renz 2003). Demnach kann Unsicherheitstoleranz in Konfliktsituationen zu bestimmtem Annäherungsverhalten beitragen. Es dürfen nicht vorschnell spezifische Einschätzungen vom Gegenüber verfestigt werden, vielmehr muss die Bereitschaft gegeben sein, möglichst viele Informationen aufzunehmen und differenziert zu verarbeiten. Damit verbunden ist dann eben auch die grundsätzliche Option, bereits gebildete Urteile über den neuen Partner ggf. wieder zu revidieren. Eine von Vertrauen geprägte Organisationskultur ist dabei eine förderliche Ausgangsbedingung, erleichtert sie doch den Umgang mit Unsicherheiten und somit eben auch mit Unsicherheitstoleranz, da in diesem Fall auf der Folie eines positiven Vertrauensvorschusses neue Informationen geprüft und eingeordnet werden können.

11. Etablierung interorganisationalen Vertrauens

Zur Frage der systematischen Etablierung von interorganisationalem Vertrauen liegen bislang nur wenige Befunde vor, wobei es vor allem an Studien mit belastbarer Methodik mangelt. Allerdings gibt es empirische Hinweise darauf, dass personales Vertrauen systemisches Vertrauen initiieren kann (Schweer/ Thies 2003), wobei (wie bereits dargestellt) systemisches Vertrauen im Sinne der Selbstreferentialität ein Fundament für interpersonales Vertrauen bildet. Bestehende singuläre Vertrauensbeziehungen werden von daher eher partialisiert bleiben, wenn in den beteiligten Organisationen nicht zumindest in gewissem Maße bereits eine Vertrauensbasis besteht.

Mit Blick auf die Rahmenbedingungen sind zunächst intraorganisationale Faktoren bedeutsam, so können externe Faktoren wie Entlassungen, die Vermittlung bzw. Zugänglichkeit von Informationen usw. eine entscheidende Rolle dahin gehend spielen, inwieweit die Teammitglieder einer Kooperation überhaupt auf die Partnerseite eingehen können und wollen (Blomqvist/Ståhle 2000).

Zunächst sind also erst einmal fundamentale Kontextmerkmale abzuklären, vor deren Hintergrund eine vertrauensvolle Kooperation gedeihen kann. Die Literatur weist diesbezüglich auf die Kommunikation bzw. Informationspolitik der beteiligten Unternehmen, die Zielabstimmung und ein zielorientiertes Handeln, vertragliche Vereinbarungen, Kontrollmaßnahmen und die angemessene Verteilung von Ressourcen zwischen den Kooperationspartnern als wesentliche Faktoren hin.

Nur ein integres und ehrliches Informations- und Kommunikationsverhalten der Organisation, ein adäquater Einsatz moderner Informations- und Kommunikationstechnologien (Steinheuser 2006), ein guter Informationsaustausch (Thoms 2003), die Kommunikation von Fehlern und Störungen (Nuissl et al. 2002) sowie eine hinreichende Transparenz bieten die Basis für einen erfolgreichen Austausch zwischen den Organisationen.

Ebenso wichtig sind die Zielabstimmung und ein zielorientiertes Handeln, bei welchem die Ausrichtung des betrieblichen Handelns realistisch geklärt worden ist (Steinheuser 2006; Nuissl et al. 2002).

Vertragliche Vereinbarungen und klare Regeln ermöglichen Fairness (Steinheuser 2006) und schützen die Kooperationspartner vor unnötigen Risiken (Nuissl et al. 2002). Kontrollmaßnahmen wie ein permanentes Monitoring (Nuissl et al. 2002) können ebenso relevante Voraussetzungen für erfolgreiche Zusammenarbeit sein, denn schließlich müssen ja in ausreichendem Maße Ressourcen für die Zusammenarbeit zur Verfügung stehen (Steinheuser 2006) und angemessen zwischen den Unternehmen verteilt sein. Vertraglich fixierte Regularien der Kontrolle müssen dabei keinen Widerspruch zu einer vertrauensvollen Kooperationsbeziehung darstellen, der vermehrte und starre Rückgriff auf fixierte Kontrollmechanismen kann mit steigendem Vertrauensgrad reduziert werden.

Vertrauen entwickelt sich in Kooperationen über die Zeit gemäß dem „Prinzip der kleinen Schritte" (Neidhardt 1979; Schweer 1996), wobei jedoch dem Erstkontakt eine prägende Funktion zukommt. Im Zuge der Akquise ist deshalb eine aktive Selbstdarstellung als kompetenter und vertrauenswürdiger Partner bedeutsam, damit eine wichtige „Initialzündung" für die weitere Kooperationsbeziehung ausgelöst werden kann (Steinheuser 2006).

Im Zuge der Zusammenarbeit kommt es dann über die individuellen Erfahrungen hinaus in dem neu konstituierten Kontext zudem zu einer interorganisationalen kollektiven Ebene der Erfahrungen. Mit Blick auf die bereits angesprochenen zwei Komponenten organisationalen Vertrauens wird sich Vertrauen als basale „weiche" Bedingung umso wirksamer entfalten können, je größer die Schnittmengen interorganisationalen Vertrauens in der individuellen und in der kollektiven Perspektive auf personaler und systemischer Ebene sind.

12. Fazit

Vertrauen ist die Bedingung und das Resultat erfolgreicher interorganisationaler Kooperationen und nimmt damit im Bereich der „weichen" Variablen eine Schlüsselrolle ein. Die an Kooperationsbeziehungen beteiligten Unternehmen lernen nicht nur im Zuge der konkreten Verbünde, diese sind immer auch ein bedeutendes Mittel zum Reputationsaufbau. Der vertrauenswürdige Umgang mit den Partnern zahlt sich dabei nicht selten perspektivisch aus, etwa in Form von geringeren Transaktionskosten wegen des höheren Vertrauens zukünftiger Kooperationspartner (Schilke 2009: 543).

Vertrauen als fundamentales Organisationsprinzip ist eine wesentliche Voraussetzung für interorganisationale Zusammenarbeit und erleichtert den Umgang mit interorganisationaler Heterogenität. Nur wenn dieses Organisationsprinzip bereits intraorganisational fest verankert ist, kann es auch auf die interorganisationalen Kooperationsbeziehungen signifikant ausstrahlen. Aktive vertrauensrelevante Maßnahmen können über die Zeit Vertrauen stabilisieren, also bspw. auch in Krisensituationen. Sie können dabei bei der Realisierung echter und ehrlicher Kommunikation, bei gegenseitiger Wertschätzung, bei Gerechtigkeit und bei einem ungehinderten Informationsfluss ansetzen.

Singulär werden solche Maßnahmen jedoch nicht nachhaltig Erfolg versprechend sein können. Insofern muss das Augenmerk stets auf dem Aufbau von Vertrauen innerhalb der und zwischen den Organisationen sowie gleichermaßen auf interpersonaler und systemischer Ebene liegen, um über die Zeit ein tragfähiges kollektives Vertrauenserleben als sichere Grundlage für eine erfolgreiche Zusammenarbeit zwischen Organisationen etablieren zu können.

Literatur

Almeroth, Helmut (1983): Gedächtnis bei Erwachsenen in Abhängigkeit von der Unsicherheitstoleranz. In: Löwe, Hans/Lehr, Ursula/Birren, James E. (Hrsg.) (1983): Psychologische Probleme des Erwachsenenalters. Theoretische Positionen und empirische Untersuchungsergebnisse. Bern: Huber: 119–129

Arrow, Kenneth J. (1974): The limits of organization. New York, London: Norton

Arrow, Kenneth J. (1980): Wo Organisation endet. Wiesbaden: Gabler

Axelrod, Robert (2000): Die Evolution der Kooperation. München: Oldenbourg

Bartelt, Andreas (2002): Vertrauen in Zuliefernetzwerken. Eine theoretische und empirische Analyse am Beispiel der Automobilindustrie. Wiesbaden: Deutscher Universitäts-Verlag

Beckert, Jens/Metzner, André/Roehl, Heiko (1998): Vertrauenserosion als organisatorische Gefahr und wie ihr zu begegnen ist. In: Organisationsentwicklung 17: 56–66

Bergmann, Lars R./Magnusson, David/El-Khouri, Bassam (2003): Studying individual development in an interindividual context. A person-oriented approach. Mahwah/NJ: Lawrence Erlbaum

Bijlsma, Katinka/Koopman, Paul (2003): Introduction. Trust within Organizations. In: Personnel Review 32: 543–555

Blomqvist, Kirsimarja/Ståhle, Pirjo (2000): Building Organizational Trust. Paper presented at the 16th Annual IMP Conference 2000 in Bath, UK

Child, John (1998): Trust and International Strategic Alliances. The Case of Sino-Foreign Joint Ventures. In: Lane, Christel/Bachmann, Reinhard (Hrsg.) (1998): 241–273

Clauss, Günter (1979): Besonderheiten des Lernens bei Schülern mit unterschiedlichen kognitiven Stilen. In: Probleme und Ergebnisse der Psychologie 68: 47–58

Dalbert, Claudia (1999): Die Ungewißheitstoleranzskala. Skaleneigenschaften und Validierungsbefunde. Hallesche Berichte zur Pädagogischen Psychologie 1. Halle: Martin-Luther-Universität Halle-Wittenberg

Das, T.K./Teng, Bing-Sheng (1998): Between trust and control. Developing confidence in partner cooperation in alliances. In: Academy of Management Review 23: 491–512

Das, T.K./Teng, Bing-Sheng (2003): Partner analysis and alliance performance. In: Scandinavian Journal of Management 19: 279–308
Deutsch, Morton (1958): Trust and suspicion. In: Journal of Conflict Resolution 2: 265–279
Deutsch, Morton (1973): The resolution of conflict. Constructive and destructive processes. New Haven/CT: Yale University Press
Dirks, Kurt T./Ferrin, Donald L. (2001): The Role of Trust in Organizational Settings. In: Organization Science 12: 450–467
Dodgson, Mark (1993): Learning, Trust and Technological Collaboration. In: Human Relations 46: 77–95
DeDreu, Carsten K.W./Giebels, Ellen/Van de Vliet, Evert (1998): Social motives and trust in integrative negotiation. The disruptive effects of punitive capability. In: Journal of Applied Psychology 83: 408–422
Douma, Marc U./Bilderbeek, Jan/Idenburg, Peter J./Looise, Jan K. (2000): Strategic Alliances. Managing the Dynamics of Fit. In: Long Rage Planning 33: 579–598
Eilfort, Michael/Raddatz, Guido (2009): Vertrauen als Voraussetzung für eine funktionierende Marktwirtschaft. In: Wirtschaftspolitische Blätter 56: 257–267
Frenkel-Brunswik, Else (1949): Intolerance of ambiguity as an emotional and perceptual personality variable. In: Journal of Personality 18: 108–143
Hagen, James M./Simons, Tony (2003): Differentiating trust-in-the-company from trust-in-the-executive in supply chain relations. Paper presented at the Academy of Management Annual Meetings 2003. Seattle/WA
Hill, Charles W.L. (1990): Cooperation, opportunism, and the invisible hand. Implications for transaction cost theory. In: Academy of Management Review 15: 500–513
Jansen, Stephan A./Körner, Klaus (2000): Fusionsmanagement in Deutschland. Ausgesuchte Untersuchungsergebnisse. Universität Witten Herdecke (Unveröffentlichtes Manuskript)
Kramer, Roderick M. (2009): Trust-building in intergroup negotiations. Challenges and opportunities for creative leaders. In: Pittinsky, Todd L. (Hrsg.) (2009): Crossing the divide. Intergroup leadership in the world of difference. Boston/MA: Harvard Business Press: 101–112
Lane, Christel/Bachmann, Reinhard (Hrsg.) (1998): Trust within and between organizations. Conceptual Issues and Empirical Applications. Oxford, New York: Oxford University Press
Lewin, Kurt (1935): A dynamic theory of personality. Selected Papers. New York: McGraw Hill Custom Publishing
Loose, Achim/Sydow, Jörg (1997): Vertrauen und Ökonomie in Netzwerkbeziehungen. Strukturationstheoretische Betrachtungen. In: Sydow, Jörg/Windeler, Arnold (Hrsg.) (1997): Management interorganisationaler Beziehungen. Vertrauen, Kontrolle und Informationstechnik. Opladen: Westdeutscher Verlag: 160–193
Lorange, Peter/Roos, Johan (1992): Strategic Alliances. Formation, Implementation, and Evolution. Oxford: Blackwell
Luhmann, Niklas (1971): Sinn als Grundbegriff der Soziologie. In: Habermas, Jürgen/Luhmann, Niklas (Hrsg.) (1971): Theorie der Gesellschaft oder Sozialtechnologie. Was leistet die Systemforschung. Frankfurt/Main: Suhrkamp: 25–100
Luhmann, Niklas (2000): Vertrauen. Ein Mechanismus der Reduktion sozialer Komplexität. Stuttgart: UTB
Luhmann, Niklas (2009): Einführung in die Systemtheorie. Heidelberg: Carl-Auer
Matthes, Alexandra (2007): Die Wirkung von Vertrauen auf die Ex-Post-Transaktionskosten in Kooperation und Hierarchie. Wiesbaden: Deutscher Universitäts-Verlag
McEvily, Bill/Perrone, Vincenzo/Zaheer, Akbar (2003): Trust as an Organizing Principle. In: Organization Science 14: 91–103
Meffert, Heribert/Kirchgeorg, Manfred (1993): Das neue Leitbild Sustainable Developement. Der Weg ist das Ziel. In: Harvard Business Manager 15: 34–45

Möhlenkamp, Gerhard (1975): Kreative Bewältigung kognitiver Unsicherheit. Die motivationalen Voraussetzungen unterschiedlicher Bewältigungsstrategien kognitiver Konflikte. Ein theoretischer Entwurf und der Versuch seiner empirischen Validierung. Dissertation, Universität Münster

Möller, Heidi (2005): Gute und schlechte Supervision. Fehler in Supervision und Organisationsentwicklung. In: Fatzer, Gerhard (Hrsg.) (2005): Gute Beratung von Organisationen. Auf dem Weg zu einer Beratungswissenschaft. Köln: Edition Humanistische Psychologie: 149–168

Müller, Günter F. (1997) Vertrauensbildung durch faire Entscheidungsverfahren in Organisationen. In: Schweer, Martin K. W. (Hrsg.) (1997): Vertrauen und soziales Handeln. Facetten eines alltäglichen Phänomens. Neuwied u. a.: Luchterhand: 189–207

Neidhardt, Friedhelm (1979): Das innere System sozialer Gruppen. In: Kölner Zeitschrift für Soziologie und Sozialpsychologie 31: 639–660

Nuissl, Henning/Schwarz, Anna/Thomas, Michael (2002): Vertrauen – Kooperation – Netzwerkbildung. Unternehmerische Handlungsressourcen in prekären regionalen Kontexten. Wiesbaden: VS Verlag für Sozialwissenschaften

Oswald, Margit E. (2010): Vertrauen in Organisationen. In: Schweer, Martin K. W. (Hrsg.) (2010): Vertrauensforschung 2010. A State of the Art. Frankfurt/Main: Lang: 63–86

Preisdörfer, Peter (1995): Vertrauen als soziologische Kategorie. Möglichkeiten und Grenzen einer entscheidungstheoretischen Fundierung des Vertrauenskonzepts. In: Zeitschrift für Soziologie 24: 263–272

Renz, Jörg (2003): Wahrnehmung und Auswirkungen von Arbeitsplatzunsicherheit. Eine differentialpsychologische Betrachtung unter Berücksichtigung individueller Unsicherheitstoleranz. Dissertation, Universität Freiburg in der Schweiz

Rotter, Julian B. (1971): Generalized Expectancies for Interpersonal Trust. In: Journal of Personality 35: 651–655

Rotter, Julian B. (1981): Vertrauen. In: Psychologie heute 8: 23–29

Schilke, Oliver (2009): Organisationale Einflussfaktoren des Allianzerfolgs. Eine empirische Analyse auf Basis des „resource-based view". In: Zeitschrift für Betriebswirtschaft 79: 527–550

Schmickl, Christina/Jöns, Ingela (2001): Der Einfluss weicher Faktoren auf den Erfolg von Fusionen und Akquisitionen. In: Mannheimer Beiträge zur Wirtschafts- und Organisationspsychologie 16: 3–12

Schoorman, F. David/Mayer, Roger C./Davis, James H. (1996): Organizational trust. Philosophical perspectives and conceptual definitions. In: Academy of Management Review 21: 337–340

Schweer, Martin K. W. (1996): Vertrauen in der pädagogischen Beziehung. Bern: Huber

Schweer, Martin K. W. (2008): Vertrauen und soziales Handeln. Eine differentialpsychologische Perspektive. In: Jammal, Elias (Hrsg.) (2008): Vertrauen im interkulturellen Kontext. Wiesbaden: VS Verlag für Sozialwissenschaften: 13–26

Schweer, Martin K. W. (in Druck): Vertrauen als zentrale Ressource der Organisationsberatung. Ausgewählte empirische Befunde zu Vertrauenskulturen und Innovationsmanagement. In: Möller, Heidi (Hrsg.) (in Druck): Vertrauen. Riskante Vorleistung oder hoffnungsvolle Erwartung? Tagungsband zum 2. Beratungswissenschaftlichen Symposion

Schweer, Martin K. W./Thies, Barbara (2003): Vertrauen als Organisationsprinzip. Bern: Huber

Shapiro, Debra L./Sheppard, Blair H./Charaskin, Lisa (1992): Business on handshake. In: Negociation Journal 8: 365–377

Steinheuser, Sylvia (2006): Aufbau und Stabilisierung von Vertrauen in interorganisationalen Netzwerken. München, Mering: Hampp

Sydow, Jörg (1992): Strategische Netzwerke. Evolution und Organisation. Wiesbaden: Gabler

Sydow, Jörg (1998): Understanding the Constitution of Interorganizational Trust. In: Lane, Christel/Bachmann, Reinhard (Hrsg.) (1998): 31–64

Thoms, Uwe (2003): Langfristige Beziehungen zwischen Unternehmen. Zum Wert und zur Stabilität interorganisationaler Partnerschaften. Wiesbaden: Deutscher Universitäts-Verlag

Tyler, Tom R. (2003): Trust within organisations. In: Personnel Review 32: 556–568
Wiliamson, Oliver E. (1985): The economic institutions of capitalism. New York: Free Press
Wiliamson, Oliver E. (1993): Calculativeness, trust and economic organization. In: Journal of Law & Economics 36: 453–486
Zaheer, Akbar/Harris, Jared (2006): Interorganizational Trust. In: Shenkar, Oded/Reuer, Jeffrey J. (Hrsg.) (2006): Handbook of Strategic Alliances. Thousand Oaks/CA: Sage: 169–197

Personale und systemische Dimensionen des Vertrauens. Vertrauenspraktiken am Beispiel unternehmens- und standortübergreifender Kooperationen

Christian Schilcher, Marc Ziegler, Stefan Sauer, Mascha Will-Zocholl und Ann-Kathrin Poth

Zusammenfassung

In den Debatten zur Subjektivierung der Arbeit wurde bislang dem Vertrauen eine nur unzureichende Rolle beigemessen. Dabei prägt Vertrauen in ähnlich bedeutsamer Weise wie Kreativität, Sozialkompetenz, Selbstorganisationsfähigkeit oder persönliches Engagement kooperative Verhältnisse in der projektbasierten Arbeitswelt. Um die Rolle von Vertrauen angemessen zu berücksichtigen, plädieren wir für einen intersubjektiv ausgerichteten, situationsgebundenen Vertrauensbegriff für die Analyse heutiger Arbeitsverhältnisse. Wir setzen uns dabei von der gängigen Binnendifferenzierung des Vertrauensbegriffes in persönliches Vertrauen und Systemvertrauen ab. Zum einen vermeiden wir somit in der soziologischen Analyse fragwürdige Vereinseitigungen und Verdinglichungstendenzen der im Arbeitshandeln anzutreffenden Vertrauensprozesse, zum anderen erweist sich gerade das Konzept des Systemvertrauens als in einer unproduktiven Weise dilemmatisch verfasst. Unsere Argumentationslinie stellen wir anhand unserer Empirie zu unternehmens- und standortübergreifenden Entwicklungskooperationen in der Automobilindustrie dar.

1. Einführung

Vertrauen wird im Zusammenhang mit netzwerkartigen Organisationsformen eine zunehmend wichtige Rolle zugeschrieben. Es wird immer stärker als ein unverzichtbares Element innerhalb von Arbeitsprozessen und Wertschöpfungsketten betrachtet (vgl. u. a. Jarvenpaa/Leidner 1999; Kowol/Krohn 1995; Powell 1990).

Wie bereits Kreativität und andere subjektive Faktoren, zu nennen wären hier vor allem eine gesteigerte persönliche Einsatzbereitschaft, eine erhöhte individuelle Akzeptanz von Flexibilitätsanforderungen in der Arbeitswelt und eine gewachsene Übernahmebereitschaft von mehr Eigenverantwortung im Arbeitshandeln, folgt Vertrauen einem gesellschaftlichen Prozess, den die Arbeitssoziologie unter dem Stichwort der Subjektivierung der Arbeit diskutiert (vgl. Kleemann/Voß 2010; Bröckling 2007; Moldaschl/Voß 2002). Das Vertrauen zeichnet sich dabei durch eine genuin soziale bzw. intersubjektive Konstitution aus, da Vertrauensverhältnisse eben immer auch Sozialverhältnisse darstellen. Die Debatte um Subjektivierung der Arbeit wird insofern um ein entscheidendes Moment des Intersubjektiven und der sozialen Interaktion ergänzt.

Befasst man sich mit den Darstellungen in der einschlägigen betriebswirtschaftlichen Literatur, so wird Vertrauen schon seit geraumer Zeit als ausgesprochen effizientes „Schmiermittel" (Arrow 1980: 20) ökonomischer Austauschprozesse, aber auch als mögliches Kooperationshemmnis (vgl. Semlinger 2003) verhandelt. Insbesondere in von Unsicherheiten und Unwägbarkeiten geprägten Situationen, wie wir sie in unternehmens- bzw. standortübergreifenden und auf innovative Produktentwicklung ausgerichteten Projekten finden, wird Vertrauen nicht nur eine entscheidende Relevanz zugesprochen, sondern auch in seiner unvermeidbaren Ambivalenz diskutiert (vgl. die Beiträge von Endreß, Schweer und Funken/Thoma in diesem Band).[1]

Dieser Beitrag basiert auf einer empirischen Studie, die im Rahmen eines Forschungsprojektes[2] erstellt wurde, das sich mit unternehmens- und standortübergreifenden Kooperationen in der Automobilbranche beschäftigt. Eine Leitfrage dieses Forschungsprojektes lautet, wie Vertrauen in einer komplexen, organisational gerahmten Situation generiert, stabilisiert oder aber auch gefährdet wird. Der Fokus des Interesses liegt dabei auf der Untersuchung der sozialen

---

[1] Solche Ungewissheiten beziehen sich auf das Agieren des Interaktionspartners, den Umgang mit unklaren Situationen, wechselnden technischen, kulturellen und sozialen Herausforderungen sowie mit dem jeweiligen Projekt an sich. In Situationen der Unsicherheit benötigen die Arbeitenden Vertrauen in Personen wie auch in die Kooperation und das eigene Unternehmen, um handlungsfähig zu bleiben und den steigenden Koordinationsbedarf zu bewältigen (vgl. TRUST 2010).

[2] Das Forschungsprojekt trägt den Titel TRUST (Teamwork in unternehmensübergreifenden Kooperationen), wird vom BMBF und dem ESF gefördert, startete im Oktober 2009 und hat eine Laufzeit von 3 Jahren. Projektpartner sind das Institut für Soziologie und der Fachbereich Maschinenbau/ Fachgebiet Datenverarbeitung in der Konstruktion der TU Darmstadt, das Institut für Sozialwissenschaftliche Forschung e. V., München, das Fraunhofer-Institut für Arbeitswirtschaft und Organisation (IAO), Stuttgart, die Marquardt GmbH, Rietheim-Weilheim und die :em engineering methods AG, Darmstadt. Weitere Informationen zum Projekt finden sich unter www.trust-teamwork.de.

Dimensionen von Vertrauen im Kontext aktueller Formen der Zusammenarbeit. Da hierbei sowohl intersubjektive und interaktionistische Momente als auch organisationale Aspekte berücksichtigt werden müssen, interessieren uns Positionen des Vertrauensdiskurses, die sowohl personale und interpersonelle als auch organisatorische bzw. systemische Fokussierungen des Vertrauens entwickelt haben. Zunächst setzen wir uns daher mit den in der Vertrauensforschung zirkulierenden Begriffen des personalen Vertrauens und des Systemvertrauens auseinander. Dazu werden zunächst diese beiden Auffassungen von Vertrauen erörtert (Abschnitt 2).

Die Konzepte des personalen Vertrauens und des Systemvertrauens verweisen auf unterschiedliche Dimensionen des Vertrauens, jedoch implizieren beide, insbesondere das Systemvertrauen, zugleich ein verkürztes Verständnis von Vertrauen, das uns fragwürdig erscheint und sich gemäß unserer Empirie als nicht haltbar erweist. Die Darstellung des empirischen Materials beinhaltet ausgewählte Beispiele aus 44 qualitativen Interviews, die mit Beteiligten an Kooperationsprojekten in der Automobilentwicklung geführt wurden. Die Interviewten wurden unter anderem zu den besonderen Herausforderungen der Zusammenarbeit und ihrem Umgang mit Schwierigkeiten befragt, um so die Funktionsweisen von Vertrauen in der Projektarbeit sichtbar werden zu lassen. Grundlage unserer Analyse ist ein an Einsatzstellen und Funktionen interessiertes Verständnis von Vertrauen (Abschnitt 3).

Unsere These lautet, dass das Phänomen des Vertrauens in der analytischen Unterscheidung von personalem und systemischem Vertrauen nicht aufgeht. Gerade hinsichtlich der Bedeutung und Funktion von Vertrauen in kollaborativen Arbeitszusammenhängen zeigt sich, dass die Unterscheidung in Systemvertrauen und personales Vertrauen unzulänglich ist und dass mit ihr das reale Vertrauensgeschehen auf den unterschiedlichen Ebenen der täglichen Zusammenarbeit im Team nicht hinreichend erfasst werden kann. Vertrauensbeziehungen zeichnen sich durch ein spezifisches Nichtwissen aus, das sich u. a. auf das Ausmaß von erbrachtem bzw. erfahrenem Vertrauen bezieht; Vertrauen besitzt darüber hinaus einen zumeist vorsprachlichen und präreflexiven Charakter (siehe hierzu auch den Überblick von Endreß 2002) und ist damit nicht nur in von Ungewissheit und Unwägbarkeiten gekennzeichneten Situationen entscheidend, sondern letztendlich selbst nicht vollständig bestimm- und funktionalisierbar.

Unter Bezugnahme auf die Ausführungen zum Vertrauensbegriff im zweiten Abschnitt und der präsentierten Empirie im dritten Abschnitt führen wir die Überlegungen zum Vertrauen zusammen und kommen im vierten Abschnitt zu einem Vertrauensverständnis, das sich im *Dazwischen* verortet. Unsere hier vertretene Hauptthese kann folgendermaßen zugespitzt werden: In organisationalen Kontexten vorfindbare Dimensionen des Vertrauens, wie sie in unternehmens- und standortübergreifenden Kooperationen zu beobachten sind, werden weder in den Formen des personalen noch des Systemvertrauens oder organisationalen Vertrauens angemessen erfasst, sondern sind eher im Sinne einer Vermittlungsfunktion des intersubjektiven Vertrauens zu verstehen, die den Verdinglichungstendenzen der hier diskutierten Konzepte entgeht (Abschnitt 4).

2. Vertrauen, personales Vertrauen und Systemvertrauen

Den (soziologischen) Hintergrund der Diskussion um Vertrauen stellt die spätmoderne Erfahrungsmelange von Komplexität und Kontingenz, Unsicherheit und Ambivalenz, Risiko und Gefahr dar (vgl. Giddens 2006; Sennett 2006; Bauman 2005; Luhmann 1973). Luhmann thematisierte Vertrauen bereits Ende der 1960er Jahre hinsichtlich seiner komplexitätsreduzierenden Eigenschaften und Funktionen. Vertrauen (ebenso wie Misstrauen) diene, so Luhmann, der Reduktion oder Minimierung von Unsicherheit und Nichtwissen innerhalb einer sozialen Wirklichkeit, die durch einen immensen Überschuss an Handlungsoptionen gekennzeichnet ist (vgl. Luhmann 1973[3]). Vertrauen stelle jedoch gleichzeitig seinerseits ein Risiko dar, da gegebenes Vertrauen stets auch missbraucht werden kann. Diese Ambivalenz von Unsicherheitsminimierung und riskanter Vorleistung entfalte sich hauptsächlich in den konkreten Situationen, in denen Vertrauen geschieht (vgl. Luhmann 1973). Mit anderen Worten: Die riskante Vorleistung des Vertrauens ist zutiefst kontextgebunden und findet lebensbereichsspezifisch statt (vgl. dazu auch Simmel 1983). Als ein fluides Medium des Sozialen zirkuliert Vertrauen in den konkreten Handlungskontexten. Es lässt sich daher nur sehr schlecht generalisiert und kontextunabhängig über Vertrauen sprechen. Zu den erstaunlichsten Merkmalen des Vertrauens gehört darüber hinaus der Umstand, dass es nahezu unmöglich ist, ohne Vertrauen zu interagieren. Vertrauen muss immer wieder aufs Neue hergestellt und vertieft werden. Diese Beweglichkeit und Bindungskraft des Vertrauens wird dadurch ergänzt, dass sie sich sowohl auf (andere) Menschen als auch auf Institutionen, Systeme und Dinge beziehen kann.

Die Vertrauensforschung unterscheidet hierbei idealtypisch zwei Formen des Vertrauens. Zum einen ist dies das auf Intersubjektivität zielende personale

---

3   Der Text „Vertrauen; ein Mechanismus der Reduktion sozialer Komplexität" erschien 1968 als Nr. 28 der „Soziologischen Gegenwartsfragen".

oder auch interpersonelle Vertrauen und zum anderen das Vertrauen, das Menschen Systemen, Organisationen und Medien, wie z. B. Politik, Bankenwesen oder Medizin, entgegenbringen: das systemische oder auch Systemvertrauen (zur Unterscheidung von personalem Vertrauen und Systemvertrauen siehe z. B. Schwegler 2008; Schweer/Thies 2003; Endreß 2002; Luhmann 1973: 23, 50 ff.). Mit Blick auf die Rolle von Vertrauen in Organisationen werden wir im Folgenden diese Unterscheidung problematisieren.

2.1 Personales Vertrauen in Organisationen

Organisationen stellen einen jener wichtigen Bereiche moderner Gesellschaften dar, in denen es zu lebensbereichs- und situationsspezifischen Ausprägungen von Vertrauensverhältnissen kommt. Die Verhältnisse innerhalb einer Organisation prägen dementsprechend sowohl die Genese als auch die weitere Dynamik von Vertrauen oder Misstrauen zwischen Organisationsmitgliedern. Die Interaktionspartner sind jedoch in ihrem Handeln nicht nur durch den gemeinsamen Handlungskontext aufeinander bezogen, auch die Freiheit im Sinne von Kontingenz, Spontaneität und Willkür muss in und durch die Interaktion sowohl gewahrt als auch bewältigt werden. So stellt Luhmann in seiner Studie zum Vertrauen treffend fest, dass durch Menschen „überhaupt erst jene Komplexitätserweiterung in die Welt [kommt], auf die das Vertrauen bezogen ist: die Freiheit des Handelns." (Luhmann 1973: 40). Das heißt in erster Linie, dass die soziale Bedeutung von Vertrauen auf der Freiheit beruht, die im Handeln der Menschen zum Ausdruck kommt. Vertrauen ist demnach etwas, das sich zwischen mindestens zwei Personen entwickeln kann; Vertrauen gewinnt hierbei einen hauptsächlich interpersonellen bzw. intersubjektiven Charakter, dessen stärkstes Kriterium in der Handlungsfreiheit der/des spezifisch anderen liegt.

Hinsichtlich organisationaler Zusammenhänge lässt sich nun vermuten, dass infolge der mit der Organisation verbundenen Ordnungsstruktur ein gewisser Handlungsrahmen der einzelnen Akteure[4] bereits gesetzt ist, der die personale Freiheit einschränkt. Gleichwohl gehen organisationale Vorgaben niemals soweit, die Freiheit des Handelns völlig auszuschließen. In der konkreten Face-to-Face-Kommunikation, im persönlichen Gespräch, im Treffen von Absprachen, im Abwägen von Alternativen und im Fällen von Entscheidungen mani-

---

4 Um die flüssige Lesbarkeit des Beitrags zu wahren, schließt die Verwendung der männlichen Form die weibliche ein.

festiert sich das Freiheitsmoment des Handelns auch in organisationalen Kontexten. Hier wird Vertrauen wichtig. Vertrauen kann sich zwischen Personen entwickeln durch das Einhalten von Absprachen, durch das Geben, Nehmen und Erwidern von Vertrauensgaben unterschiedlicher Größe, durch Beweise einer kooperativen Haltung oder durch den vertraulichen Umgang mit Informationen, die in einem persönlichen Gespräch übermittelt wurden. Kurz: Vertrauen baut sich in interaktiven Prozessen auf. Personen vertrauen einander, da sie über einen gewissen Zeitraum eine spezifische Beziehung aufgebaut haben, wobei dieses Vertrauen durchaus auch auf bestimmte (gemeinsam geteilte) Bereiche des sozialen Lebens beschränkt sein kann.

Betrachtet man Vertrauen auf der Ebene dieser personalen Interaktionen, also im Sinne einer intersubjektiven Sozialpraxis, so lässt sich von einem personalen oder interpersonalen Vertrauen sprechen.

2.2 Facetten des Systemvertrauens

Im Gegensatz dazu verändert der Begriff des Systemvertrauens den Blickwinkel auf Vertrauensverhältnisse, indem er Vertrauen in personenunabhängigen Strukturen fokussiert. Luhmann bestimmt Systemvertrauen zunächst allgemein als ein Vertrauen in das Funktionieren eines Systems (vgl. Luhmann 1973: 54). Beispiele hierfür sind das Vertrauen in das politische System, in das Gesundheitssystem, in Unternehmen oder Marken oder gesellschaftliche Infrastrukturen.[5]

---

5   Vertrautheit sieht Luhmann als Voraussetzung von Vertrauen und Misstrauen, als „unavoidable fact of life" (Luhmann 2000: 95). Es bedarf einer Vertrautheit mit Situationen, Gepflogenheiten oder sozialen Konstellationen, um vertrauensvoll oder misstrauisch mit etwas umzugehen. Vertrautheit zeigt sich im selbstverständlichen Ausschließen von Handlungen und Situationen. Vertrautheit bedeutet, im Kooperationshandeln implizit davon auszugehen, dass die Freiheit des Anderen „in die Sozialordnung eingefangen und dort gezähmt ist" (Luhmann 2000: 43) und nicht als eine „unkontrollierbare Handlungspotenz" (Luhmann 2000: 43) zum Risiko wird. Eine grundlegende Vertrautheit mit dem Straßenverkehr ist zum Beispiel Voraussetzung für das Vertrauen – oder Misstrauen – in einzelne Verkehrsteilnehmer. Folgen wir hier Luhmann, dann vertrauen wir also beispielsweise nicht darauf, dass Autos nicht immer wieder unangekündigt bei voller Fahrt auf Bürgersteige fahren, sondern wir sind damit vertraut, dass sie es nicht tun, obwohl sie es theoretisch könnten. Luhmann bemerkt, dass das Systemvertrauen eine große Nähe zum Konzept der Vertrautheit besitzt und dass es eine größere Distanz zum personalen Vertrauen gibt, da die Handlungsfreiheit des Kooperationspartners, die Möglichkeit, Erwartungen an diesen zu formulieren, Absprachen zu treffen usw. verschwinden. Luhmann folgert daher, „dass Systemvertrauen gewisse Funktionen und Züge der Vertrautheit in sich aufgenommen hat, also eigentlich jenseits von persönlich geleistetem Vertrauen und Misstrauen liegt" (Luhmann 2000: 66).

Unternehmen lassen sich als Systeme begreifen und das Vertrauen, das ihnen entgegengebracht wird, als Systemvertrauen, also jenes Vertrauen, das sich auf das Funktionieren eines Systems bezieht und grundsätzlich über die Ebene des personalen Vertrauens hinausgeht. Vertrauen in Systeme

> „setzt im Grunde voraus, dass ein System funktioniert, und setzt sein Vertrauen nicht in bekannte Personen, sondern in dieses Funktionieren. Ein solches Systemvertrauen wird durch laufend sich bestätigende Erfahrungen (...) gleichsam von selbst aufgebaut. Es bedarf eines laufenden ‚feedback', aber keiner besonderen Innengarantien und ist daher unvergleichbar viel leichter zu lernen als persönliches Vertrauen in immer wieder neue Personen" (Luhmann 1976: 54).

An die Stelle der persönlich geprägten Vertrauensverhältnisse tritt beim Systemvertrauen ein generalisiertes Vertrauen, nicht nur in Systeme im Sinne von bürokratischen Organisationen, sondern auch in Positionen und Rollen in diesen Ordnungen. Basis der Entwicklung dieser Form von Vertrauen seien „die soziale(n) Prozesse der Formalisierung, Generalisierung, Abstraktion und Trennung von Erwartungen" (Luhmann 1976: 190).

Denkt man aber das Konzept des Systemvertrauens ohne den Bezug zur personalen bzw. intersubjektiven Handlungsdimension von Vertrauen, so gehen im Vertrauensbegriff Bestimmungen verloren, die in Teilen der Vertrauensforschung als zentral für das Phänomen Vertrauen angesehen werden. Einige Theoretiker haben daraus den Schluss gezogen, entgegen der von Luhmann unternommenen Zuspitzung des Vertrauens zu einem funktionalistisch gedeuteten Systemvertrauen, eher von einem systemischen Vertrauen zu sprechen, das auch Kriterien des personalen Vertrauens in sich aufnimmt.

Martin Schweer und Barbara Thies (2003) beispielsweise argumentieren daher dahingehend, dass das Verhältnis von Mensch und System asymmetrisch verfasst ist, da weder eine direkte Interaktion noch ein reziproker Austausch von

---

Es scheint, als sei das Entscheidende des Systemvertrauens bei Luhmann, Vertrauen zu einem System zu fassen, d. h., sich einem System anzuvertrauen. „Im Systemvertrauen", so Luhmann, schwingt die Bewusstheit mit, dass alle Leistungen hergestellt, alle Handlungen im Vergleich mit anderen Möglichkeiten entschieden worden sind" (Luhmann 2000: 66). Aus der Vertrautheit gibt es keine Exit-Option außer einer fundamentalen Irritation, aus dem Systemvertrauen jedoch schon. Ich vertraue – um ein Beispiel zu konstruieren – der Bank, wenn ich meine Ersparnisse dort anlege, aber ich könnte es auch nicht tun und stattdessen Bargeld zuhause deponieren. Den Umstand, dass Mitmenschen die Grundregeln des Straßenverkehrs einhalten (indem sie z. B. nicht unangekündigt auf den Bürgersteig fahren), muss ich als selbstverständlich verinnerlichen, sonst werde ich in der Nähe von Individualverkehr handlungsunfähig. Das impliziert aber faktisch, dass es Systeme gibt, deren Funktionieren wir so „natürlich" und fraglos in Anspruch nehmen, dass sie uns vertraut sind. Der Unterschied zwischen Vertrautheit und Systemvertrauen bei Luhmann besteht demnach darin, dass Systemvertrauen als eine bewusst gewordene Vertrautheit zu verstehen ist.

Vertrauensgesten zwischen Personen und Systemen möglich ist: Systeme können (an sich) nicht vertrauen, mit Systemen kann der Einzelne keine Absprachen treffen und mit ihnen können über eine gemeinsame Interaktionsgeschichte keine wechselseitigen Loyalitäten aufgebaut werden.[6] Als Konsequenz aus dieser Perspektive findet eine Interessen- oder Bedeutungsverlagerung auf die Repräsentanten einer Organisation und letztlich eine Aufwertung des personalen bzw. interpersonellen Vertrauens statt (vgl. Schweer/Thies 2003: 44 ff.). Schweer spricht von einer „Konfundierung" des systemischen Vertrauens mit Aspekten personalen Vertrauens (Schweer 2003: 330). So spielt z. B. das Verhalten eines Versicherungsvertreters für das Vertrauen in eine Versicherungsgesellschaft ebenso eine Rolle wie das Verhalten einer Managerin in einer unternehmensübergreifenden Kooperation für das Vertrauen in die andere Unternehmung. Die Personen, die in unternehmensübergreifenden Interaktionsprozessen stehen und durch diese maßgeblichen Einfluss auf die Vertrauenswürdigkeit einer ganzen Organisation haben, werden auch als „boundary role persons" bezeichnet (siehe dazu Schweer/Thies 2003; vgl. ebenso Sydow 1998; Adams 1976).

Mit der Wiedereinführung der Person in das Systemvertrauen wird aber die Frage nach der Rolle und der Funktion des Systemvertrauens im Sinne eines Vertrauens in Systeme nicht beantwortet, sondern durch Rückbezug auf das Interaktionsverhalten der Repräsentanten einer weiter gehenden Beantwortung enthoben. Wenn Systemvertrauen über personale Vermittlungsprozesse begriffen wird, werden die zuvor selbst definierten Funktionsspezifika des Systemvertrauens der Analyse entzogen. Im Extremfall lässt ein vollständiges Aufgehen systemischen Vertrauens in das personale Vertrauen in Repräsentanten die Verwendung des Begriffs Systemvertrauen inhaltsleer erscheinen. Eine Reihe von Erfahrungen mit Systemen kann mit dem alleinigen Verweis auf die Repräsentanten als Bezugsquelle für Vertrauen nicht gefasst werden. Weshalb es beispielsweise in einigen Fällen leichter und in anderen schwerer fällt, dem parlamentarischen System, dem Rechtssystem oder dem System Wissenschaft mehr oder weniger zu vertrauen als einigen ihrer Vertreter, wird aus dieser Perspektive nicht ersichtlich (vgl. z. B. Baurmann 2003).

Wenn in der Moderne die Sozialbeziehungen den Doppelcharakter von Funktion und Person, System und Individuum, Kommunikation und Handlung, privat und öffentlich angenommen haben, so verweist der Begriff des Systemvertrauens vor allem auf die Entlastungsfunktion, die der institutionellen Regelung des Sozialen zukommt und zwar gerade durch ein Absehen von dem, was

---

6   Vor diesem Hintergrund weist dann auch Apelt (2003: 332 f.) darauf hin, dass das Systemvertrauen wenig belastbar ist, wenn es keine Bindungen mit personalen Beziehungen besitzt.

Nahbeziehungen im traditionellen privaten Bereich auszeichnet, wie zum Beispiel Intimität, wechselseitiges Bemühen um Verständnis, Höchstansprüche an die Aufmerksamkeit des anderen, verbunden mit dem Wunsch nach größtmöglicher Anerkennung als Individuum. Von einer Interaktion mit einer Verkäuferin an der Kasse wird nicht erwartet, dass der Tauschakt Ware gegen Geld von einem ausführlichen Gespräch über die aktuellen Befindlichkeiten begleitet ist, vielmehr liegt hier die Entlastung gerade in dem schlichten Funktionieren des Tauschaktes und in dem relativen Zurücktreten der (inter-)subjektiven Dimensionen sozialer Interaktion. Von Systemvertrauen lässt sich gerade dann sprechen, wenn es nicht an das unmittelbare Erscheinen bestimmter Repräsentanten geknüpft wird. Damit soll die, den Repräsentanten zuzuschreibende Vermittlungsleistung nicht gemindert oder gar geleugnet werden, aber der Begriff des Systemvertrauens allein geht in dieser intersubjektiven Vermittlungstätigkeit der Institutions- bzw. Systemvertreter nicht auf.

Das Dilemma der beiden skizzierten Konzepte des Systemvertrauens, die sich hauptsächlich in der Frage nach den personalen Dimensionen von Vertrauen unterscheiden, besteht darin, dass das Systemvertrauen entweder nicht als spezifisch systemische Form des Vertrauens auftritt, da Spezifika des Systemischen nicht konsequent bedacht werden, oder aber, dass als konstitutiv für Vertrauen geltende Aspekte wie Interpersonalität und Reziprozität vernachlässigt werden. Gleichwohl übersteigen gewisse soziale Phänomene den rein intersubjektiven Handlungscharakter von Vertrauen. Es lässt sich resümieren, dass Vertrauen systemische Züge besitzt, ohne selbst im Systemischen aufzugehen.

2.3 Organisationale Vertrauenspraktiken

Diesem Umstand möchten wir einen praxisbezogenen Begriff des Vertrauens entgegensetzen, nach dem Vertrauen in intersubjektiver Praxis entsteht und sich entwickelt oder gegebenenfalls auch abgebaut wird. Einsatzstelle unseres Interesses an Vertrauen bildet die arbeitssoziologische Perspektive auf die alltägliche Arbeitspraxis von Mitarbeitern und Managern in unternehmensübergreifenden Kooperationen (vgl. Diekmann et al. 2010). Wir werden hier, durch empirische Befunde gestützt, argumentieren, dass die Unterscheidung zwischen personalem und Systemvertrauen hinsichtlich des Kooperationsgeschehens einen hauptsächlich analytischen Charakter hat, der weder den individuellen Wahrnehmungen noch den intersubjektiven Vertrauenspraktiken im kooperativen Arbeitshandeln angemessen ist. Im Hinblick auf die Rolle und Bedeutung von Vertrauen in der Kooperationsarbeit erscheint uns ein Begriff von Vertrauen angemessener, der organisationale (und insofern auch systemische) Aspekte des Vertrauens als durch personale Interaktion vermittelt begreift.[7] Die einzelnen Interaktionen wirken auf den Rahmen – die Kooperation als ein Ganzes – zurück. So prägt einerseits das Verhalten der Kooperationspartner mitunter maßgeblich den Verlauf einer Kooperation, andererseits zeigt sich das Verhalten der Kooperationspartner abhängig davon, wie die Kooperation (ihre Erfolgs- und Zukunftsaussichten) individuell eingeschätzt wird. Das Interaktionsverhalten innerhalb der Organisation bzw. der Kooperation und das organisationale Setting stehen in einem Verhältnis der Wechselwirkung. Veränderungen auf der Handlungsebene können sich auf die Kooperation als Ganzes auswirken und strategische Entscheidungen, die sich auf die weitere Zukunft einer Kooperation beziehen, können Wirkungen auf das Interaktionsverhalten der Mitarbeiter haben.

Dabei wird die Frage relevant, welche Bedeutung Vertrauen im kooperativen Arbeitsalltag spielt und in welchem Verhältnis Vertrauen und Verträge, Misstrauen und Kontrolle, informelle Absprachen und die Möglichkeit bzw. Vermeidung opportunistischen Verhaltens zueinander stehen. Dieser Themenkomplex steht im Mittelpunkt unserer empirischen Untersuchung, auf die im folgenden Abschnitt eingegangen wird. Leitlinie der Erörterung bildet hierbei die fortgeführte Diskussion um personale und systemische Aspekte des Vertrauens.

3. Vertrauen in unternehmens- und standortübergreifenden Kooperationen: Ausgewählte empirische Befunde

Der gewählte Fokus auf die Praxis des Vertrauens in Kooperationen verdeutlicht sich vor dem Hintergrund, dass gerade in ökonomischer Hinsicht Vertrauen als ein „Mechanismus der Reduktion von Komplexität" (Luhmann 1973) zunehmend diskutiert wird, weil erstens Vertrauen nicht auf die Ausarbeitung vertrag-

---

7 Das organisationale Vertrauen stellt in seiner Logik ein analoges Konzept zum Systemvertrauen dar. Der Unterschied ist, dass der Organisationsbegriff extensional kleiner ist als der Systembegriff. In der soziologischen Begriffsbildung lassen sich Gruppen, Unternehmen, Vereine, Schulen oder Gefängnisse als Systeme und Organisationen fassen, wogegen das Gesundheitssystem, das Rechtssystem, die Wirtschaft oder Kunst als Systeme bezeichnet werden können, jedoch nicht als Organisationen. Unser Untersuchungsgegenstand – die unternehmens- bzw. standortübergreifenden Projekte – ist auf der Ebene der Organisation angesiedelt. Daher erscheint es uns für unseren Untersuchungsgegenstand angemessener zu sein, eher von spezifischen organisationalen und weniger von systemischen Aspekten des Vertrauens zu sprechen.

licher Regularien angewiesen ist (und auch gar nicht juristisch fixiert werden kann), zweitens Vertrauen oftmals eine im ökonomischen Sinn ressourcenschonende Alternative zu einer Überbetonung von Kontrolle darstellt oder zumindest darzustellen scheint und drittens Vertrauen zudem neue Ermöglichungshorizonte für das kooperative Arbeiten eröffnet. Vertrauen steht daher vielfach in dem Ruf, einen wirtschaftlichen Erfolgsfaktor darzustellen. Innerhalb eines auf Kommunikation, Konnektivität und Kompetenz verpflichteten projektbasierten Gemeinwesens (vgl. Boltanski/Chiapello 2006) wird Vertrauen dergestalt zu einer zunehmend wichtigen Ressource kapitalistischer Verwertungsstrategien. Indem Vertrauen den Rang einer ökonomischen Größe einnimmt, verändert sich aber auch die Bedeutung des Vertrauens im Selbstverständnis der Menschen. Vertrauen wird zu einer sozialen Kompetenz, die beherrscht werden will, möchte man sich in der heutigen Arbeitswelt behaupten:

> „In einer Kontaktwelt bildet der Wunsch, mit anderen in Kontakt zu treten, Beziehungen aufzubauen, Verbindungen zur Überwindung der *Isolation* zu knüpfen, ein natürliches Anliegen der Menschen. Dazu müssen sie *Vertrauen einflößen und entgegenbringen*. Sie müssen dazu im Stande sein, frei zu *kommunizieren* und zu *diskutieren*, sowie die Fähigkeit besitzen, sich gemäß den jeweiligen Erfordernissen anderen bzw. den jeweiligen Situationen *anzupassen*, ohne dass ihnen dabei Schüchternheit, mangelnde Flexibilität oder Misstrauen einen Streich spielen. Nur so können sie sich in Strukturen oder Projekten aufeinander *abstimmen*." (Boltanski/Chiapello 2006: 157 f., Hervorhebungen im Original)

Vertrauen wird durch seine gesellschaftliche Umwertung in ein „Softskill" zu einem an den Personen haftenden Kapitalwert, den es gilt, in Form möglichst vieler und möglichst profitabler Kontakte zu steigern. Anders gesagt: Vertrauen wird zu einem „sozialen Kapital" (Neubauer 1997: 117) bzw. zu einer „sozialen Produktivkraft" (Heisig 1997: 127).

Aus einer eher marktaffinen Sicht wäre es aber gleichsam naiv und geradezu unzulässig einseitig, würde die Vorentscheidung getroffen, Vertrauen als ein Allheilmittel oder als die beste bzw. wünschenswerteste „Strategie" eines auf Erfolg und Effizienz geeichten Wirtschaftshandelns zu betrachten (vgl. u. a. Grunwald 2003; Heisig/Littek 2003: 356 f.). Vertrauen kann zwar generell und daher auch in ökonomischer Hinsicht als eine positive Erwartungshaltung charakterisiert werden (vgl. z. B. Schweer/Thies 2003: 3), allerdings sollte daraus nicht geschlossen werden, dass Vertrauen immer mit den erhofften Effekten – wie z. B. Effizienzsteigerungen in ökonomischen Konstellationen – für die Beteiligten einhergeht. Im Falle der Ausnutzung von Vertrauen oder der Entstehung von Misstrauensverhältnissen können sich neue Schwierigkeiten und Kosten ergeben. Auch in wirtschaftlicher Hinsicht bleibt das sich Verlassen auf Vertrauen ein Wagnis: Vertrauen kann durch opportunistisches Verhalten zum Nachteil des Vertrauensgebers ausgenutzt werden.

Im Diskurs um den Vertrauensbegriff wird bemerkt, dass diese Unsicherheiten für die Beteiligten mit mehr oder weniger kalkulierbaren Risiken, aber auch mit unkalkulierbaren Gefahren einhergehen. Um mit Risiken umzugehen, können Verträge geschlossen oder Kontrollmechanismen etabliert werden. Korruption, Handlungsvermeidungs- und Verweigerungsstrategien wären ebenfalls mögliche (wenn auch sicherlich erneut Unsicherheit evozierende) Beherrschungsstrategien von Risiken.

Im Folgenden beziehen wir einige Ergebnisse aus den empirischen Analysen von Vertrauensverhältnissen in Kooperationen[8] auf die vorangegangenen Ausführungen. Um das Phänomen des Vertrauens bzw. dessen Entstehungsprozess im Arbeitshandeln nachzuvollziehen, wurden situative Bedingungen erfasst, unter denen sich Vertrauen oder Misstrauen zeigt. Diese lassen sich nur mit qualitativen Methoden empirischer Sozialforschung erfassen und nicht mittels einer durch starke Vorannahmen geprägten quantitativen Einstellungsmessung. Das Ziel des qualitativen Methodeneinsatzes ist es nicht, möglichst allgemeingültige Aussagen zu treffen, sondern Kooperationen aus der Sicht des Handelns und Erlebens der Arbeitenden, aus dem Vollzug alltäglicher Zusammenarbeit und aus den dokumentierten Vorgaben zu rekonstruieren und verstehend nachzuvollziehen und dabei Zusammenhänge und Wirkungsmuster aufzuspüren. Die Interviewten wurden unter anderem zu den besonderen Herausforderungen der Zusammenarbeit und ihrem Umgang mit Problemen und Unwägbarem befragt, um so die Funktionsweisen von Vertrauen in der Projektarbeit sichtbar werden zu lassen. Es ging in unseren Interviews nur randständig um Vertrauen als persönliche Einstellung. Im Fokus stand vielmehr die Analyse der Bedingungen, unter denen Vertrauen in unternehmensübergreifenden Kooperationen entstehen und sich entwickeln kann.[9]

Auffällig – wenn auch angesichts des den Interviewten bekannten Forschungsrahmens nicht völlig überraschend – war die unaufgeforderte Thematisierung von sozialen Vertrauensdynamiken innerhalb der Kooperationsteams durch unsere Interviewpartner. Die Relevanz wechselseitigen Vertrauens ist Mitarbeitern wie Vorgesetzten in Kooperationsprojekten somit zumeist bewusst.

Im Folgenden werden einige zentrale Aspekte aus den Interviews mit den betrieblichen Praktikern präsentiert und dabei in Bezug auf Vertrauens-

---

8   Die Empirie, auf der dieses Kapitel basiert, wurde aus 44 qualitativen, leitfadengestützten Interviews mit Beteiligten an insgesamt zwölf Kooperationsprojekten im Rahmen des bereits erwähnten Projekts „TRUST-Teamwork in unternehmensübergreifenden Kooperationen" in der Automobilindustrie gewonnen.

9   Eine intensivere Auseinandersetzung mit der Frage, wie den methodischen Herausforderungen bei der Erforschung von Vertrauen zu begegnen ist, findet sich in Diekmann et al. 2010.

dynamiken diskutiert, in welchem Verhältnis einerseits die Interaktionen zwischen Menschen und andererseits das Verhältnis zwischen Mensch und Organisation stehen.

3.1 Persönliches Kennen als Voraussetzung für gemeinsames Arbeiten

Für die Genese von Vertrauen in den analysierten Kooperationen ist die personelle Ebene von Vertrauen besonders wichtig: Das persönliche Kennen der Beteiligten untereinander wird von den Interviewten als höchst relevant eingeschätzt. Dabei spielt die Gestaltung des täglichen Kommunikations- und Arbeitshandelns eine wichtige Rolle. Wenn ausschließlich via Email und/oder Telefon kommuniziert wird, kann ein Kommunikationspartner schlecht eingeschätzt und die Vertrauensbildung innerhalb einer Kooperation dadurch erschwert oder verzögert werden. Die Interviewten betonten mehrfach, wie wichtig ein persönliches Kennenlernen in der Anfangsphase der Kooperation, beispielsweise bei einem Projekt-Kick-off, sei. Ein Entwicklungsingenieur in einem unternehmensübergreifenden Projekt beschreibt dies wie folgt:

> „Also ich habe eigentlich sehr großes Vertrauen jetzt, seit dem Treffen. Seit dem persönlichen Kennenlernen ist er ein gleichwertiger Kollege für mich und ich lasse den auch selbständig machen, also ich kontrolliere jetzt nicht jeden Schritt was der da macht, ob er es richtig macht." (Interview 13)

Auch wenn persönliches Kennen als zentral für die Vertrauensbildung erkannt wird, ist die persönliche Bekanntschaft aller Projektteilnehmer meist weder realisierbar noch notwendig. Besondere Bedeutung hinsichtlich der Etablierung von Vertrauensverhältnissen wird daher vor allem Schlüsselfiguren zugesprochen. Diese boundary role persons aus den unterschiedlichen Unternehmen, über die das Vertrauen in den Kooperationen hergestellt und aufrechterhalten wird, sind in den von uns untersuchten Projekten häufig auf der Ebene der Unternehmens- und/oder Projektleitung zu finden. Das zirkulierende Vertrauen breitet sich im Verlauf einer Kooperation allerdings häufig aus und bleibt im alltäglichen Arbeitshandeln nicht auf die Interaktion mit der Projektleitung beschränkt. Damit sind die für die Vertrauensgenese wichtigen Schlüsselfiguren nicht nur auf der Leitungsebene anzutreffen, sondern auch auf der Mitarbeiterebene.

Persönliches Kennen ist lediglich ein erster Schritt hin zu einer vertrauensbasierten Zusammenarbeit und betont die bereits schon erwähnte große Bedeutung von interpersonellen Beziehungen für den Aufbau von Vertrauen. Eine wichtige Rolle im Prozess wechselseitigen Vertrauensaufbaus spielt das gemeinsame Arbeitshandeln, also die Generierung gemeinsamer Erfahrungen. Dies wird in vielen Interviews hervorgehoben. Das gemeinsame Arbeiten an einem (Teil-) Produkt führt zu einem geteilten Verständnis des Arbeitsprozesses. Dieser gemeinsame Erfahrungshorizont ist wesentlicher Bestandteil der Vertrauensgenese. So beschreibt ein Projektmitarbeiter:

> „Ja, ich sage mal so, Vertrauen hat sich entwickelt aus den Erfahrungen, die man einfach miteinander gemacht hat. Ich meine, [Kollege] hat halt an bestimmten Punkten selbst mitgearbeitet und hat die selbst mit durchgedrückt, hat sich dahinter gehängt. Da hat sich so etwas wie Vertrauen entwickelt." (Interview 28)

Haben sich dann persönliche Beziehungen aufgebaut und etabliert, sind diese für das Funktionieren der Kooperation wertvoll. Es wurde daher auch in Interviews betont, dass die Stabilität von funktionierenden Teams eine wichtige Grundlage für den Erfolg von unternehmensübergreifenden Projekten darstellt. In mehreren analysierten Projekten wurde explizit die Fluktuation von Teammitgliedern als beeinträchtigend beschrieben. Ein Wechsel von Personen kann mit mehr oder weniger negativen Auswirkungen auf den Verlauf des Projektes verbunden sein. Die Folgen der Personalfluktuation hängen auch davon ab, wie rechtzeitig, offen und nachvollziehbar der Wechsel kommuniziert wird. Die Bindung von Vertrauen an persönliches Kennen und gemeinsame Erfahrungen bedeutet auch, dass sich die Entwicklung und Festigung von Vertrauen nicht zu einem bestimmten Zeitpunkt willkürlich herstellen lässt, sondern Zeit benötigt:

> „Es hat sich mit Sicherheit über diese Projektlaufzeit Vertrauen gebildet (…). Und auch bei mir ist mit Sicherheit die Kooperation am Anfang ein bissle, ja, mit einem kritischeren Auge beleuchtet worden oder betrachtet worden, als vielleicht heute und… Ich denke mal, das ist in vielen Köpfen gereift oder…Die Kollegen haben sich kennengelernt, die haben Vertrauen gewonnen" (Interview 5)

Dabei wird deutlich, dass besonders zu Beginn der Zusammenarbeit bestimmte Bedenken wie z. B. Furcht vor dem (einseitigen) Transfer eigenen Wissens, die Wahrnehmung des Kooperationsunternehmens bzw. -standorts als Konkurrenz oder der mutmaßlich zu leistende Mehraufwand in einer Kooperation Schwierigkeiten für den Aufbau von Vertrauen darstellen.

In der Zusammenarbeit über Unternehmens- und/oder Ländergrenzen hinweg zeigt sich, dass eine grundlegende Verständigungsebene oftmals erst hergestellt werden muss. Als problematisch erweist sich hier – insbesondere in den Projekten mit internationaler Beteiligung – die vorurteilsbehaftete Zuschreibung von Eigenschaften und Herangehensweisen, die sich stark an vermeintlich national bedingten Verhaltensweisen orientiert und erst durch eine ressourcenintensive Annäherungsphase mit – zumindest anfänglichen – persönlichen Treffen abgemildert werden kann. Darüber hinaus erfordern insbesondere internationale Kooperationen im Zusammenhang mit einer Standortverlagerung oder einem Standortaufbau in anderen Ländern eine klare Aussage seitens des Managements zu der strategischen Ausrichtung der Zusammenarbeit und der Situation der einheimischen Beschäftigten. Dann erst kann das Kennenlernen mit Aussicht auf ein erfolgreiches Zusammenarbeiten angegangen werden.

Durch die gemeinsame Arbeit und das persönliche Kennenlernen, beispielsweise in Form von wechselseitigen Standortbesuchen, können tatsächliche oder vermeintliche Diskrepanzen überwunden werden, was insbesondere in konfliktträchtigen Situationen von Bedeutung ist, wie es in diesem Beispiel beschrieben wird:

> „Also, die zyklischen Treffen, die zyklischen Absprachen werden meistens als Telefonkonferenz gehalten, seit langer Zeit schon. Das hat einfach den Vorteil, das ist so ein jour fix sozusagen, wo man sich jede Woche dann trifft und die Sachen durchspricht. (…) über die Sprache, über den Sprachkommunikationsweg, kommen noch viele Zusatzinformationen rüber, die über eine textuelle Kommunikation einfach nicht rüber kommen. (…) Wenn es um eine, ja, um ein umfangreicheres Problem geht, sage ich jetzt einmal, das es zu lösen gilt. Das jetzt nicht ganz trivial ist, dann ist es immer besser das ganze face-to-face zu machen. Also auch persönlich da zu sein, und da scheuen wir uns auch nicht davor da hinzufahren. Das ist kein Problem für uns, also wir sagen immer: ‚Kommt hierher, komm fahrt ihr die drei, vier Stunden hierher.' (…) wir sind sehr häufig auch in Richtung der Zulieferer unterwegs mit meinen Kollegen und fahren dann teilweise zu zweit, zu dritt hin, wenn es sein muss. Um eben solche Probleme zu lösen. Also hatten wir auch ein paar mal in der Vergangenheit, wenn größere technische Probleme, zum Beispiel sind im Feld draußen, wir haben irgendwelche Probleme, (…) die sich nicht leicht lösen lassen, wo wir auch viel analysieren müssen, REFA-Analysen machen müssen und Fehleranalysen, dann brauchen wir da auch ein Treffen in größerer Runde. Also, so persönliche Treffen, haben sicherlich einige Vorzüge, aber auch die Schwierigkeit, ja, dass es immer viel Zeit und viel Geld kostet. Aber oftmals ist halt bei einem persönlichen Meeting dann auch viel mehr in kürzerer Zeit bewirken, als wenn ich dreimal telefoniere. Und deswegen machen wir das auch." (Interview 44)

Insbesondere in Krisensituationen im Projekt sind persönliche Treffen zum Beilegen der Diskrepanzen notwendig. Regelmäßige Treffen sind auch bei ‚regulärem' Projektverlauf nach Meinung unserer Interviewpartner allen anderen Interaktionsarten vorzuziehen. Hier zeigt sich erneut, dass persönliches Kennenlernen zu Projektbeginn zwar meist notwendig, aber nur selten ausreichend ist, um dauerhaft stabile Vertrauensbeziehungen zu etablieren.

3.2 Reziprozität, gemeinsamer Nutzen, Transparenz

In den Interviews ist deutlich geworden, dass sich Vertrauen neben dem persönlichen Kennen, dem gemeinsamem Arbeiten und der Zeitgebundenheit der Vertrauensgenese v. a. durch das Prinzip der Wechselseitigkeit aufbaut. Vertrauen wird von den Projektmitgliedern häufig in Form kleinerer Vorleistungen, wie eine Art Kredit, vergeben. Die Vertrauenswürdigkeit des Kooperationspartners erweist sich in Akten der Gabe und der Gegengabe. Entscheidend dabei ist, *ob etwas*, *was* und *wann etwas* von Interaktionspartnern „zurückkommt". Diese wechselseitige Gabe ermöglicht es, Verlässlichkeit und Glaubwürdigkeit nach und nach in der Zusammenarbeit aufzubauen. Wenn z. B. ein Partner Vertraulichkeit bei Informationen bewahrt, dann können weitere Handlungsfreiräume etabliert werden. In Bezug auf den Transfer von Arbeitswissen ist Wechselseitigkeit nach Meinung unserer Interviewpartner ein äußerst relevantes Kriterium der Vertrauenssicherung:

> „Das bringt einem natürlich vielleicht auch über die Jahre (...), auch auf der Arbeitsebene, einfach zu mehr Vertrauen oder mehr Offenheit. (...) Wie ich vorhin schon gesagt habe: Auch wir konnten ja was [vom anderen Unternehmen] lernen. (...) Also es ist ja nicht so, dass Know-How nur in die eine Richtung geflossen ist. Wenn Sie spüren, Sie profitieren vielleicht auch von dem Know-How vom Kollegen oder von der Partnerfirma, sind Sie selber natürlich auch vielleicht ein bisschen offener, auch dem mal was zu erklären." (Interview 4)

Wenn das wechselseitige Erbringen und der beiderseitige Transfer von Leistungen funktioniert, dann verstärkt sich der Nutzen der Kooperation für alle Beteiligten. Sind die Vorteile erst einmal erkannt, wird damit auch der Sinn und Zweck der Vertrauensvorleistung erlebbar und ermöglicht die weitere, intensivierte vertrauensbasierte Zusammenarbeit. Der zu erwartende Nutzen sowohl für die einzelnen Beschäftigten als auch für die Kooperation als Ganzes muss jedoch deutlich kommuniziert werden und im Arbeitsalltag erfahrbar sein, wenn Bedenken abgebaut werden sollen. Die Vermittlung des Nutzens und der Vorteile der Kooperation wird in den Interviews als eine entscheidende Voraussetzung für den Aufbau von Vertrauen gesehen.

Dazu ist es notwendig, dass die Kommunikation über die Vorhaben und Perspektiven der Kooperation hinreichend transparent ist. Dies gilt als Voraussetzung, um alle Beteiligten zur Zusammenarbeit zu motivieren. Der Aspekt der Transparenz als grundlegender Faktor vertrauensbasierter Kooperation wird nicht nur von Seiten der Führungsebene hervorgehoben. Gelingt es nicht, ein hohes Maß an Transparenz in der Kommunikation herzustellen, erwächst bei den Beteiligten das Gefühl, nicht (ehrlich) über die Ziele und Folgen der Kooperation informiert worden zu sein. Dies kann sich zu einem großen Hemmnis für die Vertrauensgenese, die Kommunikation und den Wissenstransfer in den Projekten auswirken.

Die fehlende Transparenz wurde beispielsweise im Rahmen einer untersuchten, standortübergreifenden Kooperation mit einer Niederlassung in einem sog. Niedriglohnland sehr kritisch aufgefasst. Fehlende Kenntnis der Kooperationsziele führt unter diesen Bedingungen fast zwangsläufig zu Befürchtungen hinsichtlich des Abbaus des eigenen Arbeitsplatzes.

> „(...) wo es dann wirklich dann vielleicht so endet, dass es heißt: ‚Ok, wir haben [eine bestimmte Leistung zu erbringen] (...), wie teuer sind die Kosten [am osteuropäischen Standort] und wie teuer sind sie in Deutschland. So soll das dann natürlich dann nicht enden, wenn man sich sein eigenes Grab baut." (Interview 14)

Diese Befürchtungen beeinträchtigen die Zusammenarbeit von Personen, welche die strategischen Entscheidungen ihres Unternehmens nicht zu verantworten haben. Kooperationspartner werden unter solchen Rahmenbedingungen schnell zu wirklichen oder empfundenen Konkurrenten um Kompetenzen und den Arbeitsplatz. Für die Genese von Vertrauen zwischen Teammitgliedern ist eine solche Problematik hinderlich.

Die Interviewten wünschen und erwarten, dass strategische Entscheidungen, aber auch alltägliche Arbeitsprozesse mit Kollegen möglichst nachvollziehbar verlaufen. Ein verschlepptes, vertuschtes Problem birgt dagegen Eskalationsrisiken in sich. In solchen Zusammenhängen ist die Entstehung von Misstrauen nicht weit. Die Gründe dafür sind die Verschleppung von Problemen, fehlende Offenheit und nicht eingehaltene Zusagen. Denn,

> „(...) wenn man natürlich irgendwelche vielleicht Zusagen macht und die dann doch nicht hält (...). Es kann immer was passieren, was dazwischen kommen, aber muss man es halt auch dann rechtzeitig bekannt geben (...). Beinbruch wäre, wenn man es wirklich vor sich hindümpeln lässt und nachher kommt der große Knall."(Interview 26)

Reziprozität der Vertrauensgaben, das Erfahrbarmachen des gemeinsamen Nutzens der Kooperation sowie eine Kommunikationskultur, die auf Nachvollziehbarkeit, Offenheit und Anerkennung ausgerichtet ist, verweisen weit mehr auf die zentrale Bedeutung der intersubjektiven Aspekte des Vertrauens als auf dessen systemische Momente. Vor allem hier zeigt sich das für die Arbeitswelt relevante Vertrauen als ein durch das Handeln der Akteure vermitteltes. Vorstellungen von einem Systemvertrauen, die von diesen Ebenen der personalen Vermitteltheit von Vertrauen absehen, laufen ins Leere. Vertrauen in eine Kooperation als Ganzes kann sich nur über eine erfolgreiche Etablierung von interpersonalem Vertrauen einstellen, bleibt aber auch dann an die Vertrauensarbeit der einzelnen Projektarbeiter rückgebunden.

3.3 Kontrolle und Verträge

Weitere wichtige Elemente für eine Vertrauen ermöglichende oder Vertrauen erschwerende Ausgestaltung von Kooperationen sind nach Meinung unserer Interviewpartner Verträge und Kontrollen. Die Bereitstellung von institutionalisierten Kontrollmöglichkeiten darf nicht vorschnell als vertrauens- oder misstrauensgenerierend eingestuft werden, vielmehr kommt es (auch) hier auf die konkrete Umsetzung sowohl hinsichtlich organisationaler Rahmenbedingungen als auch individueller Ausgestaltung an. Von misstrauensgetriebenen Kontrollen berichten uns vor allem Interviewpartner aus transnationalen Kooperationen mit sog. Niedriglohnländern. Die Furcht vor einseitigem Wissenstransfer führte nach Aussagen von einigen Interviewten ebenso wie Befürchtungen hinsichtlich der Sicherheit des eigenen Arbeitsplatzes zu großem Misstrauen gegenüber der Kooperation und in dessen Folge zu einer Überbetonung von institutionell vorgegebenen Kontrollmöglichkeiten. Diese können zu Verzögerungen und Unmut führen, wie uns eine Interviewpartnerin am Beispiel von Prüfverfahren erläutert:

> „Du sitzt da, möchtest, dein Kunde ruft dich das 25te mal an. Er möchte die Sachen jetzt unbedingt. Und du musst ihm immer wieder sagen: ‚Nein, Deutschland prüft noch.'" (Interview 42)

Kontrollmechanismen, die auf Misstrauen basieren, führen zu einer Überbetonung von Kontrolle und einem schleppenden Informations- und Wissenstransfer, der von den Interviewten als problematisch für die Zusammenarbeit angesehen wird. Vertrauen wird demgegenüber als Mechanismus begriffen, der nicht nur die Geschwindigkeit von Entscheidungen beschleunigt, sondern auch dazu beiträgt, dass die vertraglichen Regelungen und Kontrollinstanzen nicht über das als notwendig empfundene Maß hinaus betont werden.

Der für das Verhältnis von Vertrauen und Misstrauen relevante Kontrollaspekt lässt sich nicht allein organisationalen *oder* personalen Dimensionen zuordnen. Die Art und der Umfang des Einsatzes von Kontrolle können unterschiedlich sein. Schlanke organisationale Kontrollstrukturen können durchaus vertrauensfördernd wirken: Durch die Möglichkeit, sich der Vertrauenswürdigkeit eines Partners zum Beispiel durch gemeinsames Arbeiten und wechselseitigen Wissenstransfer (siehe oben) zu versichern, wird Vertrauen angestoßen und vertieft. Auf personaler Ebene zeigen sich die Wirkungen von Kontrollmechanismen in der Möglichkeit, das eigene Arbeitshandeln zu kontrollieren. Beispielhaft berichtet uns ein Interviewpartner über Schwierigkeiten in der Vertrauensgenese aufgrund (vermuteter) mangelnder Nutzung von institutionalisierten Kontrollmechanismen seitens mancher Kollegen in der Abteilung Softwaretest des Kooperationsstandorts:

„(...) Aber wenn jetzt so ein Testprotokoll ausgefüllt wird und da stehen die und die Testschritte drin, dann würde ich sogar sagen, also dass sie es einfach abhaken, ohne zu machen, das traue ich ihnen jetzt nicht zu. Aber dass das halt wirklich verstanden wird, was da passiert, und dass sie auch wirklich, wenn ein Fehlerfall auftreten würde, das auch merken würden, und das ist einfach dann die Frage, ob sie's verstanden haben, was sie da tun. (...) Und... ja, das ist eigentlich das größte Problem, wo ich habe. Also wenn ich einen Testbericht bekomme, das Vertrauen zu haben, dass es wirklich gemacht wurde oder nicht." (Interview 3: 28 ff.)

Daraus lässt sich ableiten, dass ein gewisses Maß an Kontrolle – und das bestätigen auch andere Untersuchungen (vgl. Mellewigt et al. 2007) – für die Genese, auch des eigenen Vertrauens in die Kollegen, vorteilhaft sein kann. Noch dazu wird sie von den Kooperationspartnern erwartet. Wer als Softwaretester keinen Fehler findet, macht sich verdächtig und evoziert Misstrauen. Potenziell „blindes Vertrauen" wird nicht als Vertrauen, sondern als (projektgefährdende) Nachlässigkeit verstanden. Damit kann festgehalten werden, dass organisational bedingte Kontrollstrukturen durchaus auf personaler Ebene vertrauensfördernd wirken können. In Bezug auf Kontrolle kommt es also sowohl hinsichtlich der agierenden Personen als auch im Hinblick auf die organisationalen Rahmenbedingungen auf einen angemessenen Umgang mit Kontrolle an.

Eine wichtige Bedingung für Vertrauen ist Vertrauen selbst. Ohne eine minimale Vertrauensgabe lässt sich keine Zusammenarbeit aufbauen oder durchführen. Das gilt auch im Verhältnis von Vertrauen, Kontrolle und Verträgen. Es lässt sich eine Wechselwirkung zwischen Vertrag und Vertrauen feststellen: Ohne Vertrauen sowohl in die Vertragspartner als auch in die Einhaltung von Verträgen lassen sich keine Verträge abschließen. Doch erst abgeschlossene Verträge ermöglichen die weitere Entwicklung und Verbreitung von Vertrauen in Kooperationen. Das Vertrauen spielt daher beim Zustandekommen von Verträgen eine Rolle, wie auch Verträge beim Zustandekommen von Vertrauen eine wichtige Funktion übernehmen. Im Verhältnis von Verträgen und Vertrauen spielen demnach – genau wie im Verhältnis von Vertrauen und Kontrolle – systemische wie personale Aspekte zusammen. Allerdings kann auch hier eine Betonung der personalen Dimensionen festgestellt werden: Dient die vertragliche Regelung doch vor allem dazu, das interpersonelle Agieren im Kooperationsalltag zu entlasten.

4. Resümee

Die Unterscheidung zwischen Systemvertrauen und personalem Vertrauen führt zu einer problematischen Vereinseitigung und Verdinglichung des Vertrauensphänomens. Empirisch war ein nur (rein) personales oder ein nur systemisches Vertrauen nicht anzutreffen. Im Vertrauen und in der Vertrauenshandlung bzw. Vertrauensgabe spielen intersubjektive und organisationale bzw. systemische Aspekte ineinander. Eine Unterscheidung von personalem und systemischem Vertrauen birgt die Gefahr, die zu analysierenden Vertrauenskonstellationen gerade zu verfehlen. Die Analyse personalen Vertrauens vernachlässigt die Bedeutung spezifischer Kontexte und Konstellationen, wogegen die alleinige Hervorhebung des Systemvertrauens entweder unverzichtbare Charakteristika des Vertrauens oder des Systemischen negiert. Die Unterscheidung von zwei Vertrauensarten (personal – systemisch) führt mit anderen Worten ein zu hohes Maß an Willkürlichkeit mit sich. Es spaltet Vertrauenskonstellationen gewissermaßen auf, um sie anschließend zum Teil auf fragwürdige Weise wieder zu verbinden.

Unsere Kritik gerade an einer einseitigen Orientierung am Systemvertrauen bzw. am Begriff des Systemvertrauens selbst bezieht sich auf die heuristische Frage, wie viel Raum dem Systembegriff überhaupt eingeräumt werden soll. In der Anwendung des Konzepts von Systemvertrauen finden sich sowohl eine enge Ausrichtung an Luhmanns Systemtheorie sowie andere Zugänge, die sich auf das unschärfere Konzept des „systemischen Vertrauens" (vgl. z. B. Schweer/Thies 2003) beziehen. Beide Varianten erscheinen höchst problematisch. Wird Systemvertrauen am Begriff des Systemischen (vgl. Luhmann 2004: 41 ff.) eng geführt, gehen essentielle Charakteristika des Vertrauens, wie dessen interpersoneller, interaktiver Charakter, verloren. Wird der Begriff dagegen ausgeweitet und versteht man Systemvertrauen im Sinne einer Repräsentanz des Systems durch seine Vertreter, so wird erneut das personale bzw. intersubjektive Moment am Vertrauen betont und das Systemische am Systemvertrauen in den Hintergrund gerückt: Im Extremfall wäre dann ein System nichts anderes als die Summe seiner Vertreter, was aber den apersonalen Mehrwert eines Systems, sein relatives personenunabhängiges oder personenindifferentes Funktionieren, schlicht unterschlägt.

Die empirischen Ergebnisse unseres Projektes zeigen analog, dass sowohl personale als auch organisationale Aspekte bei der Genese von Vertrauen und damit für das Gelingen von Kooperation eine Rolle spielen, dass aber die organisationalen Aspekte des Vertrauens stets durch das Handeln der Akteure vermittelt in Erscheinung treten. Es geht hierbei um persönliches Kennen, gemeinsame Erfahrungen, Zeit, Stabilität, Reziprozität, persönlichen und wirtschaftlichen Nutzen, Transparenz, Kontrolle und vertragliche Regelungen. Personale bzw. personal vermittelte Vertrauensgenese ist dabei von systemischen Aspekten wie der Bereitstellung notwendiger Ressourcen abhängig, wirkt jedoch ebenso auf die systemischen – also team- oder organisationsspezifischen – Rahmenbedingungen zurück. Systemische Aspekte wirken somit gewissermaßen im Hintergrund auf die Kooperation, werden aber in und mit den Handlungen der Teammitglieder stetig (re-)aktualisiert. Der Aufbau eines intersubjektiven Vertrauensverhältnisses setzt seinerseits organisationale Rahmenbedingungen voraus. Bei fehlenden Vertrauensbeziehungen erweisen sich diese in der betrieblichen Praxis als ein entscheidender neuralgischer Punkt.

Vertrauen zeigt sich daher letztlich immer als ein zwischen Personen fluktuierendes soziales Gut, das von organisationalen bzw. systemischen Aspekten in der hochkomplexen Arbeitswelt durchzogen ist, ohne jemals auf die systemischen oder organisationalen Momente reduzierbar zu sein.

Literatur

Adams, J. Stacy (1976): The structure and dynamics of behavior in organizational boundary roles. In: Dunnette, Marvin. D. (Hrsg.) (1976): Handbook of Industrial and Organizational Psychology: Chicago: Rand McNally: 1175-1199

Apelt, Maja (2003): Bürokratische Strukturen stützen Vertrauen. In: Erwägen – Wissen – Ethik 14(2): 332–333

Arrow, Kenneth J. (1980): Wo Organisation endet. Management an den Grenzen des Machbaren. Wiesbaden: Gabler

Bauman, Zygmunt (2005): Moderne und Ambivalenz. Das Ende der Eindeutigkeit. Hamburg: Hamburger Edition

Baurmann, Michael (2003): Kontrolle ist gut, Vertrauen ist nötig. In: Erwägen – Wissen – Ethik 14(2): 335–337

Boltanski, Luc/Chiapello, Ève (2003): Der neue Geist des Kapitalismus. Konstanz: UVK

Bröckling, Ulrich (2007): Das unternehmerische Selbst. Soziologie einer Subjektivierungsform. Frankfurt/Main: Suhrkamp

Diekmann, Janis/Petendra, Brigitte/Sauer, Stefan/Schilcher, Christian/Ziegler, Marc (2010): Dem Vertrauen auf der Spur. Die Rekonstruktion von Vertrauensverhältnissen in unternehmensübergreifenden Kooperationen. In: Arbeits- und industriesoziologische Studien 3(1): 39–50

Endreß, Martin (2002): Vertrauen. Bielefeld: transcript

Giddens, Anthony (2006): Konsequenzen der Moderne. Frankfurt/Main: Suhrkamp

Grunwald, Wolfgang (2003): „Vertrauen" – ein sozial erwünschtes Allheil-Konzept? In: Erwägen – Wissen – Ethik 14(2): 354–355

Heisig, Ulrich (1997): Vertrauensbeziehungen in der Arbeitsorganisation. In: Schweer, Martin K. W. (Hrsg.) (1997): 121–153

Heisig, Ulrich/Littek, Wolfgang (2003): Vertrauen ist kein Harmoniekonzept. In: Erwägen – Wissen – Ethik 14(2): 355–358

Jarvenpaa, Sirkka L./Leidner, Dorothy E. (1999): Communication and Trust in Global Virtual Teams. In: Organization Science 10(6): 791–815

Kleemann, Frank/Voß, G. Günter (2010): Subjekt und Arbeit. In: Böhle, Fritz/Voß, G. Günter/Wachtler, Günther (Hrsg.) (2010): Handbuch Arbeitssoziologie. Wiesbaden: VS Verlag für Sozialwissenschaften: 415–449

Kowol, Uli/Krohn, Wolfgang (1995): Innovationsnetzwerke. Ein Modell der Technikgenese. In: Halfmann, Jost/Bechmann, Gotthard/Rammert, Werner (Hrsg.) (1995): Jahrbuch Technik und Gesellschaft 8. Theoriebausteine der Techniksoziologie. Frankfurt/Main, New York: campus: 77–105

Luhmann, Niklas (1973): Vertrauen. Ein Mechanismus der Reduktion sozialer Komplexität. Stuttgart: Enke

Luhmann, Niklas (1976): Funktionen und Folgen formaler Organisation. Berlin: Duncker & Humblot

Luhmann, Niklas (2000): Familiarity, Confidence, Trust. Problems and Alternatives. In: Gambetta, Diego (Hrsg.) (2000): Trust. Making and breaking cooperative relations. Oxford: Basil Blackwell: 94–107

Luhmann, Niklas (2004): Einführung in die Systemtheorie. Heidelberg: Carl-Auer

Mellewigt, Thomas/Madhok, Anoop/Weibel, Antoinette (2007): Trust and Formal Contracts in Interorganizational Relationships. Substitutes and Complements. In: Managerial And Decision Economics 28: 833–847

Moldaschl, Manfred/Voß, G. Günter (2002): Subjektivierung von Arbeit. München, Mering: Hampp

Neubauer, Walter (1997): Interpersonales Vertrauen als Management-Aufgabe in Organisationen. In: Schweer, Martin K. W. (Hrsg.) (1997): 105–120

Powell, Walter W. (1990): Neither market nor hierarchy. Network forms of organization. In: Research in Organizational Behavior 12: 295–336

Schweer, Martin K. W. (Hrsg.) (1997): Interpersonales Vertrauen. Theorien und empirische Befunde. Opladen: Westdeutscher Verlag

Schweer, Martin K. W. (2003): Vertrauen als Organisationsprinzip. Vertrauensförderung im Spannungsfeld personalen und systemischen Vertrauens. In: Erwägen – Wissen – Ethik 14(2): 323–332

Schweer, Martin K. W./Thies, Barbara (2003): Vertrauen als Organisationsprinzip. Perspektiven für komplexe soziale Systeme. Bern: Huber

Schwegler, Ulrike (2008): Vertrauen zwischen Fremden. Die Genese von Vertrauen am Beispiel deutsch-indonesischer Kooperationen. Frankfurt/Main u. a.: IKO-Verlag für Interkulturelle Kommunikation

Semlinger, Klaus (2003): Vertrauen als Kooperationshemmnis. Kooperationsprobleme von kleinen und mittleren Unternehmen und Auswege aus der Vertrauensfalle. In: Hirsch-Kreinsen, Hartmut/Wannlöffel, Manfred (Hrsg.) (2003): Netzwerke kleiner Unternehmen. Praktiken und Besonderheiten internationaler Zusammenarbeit. Berlin: edition sigma: 61–87

Sennett, Richard (2006): Der flexible Mensch. Die Kultur des neuen Kapitalismus. Berlin: Berliner Taschenbuch-Verlag

Simmel, Georg (1983): Soziologie. Untersuchung über die Formen der Vergesellschaftung. Berlin: Duncker & Humblot

Sydow, Jörg (1998): Understanding the Constitution of Interorganizational Trust. In: Bachmann, Reinhard/Lane, Christel (Hrsg.) (1998): Trust Within and Between Organizations. Conceptual Issues and Empirical Applications. Oxford: Oxford University Press: 31–64

TRUST (2010): Zwischenbericht des Verbundprojektes TRUST – Teamwork in unternehmensübergreifenden Kooperationen. Zur Bedeutung von Vertrauen für innovative Produktentwicklung in der Automobilbranche. Ergebnisse aus den Interviews. Darmstadt

Vertrauen und Misstrauen in KMU-Netzwerken

Christiane Funken und Jules Thoma

Zusammenfassung

Durch regionale Fördermaßnahmen initiierte Netzwerke bieten für KMU eine neue strategische Perspektive. In KMU-Netzwerken finden sie und andere regionale Spieler sich zusammen, um nachhaltig Kooperations- und Innovationsprojekte hervorzubringen. Maßgeblich geprägt ist diese neuartige Netzwerkkonstellation durch einen ausgeprägten Systemcharakter, die strukturellen Bedingungen von KMU, die Mentalität der Unternehmer sowie das Netzwerkmanagement. Damit KMU die Potentiale der Vernetzung realisieren können, ist neben dem Aufbau von Vertrauen der produktive Umgang mit Misstrauen ein nicht zu unterschätzender Erfolgsfaktor. Anhand von zwei Beispielen aus dem BMBF-Projekt TRUSTnet werden die funktionalen sowie dysfunktionalen Wirkungsweisen von Misstrauen aufgezeigt. Eine Erfolg versprechende Strategie im Umgang mit Misstrauen kann, so die hier vertretende These, darin liegen, die Artikulation von Misstrauen systemisch zu institutionalisieren und so von den einzelnen Personen zu entkoppeln.

1. Einleitung

Vernetzung gilt heutzutage als Schlüssel für Innovation und steht damit für nachhaltigen ökonomischen Erfolg von Unternehmen und Regionen (Rammert 1997; kritisch Krücken/Meier 2003). Längst wird Vernetzung von der Politik als strategisches Mittel zur Standortförderung und zur Entwicklung unausgeschöpfter regionaler Potenziale eingesetzt. Insbesondere kleine und mittlere Unternehmen (KMU), die für die regionale wirtschaftliche Entwicklung große Bedeutung haben, durch ihre Größe jedoch kaum in der Lage sind, aus eigener Kraft die notwendigen Ressourcen und Marktzugänge für Innovationen aufzubringen (vgl. Domsch et al. 1995: 11 f.), sind Adressaten solcher Förderprogramme.

Statt Vernetzung punktuell für Innovationsprojekte zu fördern, verfolgen neue regionalpolitische Ansätze das Ziel, eine kritische Masse branchenzugehöriger Akteure einer Region dauerhaft als Netzwerk zu institutionalisieren.[1] Diese strategisch initiierten Netzwerksysteme greifen, um sich zu konstituieren, zwar immer auch auf bereits bestehende Beziehungsstrukturen zurück, die Entstehungslogik ist aber eine neue. Es sind die Netzwerke selbst, die solche Strukturen erst elaborieren sollen. Damit werden KMU-Netzwerke zum strategischen Mittel einer systemischen Mobilisierung von regionalen Spielern, deren Zweck die fortwährende Generierung verschiedener einzelner Kooperationen und Innovationen ist. Wie nützlich dieses neue strategische Mittel *KMU-Netzwerk* sein kann, ist neben der grundsätzlichen Frage nach den Chancen und Risiken von Netzwerkarrangements vor allem eine Frage der strukturellen und kulturellen Besonderheiten der KMU selbst.

Ein zentrales Koordinationsmedium für Netzwerke, insbesondere im Zuge innovativer Aktivitäten – darüber besteht große Einigkeit –, ist Vertrauen (Powell 1990). Zudem wird die Bedeutung von Vertrauen für Kooperation allgemein und sogar für moderne gesellschaftliche Kontexte hervorgehoben (z. B. Giddens 1996). Dabei wird Vertrauen je nach Theoriehintergrund entweder einer bewussten strategischen Entscheidung zugeordnet oder als Residualkategorie verstanden, die die Basis aller Berechnungen und Entscheidungen darstellt (Ortmann 2008: 246). Für Kooperationen bedeutet dies, dass Vertrauen das Ergebnis strategischer Entscheidungen und kalkulierten Abwägens sein kann und als Nebenprodukt von Kooperationen erst emergiert (vgl. Axelrod 1984). Diese konzeptionelle Zweigleisigkeit wirkt sich auch auf die strategische Entwicklung von Netzwerken aus. Einerseits vollziehen sich die Steuerung von Netzwerken und der darin ablaufenden Kooperations- und Innovationsprozesse über definierte Bereiche, die mehr oder weniger explizit von den Akteuren umkämpft sind. Andererseits entstehen unweigerlich Bereiche, die vordergründig von den Akteuren als irrelevant angesehen werden, implizit bleiben und in der Latenz auf die Netzwerkentwicklung wirken. Besonders diese sich in der Latenz entwickelnden Bereiche beinhalten für das Netzwerk unausgeschöpftes Potenzial, bilden jedoch (oftmals) den Nährboden für Misstrauen (vgl. Ellrich et al. 2001).

Unabhängig von der genauen begrifflichen Fassung wird Vertrauen durchweg sowohl in der Theorie als auch in der Praxis entweder als notwendige

---

1 Beispiele solcher Förderprogramme sind das vom BMBF für die neuen Bundesländer aufgesetzte Programm „Unternehmen Region" oder das „ZIM"-Programm des BMWi. Für eine Übersicht über die Programme der einzelnen Bundesländer siehe Meier zu Köcker und Buhl (2008).

Bedingung für Kooperation (siehe Giddens 1996; Luhmann 1968) oder mindestens als wünschenswerter Zustand angesehen (vgl. hierzu Coleman 1991; Gambetta 1988; Sztompka 1999). Die Fragestellung ist in der Regel ähnlich: Wie gelingt es, zwischen den heterogenen, immer mehr oder weniger stark in Konkurrenz zueinander stehenden Akteuren, eine Vertrauensbeziehung aufzubauen, die der Schlüssel für erfolgreiche Kooperation ist? Damit sind typische Grundannahmen wie die hobbessche Ausgangssituation eines „Jeder gegen Jeden", Ideen des anonymen Marktes oder spieltheoretische Ansätze verbunden, die sehr plausibel die positive Wirkung von Vertrauen begründen. Die Erfahrung lehrt jedoch, dass multidimensionale soziale Beziehungen nicht nur von Vertrauen, sondern auch von Misstrauen geprägt sind (Lewicki et al. 1998 und dortige Literatur). Gerade in den von uns untersuchten staatlich initiierten KMU-Netzwerken spielt neben Vertrauen auch Misstrauen eine zentrale Rolle. Um dieser Lage theoretisch gerecht zu werden, ist zunächst eine umfassende Bestandsaufnahme der unterschiedlichen Erscheinungsformen und Effekte von Misstrauen erforderlich. Dies kann aber nur gelingen, wenn die Analyse der spezifisch ablaufenden Prozesse in KMU-Netzwerken durch eine systemische Sicht (vgl. Windeler 2001: 200 ff.) geleitet wird, die die strukturellen und kulturellen Kontexte von KMU und die qualitative Ausgestaltung von Kooperations- und Konkurrenzbeziehungen zwischen mehreren Netzwerkteilnehmern berücksichtig (vgl. Emirbayer/Goodwin 1994). Dieser interpretative Zugang ermöglicht den Blick auf die Frage, wie Netzwerkakteure Kooperationen und Innovationen beeinflussen und wie die Kontextbedingungen der Vernetzung eine nachhaltige Entwicklung befördern oder hemmen können. Trotz der wirtschaftlichen Bedeutung von KMU sind die für eine effektive Vernetzung ausschlaggebenden strukturellen und kulturellen Voraussetzungen von KMU, insbesondere auch von kleinen Unternehmen, kaum erforscht. Ein ähnliches Bild ergibt sich für Misstrauen. Während sich das Gros der Netzwerkforschung auf die Bedeutung von Vertrauen konzentriert, wird ein mitunter produktiver Zusammenhang zwischen Netzwerken und Misstrauen bislang kaum thematisiert. Bereits die ersten Befunde unserer empirischen Studie[2] machen jedoch deutlich, dass Misstrauen

---

2 Der vorliegende Text greift auf die Zwischenergebnisse des vom BMBF und ESF geförderten Projekts TRUSTnet (Leitung Christiane Funken) des Förderschwerpunkts „Balance von Flexibilität und Stabilität in einer sich wandelnden Arbeitswelt" zurück. TRUSTnet beforscht und begleitet vier geförderte KMU-Netzwerke aus der IT-, Automobil-, Biotechnologie- und Medienbranche. In Interviews, teilnehmenden Beobachtungen und Workshops wird dabei der Frage nachgegangen, wie sich Vertrauen und Misstrauen auf Innovationsprozesse in KMU-Netzwerken auswirken. Die Netzwerke haben zwischen 30 und 250 Mitglieder und richten sich ausschließlich an Akteure aus der Region Berlin/Brandenburg (Ellrich et al. 2010; s. a.

in KMU-Netzwerken eine wichtige Rolle spielt und zudem einen nicht zu unterschätzenden Beitrag zur Stärkung der Innovationspotenziale von Netzwerken leisten kann. Deshalb ist es nötig, die Aufmerksamkeit der Forscher und Praktiker auf Misstrauen zu lenken und weithin herrschende Vorstellungen über seine ausschließlich negativen Effekte zu korrigieren.

Um diese Aufgabe zu erfüllen, werden im Folgenden zunächst der neue Kontext *KMU-Netzwerk* und die KMU-bedingten Besonderheiten vorgestellt. Daran anschließend werden einschlägige Arbeiten zur Wirkungsweise von Misstrauen in Kooperationen diskutiert und anhand zweier Beispiele von KMU-Netzwerken illustriert.

2. KMU-Netzwerke: Neue Kontexte für Kooperation

Der Zusammenhang zwischen Netzwerken und regionaler Wirtschaftsentwicklung bleibt für die regionalpolitischen Förderschwerpunkte nicht ohne Folgen (Meier zu Köcker/Buhl 2008). Statt „nur" auf die Förderung punktueller Vernetzung innerhalb von Innovationsvorhaben zu setzen, wird zunehmend die Vernetzung an sich innerhalb potenzialträchtiger Branchen ins Auge gefasst. Diese neuen regionalpolitischen Ansätze verfolgen nunmehr die Idee, eine kritische Masse branchenzugehöriger Akteure einer Region dauerhaft als regionales (Innovations-)Netzwerk zu institutionalisieren und somit den Grundstein für nachhaltige Innovativität zu legen. Diese durch standortpolitische Fördermaßnahmen initiierten, auf nachhaltige Kooperation und Innovation ausgerichteten, regionalen KMU-Netzwerke eröffnen insbesondere für kleine Unternehmen neue Perspektiven.

Die in den KMU-Netzwerken anzutreffende Kombination aus strategischer Gründung und starkem Systemcharakter fügt sich nicht ohne Weiteres in die im Netzwerkdiskurs anzutreffenden Typologien ein und bedarf deshalb einer Erläuterung. Die Verwendung des Begriffs *strategisch* bezieht sich hier nicht auf die Netzwerkführung durch einen zentralen Akteur (Sydow 1992), sondern einerseits auf die Gründung und andererseits auf die klare Zielvorgabe des Zusammenschlusses von regionalen Akteuren, Kooperationen und Innovationen dauerhaft hervorzubringen. Obgleich die Mitgliedschaft der KMU-Netzwerke augenscheinlich regional begrenzt ist, unterscheiden sie sich durch die strategi-

---

www.trustnet.org.). Für Hinweise und Anmerkungen danken wir John Seidler, Sinje Hörlin und Alexander Stoll.

sche Gründung fundamental von so genannten *regionalen Netzwerken*, deren typische Merkmale die traditionell gewachsenen Strukturen und die eher emergenten Beziehungszusammenhänge sind (vgl. Sydow 1992: 82). Insofern ist auch die Bezeichnung *Innovationsnetzwerk* irreführend, da in den Netzwerken weder eingeschliffene Prozesse der Technikgenese anzutreffen sind (vgl. Kowol/Krohn 1995), noch eine spezifische (radikale) Innovation entwickelt werden soll (vgl. Windeler 2003). Neben durchaus vielfältigen weiteren Netzwerkangeboten ist die mittelbare bzw. unmittelbare Generierung gewinnbringender Projekte das ausgewiesene Ziel der KMU-Netzwerke. In diesem Sinne handelt es sich also um *Projektnetzwerke*. Da sich der Förderauftrag jedoch auf die Konstitution eines Netzwerkes bezieht, ist es vor allem die hohe Organisiertheit der KMU-Netzwerke, die sie von anderen Projektnetzwerken (vgl. Sydow/Windeler 2004: 45 ff.) unterscheidet.

Die mit der hohen Organisiertheit einhergehende systemische Identität markiert das zweite konstitutive Merkmal von KMU-Netzwerken. Diese ist nicht mit der rechtlich formellen Organisation als Verein oder GbR zu verwechseln, die im Falle eines Netzwerkes obligatorisch ist und eine Adresse für die Verteilung staatlicher Mittel bereitstellt. Vielmehr verkörpert die systemische Identität, z. B. als Marke einer Region, die mehr oder weniger direkt auf die dahinter stehenden KMU verweist, den Leitgedanken der Vernetzung. Damit ist die Vorstellung verbunden, dass die Reichweiten- und Ressourcenbegrenzung der einzelnen KMU überwunden werden kann, indem man ein gemeinsames System ausbildet, das die Interessen der Teilnehmer unterstützt, aber gleichzeitig deren Autonomie, sowohl rechtlich als auch wirtschaftlich, nicht beschneidet. Der Zusammenhalt des Netzwerkes resultiert somit nicht aus einer für Unternehmensnetzwerke häufig festgestellten direkten wirtschaftlichen Abhängigkeit (Sydow 1992). Die Koordination der Aktivitäten der Netzwerke vollzieht sich vielmehr auf Basis der Erwartung eines dauerhaften systemischen Zusammenhalts (vgl. Windeler 2001), der in der Lage ist, die prekäre Situation von Kooperation und Konkurrenz zu überwinden und Bereiche ausfindig zu machen, in denen KMU gemeinsam neue Produkte schaffen und Kunden erschließen können. Das Bekenntnis bspw. zur „Vereinssatzung" durch eine offizielle Mitgliedschaft fördert durch Formalität zwar den Systemcharakter, macht das Netzwerk jedoch nicht zu einer bürokratischen Organisation. Den durchaus vorhandenen formellen Entscheidungsebenen – z. B. Vorstände oder Beiräte – fehlt die Umsetzungsgewalt von hierarchisch getroffenen Entscheidungen angesichts der virulenten Drohung eines Netzwerkaustritts von Mitgliedern. Vor allem die Maßgaben einer gleichberechtigten Partizipation und die uneingeschränkte Autonomie der Teilnehmer widersprechen einer Formalisierung von Entscheidungswegen bzw. beschränken die Erfolgsaussichten einer darauf bezogenen Legitimation von Entscheidungen. In den Netzwerken wird vielmehr (reflexiv) ein systemischer Zusammenhang erzeugt, der faktisch jenseits der typischen Koordinationsmechanismen von Markt und Hierarchie gesteuert wird und kontinuierlich mit dem Widerspruch von Kooperation und Konkurrenz konfrontiert ist (vgl. Sydow/Windeler 1999: 11 ff.).

Kooperation ist in KMU-Netzwerken auf zwei unterschiedlichen Ebenen anzutreffen. Diese Ebenen leiten sich aus dem Verständnis des sozialen Phänomens Netzwerk als organisiertes soziales System in so genannten Governance-Ansätzen (z. B. Powell 1996) und als Struktur in so genannten Strukturansätzen (vgl. Windeler 2001: 91 ff.) ab. In ersterer Verwendung stellt bereits die Partizipation am Netzwerk eine Form der Kooperation dar, während im zweiten Fall das Netzwerk als strukturelle Bedingung für einzelne Kooperationen (z. B. ein Innovationsprojekt) angesehen wird und nur das „Mittel" zur Kooperationsanbahnung ist. Kooperation in KMU-Netzwerken kann somit einerseits auf den langfristigen Bestand als Netzwerk und andererseits auf eine zeitlich-inhaltlich beschränkte Kooperation in Form eines Projekts zwischen Netzwerkpartnern bezogen werden. Insbesondere der Zusammenhang zwischen beiden Kooperationsformen, also die Frage, wie sich Kooperationsbereitschaft im Netzwerk auf die Kooperationen in konkreten Projekten auswirkt und vice versa, ist für die Kooperations- und Innovationsförderung durch KMU-Netzwerke relevant.

Die innovations- und kooperationsfördernde Wirkung des Netzwerkes entfaltet sich zwar besonders in den frühen Phasen der Projektanbahnung (vgl. Hirsch-Kreinsen 2002: 121), verschwindet jedoch nicht zwangsläufig in daraus hervorgehenden Projekten. Je nach Stärke und Qualität der Netzwerkidentität und der damit zusammenhängenden Verhaltensregeln kann der systemische Rahmen auf das Projektgeschehen selbst übertragen werden. Beispiele für solche systemischen Wirkzusammenhänge können die Angst vor dem Verlust von Reputation, die Vorgabe für die Verwendung spezifischer Ressourcen, Kommunikations- und Verhaltensstandards etc. sein. Denkbar ist auch, dass ein akzeptierter Netzwerkteilnehmer (z. B. Netzwerkmanager) das Netzwerk innerhalb von Projekten repräsentiert und den Zugangspunkt (vgl. Giddens 1996) für das Netzwerk bereitstellt. Obige Beispiele zeigen, dass die innovationsbefördernden Potenziale von KMU-Netzwerken jenseits der Ermöglichung des Zugriffs auf relevante Ressourcen oder Informationen (so z. B. Tacke 2000; Aderhold 2005) in einem identitätsstiftenden Systemzusammenhang liegen können.

Allerdings kann gerade in den hier interessierenden, kaum berechenbaren Innovationsprozessen (Rammert 2002) mit heterogenen Akteuren Konkurrenz nicht ausgeschlossen werden. Schließlich steht das Netzwerk prinzipiell jedem regional ansässigen Unternehmen und damit prinzipiell auch für direkte Konkurrenten offen. Auch wenn eine der wichtigsten Maximen für den Netzwerkbeitritt die Vermeidung von direkter Konkurrenz ist, lässt sich Konkurrenz im Netzwerk generell aufgrund der räumlichen Nähe, der ähnlichen Organisationsgröße und der gleichen Branchenzugehörigkeit der Unternehmen niemals restlos verhindern.

In solchen innovationsorientierten Netzwerkkontexten stellt sich nun die Frage, ob und wie Misstrauen das Zusammenspiel z. B. von Kooperation und Konkurrenz beeinflusst. Bevor wir uns dieser Frage zuwenden können, sind zunächst die KMU-bedingten Besonderheiten der Netzwerke zu diskutieren. Denn nicht zuletzt sind es die KMU selbst, die durch ihre Struktur und Kultur die Netzwerkprozesse in spezifischer Weise prägen.

3. KMU-Netzwerke: Die Innenperspektive

In der Regel sind es kleine Unternehmen, die sich in KMU-Netzwerken organisieren. Ihre Stärken sind flexible Lösungsansätze, die Ausrichtung auf kundenindividuelle Lösungen und das flexible Operieren in Nischen. Selbst innerhalb einer Branche sind die Anforderungen, die diese Firmen an ein Netzwerk stellen, sehr individuell ausgeprägt. Die Heterogenität der Interessen in KMU-Netzwerken wird durch die vereinzelt anzutreffenden mittleren Unternehmen bzw. die Niederlassungen von Großunternehmen sowie durch die Partizipation von wissenschaftlichen Einrichtungen noch verstärkt. Die für die Innovationsfähigkeit unabdingbare Zusammenarbeit von Akteuren mit unterschiedlichen Sichtweisen und Interessen produziert ein Spannungsfeld zwischen notwendiger Heterogenität, hinreichender Komplementarität und produktiver Konkurrenz in KMU-Netzwerken, das mitunter einen erheblichen „Übersetzungsaufwand" zwischen den individuellen Fragestellungen einzelner Akteure, den kollektiven Netzwerkzielen und dem förderpolitischen Auftrag erfordert.

„Netzwerken" ist in *kleinen Unternehmen* Chefsache. Die exponierte Stellung der Unternehmer in ihrem Unternehmen und die ausgeprägte Überschneidung von Unternehmer- und Firmenidentität übertragen sich direkt auf die Prozesse im Netzwerk. Die Unternehmer kommen überwiegend selbst aus dem operativen, zumeist technischen Bereich und sind i. d. R. zugleich Gründer und Eigentümer. Die operative Problemlösungskompetenz stellt dabei die Basis für die Ausgründung dar und wird von den Unternehmern typischerweise auch weiter gepflegt. Unternehmer sind meist Persönlichkeiten, die eigenständig erprobte Lösungen situationsabhängig meistern und sich nicht wie das Management von Großunternehmen mittels „mimetischer Isomorphismen" (Dimaggio/Powell 1983) legitimieren müssen. Hinzu kommt eine eher gewachsene als strategisch geplante Organisationsstruktur. Diese besondere Eigenständigkeit und Individualität der Unternehmer führt in Netzwerken zur Tendenz, nur „selbst initiierten" Kooperationen zu trauen und Aufgabenverteilungs- sowie Fremdsteuerungsversuche im Netzwerk besonders sensibel zu verfolgen. Auch wenn viele Unternehmer innerhalb ihrer KMU einen partizipativen Führungsstil pflegen, sind sie es gewohnt, Entscheidungen allein zu treffen.

Das Zusammenspiel von Konkurrenz und Kooperation tritt bei der Kontaktaufnahme zwischen Unternehmern besonders zutage. Für Kooperationen sind sie die idealen Gesprächs- und Verhandlungspartner, da sie sowohl operativ als auch strategisch belastbare Eindrücke ermöglichen. Für die Kooperation spielt nämlich neben der fachlichen Eignung einer Firma vor allem das Persönliche eine Rolle. Letzteres ist nicht unbedingt eine Frage der Sympathie, sondern vielmehr eine der Verlässlichkeit, d. h. der Gewissheit, bei aufkommenden Problemen im Projekt durchgängig denselben Ansprechpartner zu haben. Gleichwohl neigen die Unternehmer aufgrund ihrer besonderen Situation dazu, dominant aufzutreten und stets die Aspekte Konkurrenz und Macht im Auge zu behalten. Die Unternehmer überwachen die Entwicklungen im Netzwerk diesbezüglich sehr genau und haben ein sensibles Gespür für aufkeimende Konkurrenzsituationen. Diese treten vor allem bei der Verteilung und beim Einsatz von Netzwerkmitteln sowie der Verteilung von Projekterträgen zutage.

Der Beitritt ins Netzwerk ist für kleine Unternehmen in mehrfacher Hinsicht eine Entscheidung mit wichtigen strategischen Implikationen. Kleine Unternehmen können zumeist nur in einem Netzwerk präsent sein. Da ihr kaufmännischer Spielraum sehr begrenzt ist, muss jede zusätzliche Belastung, so auch der Netzwerkbeitrag, in absehbarer Zeit messbare Ergebnisse hervorbringen. Zudem existieren Förderaktivitäten naturgemäß dort, wo alternative Strukturen fehlen, das organisationale Feld noch wenig transparent ist und Branchenkontakte schwer zu knüpfen sind. Die im Falle eines Austritts anfallenden „sunk costs" sowie der Mangel an Alternativen führen zu einer tendenziellen Abhängigkeit der KMU vom Netzwerk. Die finanzielle Kurzatmigkeit überträgt sich auch auf den Umfang des Netzwerkengagements und die Auswahl von Netzwerkprojekten, da ein oder zwei gescheiterte Projekte mitunter zur Insolvenz eines kleinen Unternehmens führen können.

Mit der Unternehmensgründung begeben sich die Unternehmer in einen Nexus andauernder Unsicherheit, der nicht nur mit wirtschaftlichen Fragen verbunden ist. Darüber hinaus sind es konkrete Lebensentwürfe und häufig enge persönliche Verbindungen, die als bestimmende Kräfte hinter vielen Entscheidungen stehen. Da KMU in der Regel weniger Gehalt zahlen können als Großunternehmen, sind es vor allem Werte wie Identifikation, Persönlichkeitsentfaltung und eine enge Bindung zwischen Unternehmen und Belegschaft, die das

Unternehmen für die Mitarbeiter interessant machen. Diese besondere Verantwortung wirkt sich wiederum auf die Risikowahrnehmung von Unternehmern in alltäglichen Entscheidungen aus. Hinzu kommt, dass kaufmännische Aspekte und Fragen der strategischen Weiterentwicklung für die Unternehmer Bereiche sind, die sie erst nach und nach durch zumeist schmerzhafte Erfahrungen erlernen mussten. Insbesondere für die Evaluation von Netzwerkeffekten haben die Unternehmer ein besonders feinsinniges Gespür entwickelt, welches sich weniger auf die Berechnung formaler Kennzahlen gründet als auf ihre Erfahrung und Gefühlslage.

Für die meisten der von uns befragten Unternehmer sind Netzwerke ein noch unbekanntes Terrain, auf dem die Möglichkeiten, die ein Netzwerk bietet, erst im Prozess des „Netzwerkens" wahrgenommen und definiert werden (müssen), um dann die Komplexität des Möglichkeitsraums Netzwerk zumindest subjektiv zu reduzieren (vgl. Manger 2009). Aus einer erfolgversprechenden Aussicht zum Zeitpunkt des Netzwerkeintritts, die zunächst nur aus einer vagen Vision bzw. einer positiven Einstellung zur Kooperation besteht, müssen in mühseliger Kleinarbeit konkrete Aktivitäten und Partner extrahiert werden. Das Lernen bezieht sich dabei nicht nur auf die Fähigkeit von Unternehmern, die strategischen Potenziale, die sich aus einer Netzwerkteilnahme eröffnen, antizipieren zu können, sondern auch auf das Verhalten und die Austauschprozesse, die nötig sind, um diese Potenziale auszuschöpfen. Die angesprochenen Aspekte gehen einher mit einem besonderen Verhältnis zum Risiko. Einerseits nehmen Unternehmer das mit einem strategischen Netzwerkbeitritt verbundene finanzielle Risiko auf sich, andererseits werden neue Möglichkeiten aufgrund der hohen Risikowahrnehmung eher zurückhaltend interpretiert und sehr subjektiv bewertet.

Neben den KMU sind die *Netzwerkmanager* oder *Netzwerkmanagerinnen* die zentralen Akteure in KMU-Netzwerken. Sie sind neben dem Vorstand zentrale Zugangspunkte zum Netzwerksystem. Dem Management kommen weniger strategische Aufgaben zu; diese übernehmen die Netzwerkteilnehmer selbst. Es geht vielmehr darum, das Netzwerk aktiv zu halten, Informationen einzuspeisen und zu verbreiten, alle Teilnehmer abzuholen und ihnen ein Gefühl von Betriebsamkeit zu vermitteln und so den Glauben an die Effektivität und Effizienz des Netzwerkzusammenhangs für die KMU kontinuierlich aufrechtzuerhalten. Während nach außen die einheitliche Visualisierung des Netzwerks als zusammengehörige „Marke" im Vordergrund steht, geht es nach innen um die Integration der einzelnen Netzwerkmotive. Diese Integration beinhaltet einen Prozess, der unmittelbar auf den notorischen Widerspruch von Markt und Hierarchie verweist. Die Manager operieren folglich in einer hierarchischen Grauzone, in der zwar formale Regeln existieren, diese aber stets situationsbedingt abgewogen werden müssen und deshalb in Entscheidungsprozessen wenig belastbar sind. Ein weiterer Widerspruch liegt zwischen dem Netzwerksystem und dem persönlichen Netzwerk der Unternehmer. Als Angestellte des Netzwerkes sind Netzwerkmanager primär an der Nachhaltigkeit des Netzwerkes interessiert. Für die Unternehmer hingegen ist die Netzwerkentwicklung als Gesamtvorhaben zunächst nur Mittel zum Zweck. Ihrer Ansicht nach profitieren sie primär von der Erweiterung ihres persönlichen (sozialen) Netzwerkes für potenzielle Projekte. Ob es sich dabei um Netzwerkmitglieder handelt oder nicht, ist nur von sekundärer Bedeutung. Tatsächlich erleichtert bzw. ermöglicht jedoch gerade die Zugehörigkeit zu einem KMU-Netzwerk den Aufbau und die Pflege des eigenen sozialen Netzwerkes ungemein, da es einen Bezugspunkt bereitstellt und eine Struktur für die Kontaktpflege eröffnet. In ihrer Funktion als Informationsrelais sind Netzwerkmanager potenziell in der besonderen Lage, die Belange der Netzwerkteilnehmer genau zu kennen und informell Absprachen „im Namen des Netzwerkes" machen zu können. Einerseits stärkt diese Position das Netzwerkmanagement als Zugangspunkt und das gesamte Netzwerk als System. Andererseits widersprechen gerade diese bilateralen Beziehungen dem Aufbau eines multiplexen Beziehungsgeflechts.

Größere Unternehmen können für KMU-Netzwerke wichtig sein, um die Sichtbarkeit und Bedeutung des Netzwerkes nach außen zu erhöhen. Nach innen ist ihr Effekt durchaus problematisch, da durch die strukturellen Unterschiede gemeinsame Bezugspunkte häufig fehlen und rascher ein Konkurrenz-Verdacht aufkommt. Auf der Firmenebene empfinden sich die kleinen Unternehmen allein durch die potenzielle Marktmacht der „Großen" in ihrer Nischenexistenz bedroht. Auf der personalen Ebene sind es mit zunehmender Unternehmensgröße Delegierte, die im Netzwerk aktiv sind. Aufgrund der funktionalen Differenzierung verändert sich der Status des Ansprechpartners, der nicht wie im Falle des Unternehmers uneingeschränkt in strategischen oder operativen Fragen für das Unternehmen sprechen kann. Bei der Anbahnung von Kooperationen zwischen großen und kleinen Unternehmen müssen somit Unterschiede sowohl zwischen der Organisation der Unternehmen als auch zwischen den Kompetenzen der Personen überwunden werden. Große Unternehmen verfügen zudem über die Kapazität, gleichzeitig in mehreren Netzwerken vertreten zu sein, wodurch der Stellenwert des jeweiligen KMU-Netzwerkes leidet. Sie können es sich leisten, ein Netzwerk z. B. weniger als Kooperationsplattform, denn als Möglichkeit der Marktbeobachtung zu nutzen.

Für die *wissenschaftlichen Einrichtungen* stehen im Rahmen ihrer Partizipation im Netzwerk besonders der Kontakt zur Industrie und die Möglichkeit zur gemeinsamen Anwendungsforschung im Vordergrund. Ähnlich wie große Unternehmen verfügen die Forschungseinrichtungen über einen längeren Atem und haben überdies in Projekten die Möglichkeit, im Gegensatz zur Teilförderung eines Partners aus der Wirtschaft, voll gefördert zu werden. Da die Primärfunktion von Kooperationen für wissenschaftliche Einrichtungen in der Publikation und nicht im Umsatz generierenden Produkt liegt, werden Projekte mit Vertretern aus der Wissenschaft von den Unternehmern grundsätzlich kritisch eingeschätzt und Projekte unter wissenschaftlicher Leitung zumeist abgelehnt.

4. Misstrauen und KMU-Netzwerke

Trotz seiner besonderen Konstellation und seines Potenzials für wirtschaftlich erfolgreiche Kooperationen, verkörpert der neue Typus von KMU-Netzwerken nur ein weiteres Mosaiksteinchen in einer durch zunehmende Vernetzung gekennzeichneten Gesellschaft. Sowohl die Allgegenwart von als auch die zahlreichen ernüchternden Erfahrungen mit Netzwerken und nicht zuletzt die Neustrukturierung von wirtschaftlichen Aktivitäten jenseits der Entscheidung von „make or buy" in einer auf Innovation gepolten Wissensgesellschaft (Powell 1990) nötigen förmlich zu einem reflexiven Umgang mit der „neueren" Organisationsform Netzwerk (Windeler 2001). Reflexivität impliziert hierbei nicht nur, dass man an die Grenzen der Steuerbarkeit (Beck et al. 1996) und an das Ende der Heilsversprechen von Vernetzung gelangt ist, sondern vor allem, dass die faktische Ausgestaltung von Netzwerken situativ, behutsam und erfahrungsbasiert geschehen muss. Diese Prämisse stellt nicht die Effektivität von Netzwerken in Frage, sondern verweist vielmehr auf die Notwendigkeit einer differenzierten Betrachtung der Erfolgsbedingungen für Vernetzung. So schöpfen Netzwerke ihre Kraft gerade aus ihren Widersprüchen: Sei es zwischen Abhängigkeit und Autonomie, zwischen Kooperation und Konkurrenz, zwischen Struktur und System oder zwischen kurzfristigen und langfristigen Gewinnaussichten. Diese dialektischen Spannungen streben geradezu ihrer Auflösung entgegen. So verdichten sich in der Praxis obige Widersprüche zu einem Knäuel, das für die Akteure kaum entwirrbar ist und dazu verleitet, die Aufmerksamkeit auf Vertrauen als die entscheidende Variable für effektive Netzwerkarbeit zu richten. Unglücklicherweise führt die Annahme, dass Vertrauen eine Grundbedingung auch von KMU-Netzwerken ist, dazu, die Potenziale von Misstrauen sowohl in der Theorie als auch in der Praxis systematisch auszublenden. Dabei ist schon seit langem bekannt, dass Misstrauen nicht einfach das Gegenteil von Vertrauen ist (vgl. Luhmann 1968) und somit in Netzwerken nicht nur Vertrauen *oder* Misstrauen aktualisiert werden kann.

Eine reflexive Netzwerkgestaltung nötigt die Akteure dazu, sich obigen Widersprüchen dauerhaft zu stellen. Dies impliziert auch die Akzeptanz einer produktiven Spannung zwischen Vertrauen und Misstrauen. Dabei gilt es, innerhalb dieser Unterscheidung nach produktiven und schädlichen Implikationen für die Vernetzung zu suchen und dabei auf die unterschiedlichen Erscheinungsformen von Misstrauen einzugehen (siehe Ellrich et al. 2001).

4.1 Vertrauen und Misstrauen als koexistente Dimensionen

Einige ambitionierte Beiträge zur Vertrauenstheorie haben den Vorschlag unterbreitet, Misstrauen nicht als Gegenpart von Vertrauen auf einer bipolaren Skala zu verstehen, sondern als dessen Supplement, mithin als eigenständige handlungsleitende Kraft, die – abgesehen vom Extremfall des blinden Vertrauens – jeder Kooperation innewohnt.[3] Die mit dieser Idee verknüpfte Annahme einer gedeihlichen Koexistenz von Vertrauen und Misstrauen in sozialen Beziehungen erscheint aus der Warte des Alltagsverständnisses eher als eine kontraintuitive Vorstellung, besitzt jedoch heuristische Potenziale, die auch in der empirischen Vertrauensforschung ihren Niederschlag und ihre – zumindest partielle – Bestätigung gefunden hat.

Dass Misstrauen mehr und etwas anderes ist als einfach nur fehlendes Vertrauen, hat Luhmann in seiner Beschreibung von Misstrauen als funktionales Äquivalent für Vertrauen plausibel gemacht. Das gleichzeitige Vorhandensein beider Einstellungen ist für ihn kein Widerspruch, sondern ein zwar zumeist unbemerktes aber dennoch normales Faktum in der sozialen Realität: „Niemand kann nur Gutes oder nur Schlimmes erwarten von jedermann in jeder Hinsicht" (Luhmann 1968: 70).

Auch Martin Schweer konnte durch qualitative Analysemethoden nachweisen, dass Vertrauen und Misstrauen eben nicht „zwei Seiten der gleichen Medaille" (Schweer 1999: 21 f.) darstellen, sondern tatsächlich als zwei voneinander unabhängige Dimensionen existieren. Die Eigenständigkeit beider Einstellungen zeigte sich u. a. an den Vertrauens- und Misstrauensvorstellungen, denen die befragten Akteure teils bewusst, teils unbewusst anhingen.

Trotz der beschriebenen prinzipiellen Unabhängigkeit beider Dimensionen lässt sich festhalten, dass eine erwünschte Beziehungsstabilität unter den Akteuren nur auf der Basis einer gleichsam „wohltemperierten" Relation zwischen

---

3   Siehe hierzu auch Endreß in diesem Band.

Vertrauen und Misstrauen denkbar ist. Der theoretischen Grundannahme einer in unterschiedlichen Mischungsverhältnissen immer schon gegebenen Koexistenz von Vertrauen und Misstrauen folgen Lewicki, McAllister und Bies in ihrem bahnbrechenden Aufsatz „Trust and distrust: new relationships and realities", der das Verhältnis von Vertrauen und Misstrauen analysiert (1998: 438 f.). Ausgehend von der gegebenen Koexistenz der Phänomene Vertrauen und Misstrauen entwickeln Lewicki et al. (1998) ein 4-Felder-Schema mit den Variablen high trust/low trust sowie high distrust/low distrust, um die möglichen Relationen zwischen Vertrauen und Misstrauen zu explorieren.

Der radikale Bruch mit einer bis dato herrschenden Forschungsmeinung zu Vertrauen und Misstrauen in Organisationen liegt in der von Lewicki et al. (1998) postulierten Idealkonstellation für organisationale Kooperationen. Diese verlangt nämlich gleichzeitig sowohl hohes Vertrauen als auch hohes Misstrauen zwischen den Akteuren. Die hier vertretene positive Deutung von hohem Misstrauen wirkt auf den ersten Blick kontraproduktiv, denn im Extremfall kann Misstrauen paranoide Situationsdeutungen hervorrufen und so fatale Wirkung zeitigen: Falsche oder übertriebene Annahmen, insbesondere die Unterstellung, dass die eigene Partei das Objekt böser Absichten ist, bestimmen nun Erleben und Verhalten. Die Folge sind Hyperwachsamkeit und zwanghafte Spekulationen über Verhalten und Absichten des Anderen. Kommunikation als Praxis der Vertrauensentwicklung verliert ihre Effizienz und Konflikte lassen sich nicht mehr durch vernünftige Argumente und Kompromisse beilegen. Signale und Angebote der anderen Seite werden nur noch als Belege für die Triftigkeit des Misstrauens verstanden und verstärken Zug um Zug die einmal gewonnene Einstellung.

Die Entstehung einer solchen Misstrauensspirale (siehe hierzu: Lewicki/ Tomlinson 2003) lässt sich allerdings verhindern, wenn Misstrauen in einem frühen Stadium der Interaktion aus der Latenz geholt, zum Gegenstand der Kommunikation erhoben und als heuristisch wertvoller Teil eines Diskurses über schwierige, aber lösbare Probleme betrachtet wird. Alternative Theorien über die produktiven Aspekte von Misstrauen, wie sie Luhmann und Lewicki et al. vorgelegt haben, können hierzu einen sinnvollen Beitrag leisten. Misstrauen erscheint hier z. B. als Schutzmechanismus vor übertriebener Gruppenkohäsion, die eine unabhängige Entscheidungsfindung nahezu unmöglich macht. Auch bestimmte Formen der Institutionalisierung misstrauischer Beobachtungen der laufenden Prozesse können von Nutzen sein: Regelmäßiges Monitoring interdependenter Beziehungen und formelle Verträge sind ebenso rationale wie angemessene Mittel, um sich abzusichern und gebotene Grenzen in einer Beziehung aufrechtzuerhalten. Oftmals machen derartige Konstruktionen dauerhafte Kooperation überhaupt erst möglich.[4]

Der Schlüssel zum Erfolg liegt hierbei nicht in der Installierung von Sanktionsmöglichkeiten, sondern in der Reduzierung der „Verwundbarkeit" beider Parteien. Diejenigen Teile der interdependenten Beziehung, die mit Misstrauen betrachtet werden, lassen sich durch Institutionalisierung unter Kontrolle bringen. Institutionalisierung – und das scheint ausschlaggebend zu sein – gibt sich hier „als sachlich interessierte Intervention" zu erkennen. Sie übernimmt die Rolle einer Strategie, die „die Durchführung von misstrauischen Handlungen ermöglich[t]", ohne diese – wie Luhmann es noch für erforderlich hielt – „als Einstellung weg[zu]fingieren" (Luhmann 1968: 75), sondern als legitimes und effizienzsteigerndes Verfahren der Problembewältigung offiziell auszuflaggen.

Das funktionale Potenzial von Misstrauen findet ansatzweise auch in der Forschungsliteratur über das komplexe Wechselspiel zwischen Vertrauen und Kontrolle Beachtung (siehe hierzu etwa: Klein Woolthuis et al. 2002). Kontrolle wird hier allerdings mitunter so eng definiert, dass sie als Sorte der Misstrauensartikulation erscheint, die unweigerlich eine Vertrauensminimierung nach sich zieht. Immer dann, so lautet das einschlägige Argument, wenn Kontrollmechanismen installiert, also explizite Akte des Misstrauens vollzogen werden, bleiben die (eigentlich benötigten) riskanten Vorleistungen, in denen sich Vertrauen bekundet, aus; denn die Bedeutung und Unverzichtbarkeit von Vertrauen bestehe ja gerade darin, den Akteuren ein Motiv für Investitionen zu liefern, die die Sicherheitsgarantien von Kontrollmechanismen entbehrlich machen und deshalb auch so gewinnträchtig sind.

---

4   Lewicki, McAllister und Bies (1998) erörtern die Idealkonstellation aus hohem Vertrauen und hohem Misstrauen nicht nur als eine äußerst produktive, sondern – und dies mag noch mehr überraschen – auch als die am häufigsten praktizierte Variante in Kooperationsbeziehungen. Zur Erläuterung mag das von den Autoren selbst angeführte Beispiel des Joint Venture zwischen Boeing und den japanischen Partnern bei der Entwicklung der Boeing 777 dienen. So wurden hier etwa gemischte Teams gebildet und Produktionsstätten von Boeing den japanischen Ingenieuren zugänglich gemacht. Technisches Know-how und geschützte Informationen durften im Rahmen des Joint Venture ausgetauscht werden. Das somit den japanischen Partnern entgegengebrachte Vertrauen stand jedoch gleichzeitig einer deutlichen Manifestierung von Misstrauen gegenüber. So konnten sich die Mitarbeiter in den für sie relevanten Produktionsstätten zwar frei bewegen, doch zu bestimmten, als Sicherheitszonen deklarierten Räumlichkeiten hatten sie – ganz offensichtlich aus Angst vor Industriespionage – keinen Zutritt. Während also offenbar ein auf Vertrauen aufbauendes Verhältnis zwischen beiden Parteien existierte, wurden die japanischen Teammitglieder täglich und unübersehbar mit einem auf sie gerichteten hohen Misstrauen konfrontiert. Die Autoren konnten anhand des erläuterten Beispiels darauf aufmerksam machen, dass diese Kooperation, die auf den ersten Blick als rein vertrauensbasierte Erfolgsstory gelten konnte, von einem hohen, manifesten Misstrauen begleitet wurde.

Langzeitstudien in interorganisationalen Beziehungen haben diesen Einwand jedoch entkräftet und nachgewiesen, dass formale Kontrolle nicht bloß als funktionales Äquivalent für Vertrauen, sondern gerade auch als Ergänzung zum Vertrauen existieren kann (Klein Woolthuis et al. 2002). Die „Institutionalisierung von Misstrauen" in Gestalt formaler Kontrolle stellt folglich prinzipiell keinen Widerspruch zum Vertrauen dar und reduziert deshalb auch nicht zwangsläufig diejenigen riskanten Investitionen, welche mit der Vergabe von Vertrauen einhergehen. Die Annahme, Vertrauen nehme durch jedwede (das Vorhandensein von Misstrauen anzeigende) Kontrollbestrebungen per se Schaden, ist im Kontext unternehmerischer Kooperationen und Innovationsprozesse nicht generell triftig; ohnehin gehören formale Regeln, schriftliche Fixierungen und Verträge zum zwar unliebsamen, aber durchaus alltäglichen Prozedere unternehmerischen Handelns. Noch weit wichtiger als Kontrollmechanismen qua verkörperter Misstrauensakte sind allerdings „weiche" Misstrauensbekundungen, die sich in Kommunikationen äußern, die durch ihre Offenheit stets auch eine Brücke zu den vorhandenen Vertrauensdepots schlagen. Zu leisten wäre also eine Entindividualisierung von Misstrauensbekundungen durch die Einrichtung systemischer Zurechnungsorte bzw. -instanzen, die sich jedoch nicht zu eigenständigen Organen formaler Kontrolle auswachsen dürfen. Durch eine solche quasisystemische Wendung wird Misstrauen nicht nur vom Verdacht, bloß ein Ausdruck der Störungskapazitäten singulärer Akteure zu sein, befreit. Es tritt auch als legitimer Bestandteil der Netzwerkaktivitäten aus der Latenz hervor und verschafft sich als Element einer Gesprächskultur Anerkennung, die vorhandenes Vertrauen nicht aufzehrt, sobald Misstrauen auf die Agenda gesetzt wird.

Gerade in Netzwerk-Kontexten müssen die Möglichkeiten zur Entfaltung eines für das Gesamtsystem günstigen Verhältnisses von Vertrauen und Misstrauen ausgelotet werden. Nur so lassen sich gehaltvolle Aussagen über die optimalen Voraussetzungen für Innovationsprozesse treffen. Eine der dringlichsten Aufgaben der auf KMU gerichteten Netzwerk-Forschung liegt deshalb darin, die Ingredienzien eines innovationsfördernden Misstrauens, das in Netzwerken seinen gemäßen Nährboden findet, zu bestimmen. Um dieses Fernziel zu erreichen, ist es zunächst nötig, die unterschiedlichen Ausprägungen von funktionalem und dysfunktionalem Misstrauen zu erfassen.

4.2 Beispiele

Wie gezeigt, müssen KMU-Netzwerke, um erfolgreich das Potenzial ihrer Vernetzung zu nutzen, eine Reihe von Widersprüchen geschickt ausbalancieren. Dazu ist Vertrauen nötig. Mindestens genauso wichtig sind jedoch geeignete Strategien, um das in Netzwerkprozessen aus den strukturellen Widersprüchen zwangsläufig entstehende Misstrauen produktiv zu wenden. Misstrauen ist für Netzwerke nicht grundsätzlich schädlich, sondern kann sowohl dysfunktionale als auch funktionale Effekte erzielen. Beispiele für einen produktiven Einsatz von Misstrauen lassen sich gleichwohl eher selten finden, da die alltagssprachliche Verwendung bzw. Zuschreibung von Misstrauen äußerst negativ besetzt ist. Dies führt in der Praxis fast zwangsläufig dazu, dass Misstrauen in der Latenz gehalten wird, sich einer konstruktiven Auflösung entzieht und sich im schlimmsten Fall in einer Misstrauensspirale manifestiert bzw. auf andere Bereiche im Netzwerk ausstrahlt.

Im Folgenden werden zwei aufschlussreiche Beispiele herangezogen, um die beiden Typen des Misstrauens zu erläutern: 1. ein sich selbst verstärkendes dysfunktionales Misstrauen, 2. ein institutionalisiertes Misstrauen, das für das Netzwerk und seine Mitglieder eine hohe Funktionalität besitzt.

Im ersten Fall handelt es sich um ein KMU-Netzwerk, in dem zwar vielfältige Bestrebungen zur Auftragsakquisition seitens des Netzwerks unternommen wurden, die initiierten Projektgruppen jedoch ausnahmslos im Angebotsprozess scheiterten. Der Netzwerkmanager führte diese Situation auf fehlendes Engagement der KMU zurück. In seiner Wahrnehmung scheuten die Unternehmer vor den neuen Herausforderungen und den sich eröffnenden Möglichkeiten zurück, da es sich bei den KMU zumeist um kleine Unternehmen mit einer starken Verankerung in dem bestehenden Kundenkreis handelte. Aus der Warte der Unternehmer hingegen entsprachen die Akquisitionsbestrebungen des Netzwerkmanagers letztlich nicht dem jeweiligen Profil der KMU und sie benötigten darüber hinaus vergleichsweise langfristige und ressourcenintensive Ausschreibungsprozesse.

Offenbar handelt es sich hier um den Konflikt zwischen unterschiedlich interpretierten Funktionsrollen: Statt primär auf die Integration der Netzwerkteilnehmer zu setzen, verstand sich der Netzwerkmanager eher als Visionär, der mögliche Wege aufzeigt, auf denen die KMU dann zum Erfolg gelangen sollten. Diese Einstellung widersprach jedoch flagrant der Macher-Mentalität der Unternehmer und einer auf Sicherheit und Kurzfristigkeit ausgerichteten Strategie der KMU. Die Netzwerkmitglieder vermieden es jedoch, den Manager diesbezüglich offen zu kritisieren, da die professionelle Außendarstellung und die kontinuierliche Lobbyarbeit, welche mit dem Charisma des Netzwerkmanagers verknüpft waren, den Nimbus des Netzwerkes ausmachten. Auf beiden Seiten fehlten adäquate Mittel, um Mutmaßungen und Bedenken in einen konstruktiven Dialog zu überführen. Stattdessen verfestigten sich die Vorbehalte derart, dass sich eine Misstrauensspirale in Gang setzte, die sich letztendlich auch auf das Verhältnis zwischen den KMU übertrug und deren Risiko- und Konkurrenzwahrnehmung erhöhte.

Die in der Startphase des Netzwerkes noch diskutierte Option, aus den eigenen Reihen Kooperationsprojekte anzustoßen, wurde im weiteren Verlauf aufgrund des sich latent ausbreitenden Misstrauens nicht umgesetzt. Obschon die Netzwerkteilnehmer sich auf der persönlichen Ebene durchaus gut verstanden, führte das latente Misstrauen gegenüber dem Netzwerk als System dazu, dass sie sich ohne konkreten Anlass zunehmend als Konkurrenten betrachteten. Damit wurden nicht nur erfolgversprechende Mittel zur Kooperation blockiert, sondern auch die Bestandsvoraussetzungen des Netzwerks als Ganzes gefährdet.

Als rares Beispiel für mögliche produktive Effekte von Misstrauen lässt sich ein anderes KMU-Netzwerk anführen, das durch die Institutionalisierung argwöhnischer Beobachtung die entpersonalisierte Attribution von Misstrauensäußerungen ermöglichte.

In diesem Netzwerk kursierte der unausgesprochene Verdacht, der Netzwerkmanager würde sich nicht primär um die Belange der KMU und des Netzwerkes kümmern, sondern befinde sich durch seine Tätigkeit bei einer weiteren Lobby- und Technologietransferagentur in einem Interessenskonflikt. Kritisiert wurden von den KMU vor allem die mangelhafte Kommunikation des Netzwerkmanagers und die Intransparenz von netzwerkrelevanten Entscheidungsprozessen. Nichtsdestotrotz hatten auf bilateraler Ebene bereits einige erfolgreiche Kooperationsprojekte zwischen Netzwerkmitgliedern in Eigenorganisation stattgefunden. Das hierbei entstandene Vertrauen in die eigene Kooperationsfähigkeit wurde flankiert durch ein starkes latentes Misstrauen in den Netzwerkmanager und die derzeitige Konstellation des Netzwerks. Auch in diesem Falle fehlten den Akteuren die geeigneten Mittel und Foren, um das heikle Problem zur Sprache zu bringen.

Als die Vertragsverlängerung des Netzwerkmanagers anstand, nutzte eine kleine Gruppe diese Zäsur, um eine intensive Reflexion über die aktuelle Situation des Netzwerkes anzustrengen. Im Zuge der heftigen Auseinandersetzung wurde nicht nur zum ersten Mal das Thema Misstrauen angesprochen, sondern die KMU fassten – durch das offene Eingeständnis der Krise gefördert – auch wieder Vertrauen in das Netzwerk, an dessen strategischem Nutzen ein allgemeines unverbrüchliches Interesse bestand. Man einigte sich schließlich darauf, einen Beirat zu installieren, der zukünftig als Instanz für die vertrauensvolle

Artikulation von Misstrauen dienen sollte. Diese Institutionalisierung von Misstrauen bestand in der Folge eine Reihe von Bewährungsproben, weil sie kraft ihrer Entindividualisierungsstrategie die Misstrauensäußerungen von einzelnen Personen abkoppelte und damit kommunikabel machten. Mit der gelungenen systemischen Wendung konnte auch das Vertrauen in das Netzwerk gefestigt werden.

5. Fazit

Durch die auf Vernetzung ausgerichtete regionale Förderpolitik entstehen für KMU neue strategische Kooperationsperspektiven. In systemisch koordinierten KMU-Netzwerken finden sie und andere regionale Spieler sich zusammen, um ein Netzwerk zu formieren, aus dem heraus nachhaltig Kooperations- und Innovationsprojekte entstehen können. Dass Kooperationen auf der Netzwerk- sowie der Projektebene maßgeblich durch Vertrauen unterstützt bzw. ermöglicht werden, ist unbestritten. In KMU-Netzwerken besitzt darüber hinaus der Umgang mit Misstrauen eine zumeist ignorierte Relevanz. Denn gerade diese spezielle Form der Interaktion ist durch misstrauensaffine Strukturen und Mentalitäten gekennzeichnet, die dergestalt nur in KMU-Netzwerken zu finden sind. Hier dominieren nämlich der persönlich anwesende Unternehmer und seine Weltsicht die Szene. Das existenzielle Risiko für den eigenen Lebensentwurf, das damit verknüpfte Schicksal der kleinen Belegschaft, der geringe finanzielle Puffer, die eher im operativen als im kaufmännischen Bereich liegenden Kompetenzen und nicht zuletzt die unbekannten Funktionsweisen von Netzwerken führen zu einem ausgeprägten Gefahrenbewusstsein und einer grundsätzlichen Skepsis.

Anhand von zwei Beispielen konnte gezeigt werden, dass in KMU-Netzwerken neben dem notorischen Vertrauen auch zwei Typen des Misstrauens – nämlich funktionales und dysfunktionales – anzutreffen sind. Die Nützlichkeit des institutionalisierten Arrangements *KMU-Netzwerk* wird nicht zuletzt davon abhängen, ob und wie es den Akteuren gelingt, Vertrauen und Misstrauen als zwei fundamentale Elemente jeder Kooperation produktiv zu wenden. In welcher konkreten Form dies geschehen könnte, wurde ansatzweise skizziert. Die Bereitschaft zur riskanten Kommunikation von latent gehaltenem Misstrauen und die Akzeptanz systemischer Einrichtungen (z. B. Beiräten) gehören ebenso dazu wie die Fähigkeit, sich mit ungewohnten Vorstellungen über die gedeihlichen Aspekte von Misstrauen (z. B. die Preisgabe der sog. Nullsummen-These) anzufreunden. Denn leistungsfähiges Vertrauen, das gegen „Versumpfungsgefahren" gefeit ist, benötigt eine angemessene Dosis Misstrauen. Weitere

Untersuchungen müssen nun Aufschluss über das ganze Spektrum unterschiedlicher und ggf. höchst subtiler Praktiken eines produktiven Umgangs mit Misstrauen geben und aufzeigen, in welchen Phasen von Kooperationsprozessen jeweils spezifische Formen dieser problemsensiblen Aktivitäten zu Buche schlagen.

Literatur

Aderhold, Jens (2005): Unternehmen zwischen Netzwerk und Kooperation. Theoretische und pragmatische Folgerungen einer übersehenen Unterscheidung. In: Dies. (Hrsg.) (2005): Modernes Netzwerkmanagement. Anforderungen. Methoden. Anwendungsfelder. Wiesbaden: Gabler: 113–142

Axelrod, Robert (1984): The Evolution of Cooperation. New York: Basic Books

Beck, Ulrich/Giddens, Anthony/Lash, Scott (1996): Reflexive Modernisierung. Eine Kontroverse. Frankfurt/Main: Suhrkamp

Buhl, Claudia M./Meier zu Köcker, Gerd (2008): Überblick: Netzwerk- und Clusteraktivitäten der Bundesländer. Berlin: Bundesministerium für Wirtschaft und Technologie. Abgerufen am 26.04.2011 (http://www.kompetenznetze.de/service/nachrichten/2009/medien/uberblicknetzwerk-und-clusteraktivitaten-der-bundeslander.pdf)

Coleman, James S. (1991): Grundlagen der Sozialtheorie. Band 1. Handlungen und Handlungssysteme. München: Oldenbourg

Dimaggio, Paul/Powell, Walter W. (1983): The Iron Cage Revisited. Institutional Isomorphism and Collective Rationality in Organisational Fields. In: American Sociological Review 48(2): 147–160

Domsch, Michel E./Ladwig, Désirée/Siemers, Sven H. A. (1995): Innovation durch Partizipation. Eine erfolgversprechende Strategie für den Mittelstand. Stuttgart: Schäffer-Poeschel

Ellrich, Lutz/Funken, Christiane/Hörlin, Sinje/Seidler, John/Stoll, Alexander/Thoma, Jules (2010): TRUSTnet. Vertrauen und Misstrauen als Motoren von Innovationsprozessen in KMU-Netzwerken. In: Möslein, Kathrin M./Trinczek, Rainer/Bullinger, Angelika C./Danziger, Frank/Lücking, Stefan (Hrsg.) (2010): BALANCE Konferenzband. Flexibel, stabil und innovativ: Arbeit im 21. Jahrhundert. Göttingen: Cuvillier: 67–74

Ellrich, Lutz/Funken, Christiane/Meister, Martin (2001): Kultiviertes Misstrauen. Bausteine zu einer Soziologie strategischer Netzwerke. In: Sociologica Internationalis 39(2): 191–234

Emirbayer, Mustafa/Goodwin, Jeff (1994): Network Analysis, Culture and the Problem of Agency. In: The American Journal of Sociology 99(6): 1411–1454

Gambetta, Diego (1988): Trust. Making and Breaking Cooperative Relations. New York: Blackwell Publishers

Giddens, Anthony (1996): Konsequenzen der Moderne. Frankfurt/Main: Suhrkamp

Hirsch-Kreinsen, Hartmut (2002): Unternehmensnetzwerke. Revisited. In: Zeitschrift für Soziologie 31(2): 106–124

Klein Woolthuis, Rosalinde/Hillebrand, Bas/Nooteboom, Bart (2002): Trust and Formal Control in interorganizational Relationships. ERIM Report Series reference number ERS-2002-13-ORG. Abgerufen am 13.04.2011 (http://repub.eur.nl/res/pub/162/erimrs20020201091324.-pdf)

Kowol, Uli/Krohn, Wolfgang (1995): Innovationsnetzwerke. Ein Modell der Technikgenese. In: Rammert, Werner/Bechmann, Gotthard/Halfmann, Jost (Hrsg.) (1995): Technik und Gesellschaft Jahrbuch. Frankfurt/Main, New York: campus: 77–105
Krücken, Georg/Meier, Franz (2003): Wir sind alle überzeugte Netzwerktäter. Netzwerke als Formalstruktur und Mythos der Innovationsgesellschaft. In: Soziale Welt 54: 71–92
Lewicki, Roy J./McAllister, Daniel J./Bies, Robert J. (1998): Trust and Distrust. New Relationships and Realities. In: The Academy of Management Review 23(3): 438–458
Lewicki, Roy J./Tomlinson, Edward C. (2003): Distrust. Beyond Intractability. Herausgegeben von Guy Burgess und Heidi Burgess. Conflict Research Consortium, University of Colorado, Boulder. Abgerufen am 27.04.2011 (http://www.beyondintractability.org/essay/distrust/)
Luhmann, Niklas (1968): Vertrauen. Ein Mechanismus der Reduktion sozialer Komplexität. Stuttgart: UTB
Manger, Daniela (2009): Innovation und Kooperation. Zur Organisierung eines regionalen Netzwerks. Bielefeld: transcript
Meier zu Köcker, Gerd/Buhl, Claudia M. (2008): Kompetenznetze initiieren und weiterentwickeln. Netzwerke als Instrument der Innovationsförderung, des Wirtschaftswachstums und Standortmarketings. Berlin: Bundesministerium für Wirtschaft und Technologie. Abgerufen am 26.04. 2011 (http://www.kompetenznetze.de/service/termine/2008/medien/kompetenznetze-initiieren-und-weiterentwickeln.pdf)
Ortmann, Günther (2008): Organisation und Welterschließung. Wiesbaden: VS Verlag für Sozialwissenschaften
Powell, Walter W. (1990): Neither market nor hierarchy. Network forms of organization. In: Research in Organizational Behavior 12: 295–336
Powell, Walter W. (1996): Weder Markt noch Hierarchie. Netzwerkartige Organisationsformen. In: Kenis, Patrick/Schneider, Volker (Hrsg.) (1996): Organisation und Netzwerk. Institutionelle Steuerung in Wirtschaft und Politik. Frankfurt/Main, New York: campus: 213–271
Rammert, Werner (1997): Innovation im Netz. Neue Zeiten für technische Innovationen. Heterogen verteilt und interaktiv vernetzt. In: Soziale Welt 48(3): 397–416
Rammert, Werner (2002): The Cultural Shaping of Technologies and the Politics of Technodiversity In: Sørensen, Knut H./Williams, Robin (Hrsg.) (2002): Shaping Technology, Guiding Policy. Concepts, Spaces and Tools. Cheltenham: Elgar: 173–194
Schweer, Martin K. W. (1999): Vertrauen und Misstrauen – zwei Seiten derselben Medaille? Eine Untersuchung zu den impliziten Theorien interpersonalen Vertrauens und Misstrauens. Vechta: Hochschule Vechta
Sydow, Jörg (1992): Strategische Netzwerke. Evolution und Organisation. Wiesbaden: Gabler
Sydow, Jörg/Windeler, Arnold (1999): Steuerung von und in Netzwerken. Perspektiven, Konzepte, vor allem aber offene Fragen. In: Dies. (Hrsg.) (1999): Steuerung von Netzwerken. Konzepte und Praktiken. Wiesbaden: Westdeutscher Verlag: 1–24
Sydow, Jörg/Windeler, Arnold (2004): Projektnetzwerke. Management von (mehr als) temporären Systemen. In: Dies. (Hrsg.) (2004): Organisation der Content-Produktion. Wiesbaden: VS Verlag für Sozialwissenschaften: 37–54
Sztompka, Piotr (1999): Trust. A Sociological Theory. Camebridge: Cambridge University Press
Tacke, Veronika (2000): Netzwerk und Adresse. In: Soziale Systeme 6(2): 291–320
Windeler, Arnold (2001): Unternehmungsnetzwerke. Konstitution und Strukturation. Wiesbaden: Westdeutscher Verlag
Windeler, Arnold (2003): Kreation technologischer Pfade. Ein strukturationstheoretischer Analyseansatz. In: Schreyögg, Georg/Sydow, Jörg (Hrsg.) (2003): Strategische Prozesse & Pfade. Wiesbaden: Gabler: 295–328

IV. Vertrauen in transnationalen und interprofessionellen Kontexten

Global verteilte Kopfarbeit in der IT-Industrie: Arbeit und Vertrauen im globalen „Informationsraum"

Andreas Boes, Tobias Kämpf und Steffen Steglich

Zusammenfassung

Mit dem Aufstieg neuer globaler Produktionsstrukturen erhält das Thema Vertrauen neue Bedeutung und Relevanz. Auf Basis des globalen „Informationsraums" werden heute auch im Bereich der Kopfarbeit weltweit verteilte Arbeitsprozesse möglich. Vorreiter und „Enabler" neuer globaler Geschäfts- und Produktionsmodelle ist die IT-Branche. Der Aufsatz argumentiert aus einer arbeitssoziologischen Perspektive dahingehend, dass der Vertrauensbegriff wichtige Impulse liefern kann, die dabei entstehenden globalen Kooperationsbeziehungen zu verstehen. Auf Basis einer umfangreichen Empirie wird rekonstruiert, dass Kooperation gerade im globalen Kontext die Frage nach dem Vertrauen bei der Zusammenarbeit der Beschäftigten immer wieder neu auf die Tagesordnung setzt. Es zeigt sich in der Praxis, dass Standortkonkurrenzen das Systemvertrauen unterminieren und so personale Vertrauensbeziehungen und die Kommunikation von Wissen blockiert werden. Das Thema Vertrauen ist deshalb zentraler Bestandteil eines notwendigen neuen Leitbilds nachhaltiger Globalisierung.

1. Eine neue Phase der Globalisierung: Vertrauen als Problem globaler Kooperationsbeziehungen

Im Zuge der Herausbildung neuer globaler Produktionsstrukturen erhält das Thema Vertrauen neue Bedeutung und Relevanz, gerade was die Rolle des Vertrauens in globalen Kooperationsbeziehungen angeht. Dies mag zunächst überraschen, denn im Zentrum von Internationalisierungsprozessen standen lange die Industriearbeit und die Fertigung in traditionellen Industrien. Dort blieb globale Kooperation aber das Feld weniger Spezialisten im Management; der "shop floor" hingegen erlebte die Globalisierung vor allem als Verlagerung von Arbeitsplätzen. Kooperationsbeziehungen auf Arbeitsebene über Grenzen hinweg blieben lange eine Ausnahme.

Heute sind jedoch nicht mehr nur die klassischen Industrien von Globalisierungsprozessen betroffen, sondern auch neue Bereiche wie die hochqualifizierte Angestelltenarbeit in der IT-Industrie. Immer mehr Bereiche der Kopfarbeit werden zum Gegenstand internationaler Arbeitsteilung, was ein komplexes Gefüge von globalen Kooperationsbeziehungen auch und gerade auf der unmittelbaren Arbeitsebene erforderlich macht. Vor allem die Diskussion um Offshoring und Nearshoring zeigt diese veränderte Situation (einen Überblick über die Diskussion bieten Boes 2004, 2005b und Kämpf 2008; siehe auch Mayer-Ahuja 2011; Flecker/Huws 2004; Flecker/Kirschenhofer 2002; Flecker 2007; Holtgrewe/Meil 2008; Sahay et al. 2003).[1] Insbesondere Länder wie Indien und China sowie die Region Ost-Europa werden nun zu attraktiven und kostengünstigen Alternativen zu den traditionellen Hightech-Standorten der westlichen Welt. Auch dort finden globale Unternehmen mittlerweile ein wachsendes Reservoir hochqualifizierter Fachkräfte vor. Während man zunächst versuchte, dieses Know-how-Potenzial durch Migration und „body shopping" (Stichwort: Greencard-Debatte) zu erschließen, begannen globale Konzerne bald, in den Off- und Nearshore-Regionen eigene Standorte aufzubauen. Im Zentrum dieser Entwicklung steht insbesondere die Internationalisierung von Software-Entwicklung und IT-Dienstleistungen.

---

1   Wissenschaftlichen Kriterien genügen die Begriffe Offshoring und Nearshoring jedoch kaum. In den gebräuchlichen Definitionen wird nur unspezifisch die Verlagerung von Arbeitsplätzen in den Blick genommen, ohne jedoch die genauen Bedingungen und Merkmale dieser Form der Internationalisierung verbindlich und trennscharf zu bestimmen. Nicht zuletzt deshalb hat sich kaum eine einheitliche Verwendung des Begriffs durchgesetzt (vgl. dazu auch Boes/Schwemmle 2005; Boes 2004, 2005b; Storie 2006). Offshoring bezeichnet in der Regel sehr allgemein die Nutzung von Produktionskapazitäten in Niedriglohnregionen zur Internationalisierung betrieblicher Wertschöpfungsprozesse. Damit der Begriff produktiv verwendbar wird, ist es sinnvoll, die damit bezeichneten Internationalisierungsprozesse auf Tätigkeiten in Bereichen der „Kopfarbeit" und der Dienstleistungserstellung zu beschränken, die bisherigen Formen internationaler Arbeitsteilung nicht zugänglich waren. Insofern sollte der Begriff also im Sinne einer Abgrenzung von Arbeitsplatzverlagerungen innerhalb industrieller Fertigungsprozesse verwendet werden. Zudem wird in der einschlägigen Literatur häufig auch zwischen Offshoring und Nearshoring differenziert. Nearshoring beschreibt demnach Verlagerungsprozesse in relativ nahe gelegene (Niedriglohn-)Standorte, während Offshoring explizit die Verlagerung in weit entfernte Regionen thematisiert. Diese Unterscheidung gewinnt zunehmend an Bedeutung, da insbesondere in Deutschland viele Unternehmen mittlerweile gezielt versuchen, Nearshore-Regionen vor allem in Mittel-Ost-Europa zu erschließen (Ruiz-Ben/Wieandt 2006).

Zunächst war die Entwicklung stark geprägt vom Leitbild Offshoring und dem Thema Kostensenkung. Auch die lebhafte öffentliche Diskussion bezog sich vor allem auf die Anzahl der verlagerten bzw. verlagerbaren Arbeitsplätze. Hinter dieser Entwicklung verbirgt sich jedoch weit mehr als die bloße Frage nach der Verlagerbarkeit hochqualifizierter Arbeitsplätze. Vielmehr zeigt sich in der Praxis, dass insbesondere im Bereich der IT-Industrie die führenden Unternehmen im Bereich Software-Entwicklung und IT-Dienstleistungen, u. a. auf Basis einer Standardisierung von Produkten und Prozessen, ihre Wertschöpfung sehr grundlegend und auf globaler Ebene reorganisieren. Als strategisches Leitkonzept entwickelt sich dabei das „global integrierte Unternehmen" (Boes et al. 2008). Ziel ist die Etablierung global integrierter Produktionsstrukturen auch im Bereich der Kopfarbeit. Die Basis hierfür bildet der globale „Informationsraum" (Baukrowitz/Boes 1996) – für Tätigkeiten, deren Arbeitsgegenstand digitalisierbar ist, wird er zu einem neuen „Raum der Produktion" (Boes 2004, 2005b). Damit entstehen auf der Arbeitsebene neue Möglichkeiten direkter Zusammenarbeit über Ländergrenzen hinweg.

Die Verlagerung von Arbeitsplätzen erweist sich demnach als nur eine von vielen Facetten der Internationalisierung. Entscheidend ist, dass sich die betroffenen Beschäftigten nun zunehmend in einem globalen Verweissystem bewegen und die Kooperation mit Kollegen aus weltweit verteilten Standorten immer mehr zu einer alltäglichen Erfahrung wird. Die Internationalisierung von Kopfarbeit und die damit verbundenen neuen Formen der globalen Kooperation bezeichnen wir als „neue Phase der Globalisierung" (Boes et al. 2008; Boes/Kämpf 2010a, 2011).

Vor diesem Hintergrund bekommt auch die Frage des Vertrauens eine neue Bedeutung. Insbesondere geht es darum, wie und ob Vertrauen in global verteilten Arbeitsprozessen auf Basis des „Informationsraums" entstehen kann. Auf der einen Seite erfordern globale Kooperationsbeziehungen, zum Beispiel im Rahmen international verteilter Software-Projekte, Vertrauen zwischen den Beteiligten. Dies gilt insbesondere mit Blick auf die Wissenskommunikation im „Informationsraum" und die Organisation von Lernprozessen. Auf der anderen Seite drohen offene und latente Standortkonkurrenzen Vertrauen in globalen Arbeitsbezügen immer wieder zu unterminieren und damit Kooperationsbeziehungen und Lernprozesse zu blockieren.

Im Folgenden wollen wir aus einer arbeitssoziologischen Perspektive zeigen, dass der Vertrauensbegriff wichtige Impulse liefern kann, um globale Kooperationsbeziehungen zu verstehen; und wir wollen auf Basis einer umfangreichen Empirie rekonstruieren, dass Kooperation gerade im globalen Kontext die Frage nach dem Vertrauen in der Zusammenarbeit zwischen den Beschäftigten immer wieder neu auf die Tagesordnung setzt. Die empirische Basis unserer

Überlegungen bilden mehr als 30 Fallstudien in Deutschland, Indien, Osteuropa und den USA. Dabei wurden insgesamt mehr als 400 Expertengespräche und Tiefeninterviews mit hochqualifizierten Beschäftigten geführt.[2]
Nach einer Einführung in den sozialwissenschaftlichen Diskurs zum Thema Vertrauen wird am Beispiel der IT-Industrie gezeigt, wie sich neue Formen globaler Kooperation auf Basis des „Informationsraums" zwischen den Polen „verlängerte Werkbank" und „kollaboratives Entwicklungsnetzwerk" (Boes et al. 2007) entfalten. Darauf aufbauend wird auf Basis der Empirie gezeigt, dass die Organisation globaler Kooperationsmuster ein komplexer Prozess ist, der insbesondere auf der Etablierung von Vertrauensbeziehungen beruht. Abschließend wird argumentiert, dass die Kooperations- und Vertrauenspotenziale des „Informationsraums" nur dann ausgeschöpft werden können, wenn ein neues Leitbild einer nachhaltigen Globalisierung entworfen wird.

2. Vertrauen – ein facettenreicher Begriff und dessen Relevanz für globale Kooperationsformen

Unser Fokus richtet sich auf die Bedeutung von Vertrauen in globalen Kooperationsbeziehungen. Da in der Literatur unterschiedliche Vertrauensbegriffe diskutiert werden und diese aus verschiedenen Theoriesystemen (vgl. z. B. die Beiträge in Hartmann/Offe 2001) und Zusammenhängen hervorgehen, ist ein kurzer Überblick über die Diskussion hilfreich – nicht zuletzt, um unseren Zugang in der bisherigen Diskussion zu verorten. Im sozialwissenschaftlichen Diskurs lassen sich mit Blick auf unsere Fragestellung drei zentrale Themenfelder identifizieren: 1. Vertrauen im Kontext neuer Managementstrategien, 2. Vertrauen in unternehmensübergreifenden Netzwerken sowie 3. Vertrauen als Integrationsmechanismus in modernen Gesellschaften.
1. In der Arbeits- und Industriesoziologie wurde das Thema Vertrauen lange im Kontext der „neuen Managementkonzepte" diskutiert (für einen aus-

---

2   Unsere Untersuchungen konzentrieren sich dabei vor allem auf „ehemals fordistische Unternehmen" sowie „Lack-Turnschuh-Unternehmen" (Boes/Baukrowitz 2002) im Bereich Software-Entwicklung und IT-Dienstleistungen. Die Erhebungen fanden u.a. im Rahmen der abgeschlossenen Projekte „Export-IT - Erfolgsfaktoren der Internationalisierung und der Exportfähigkeit von IT-Dienstleistungen" (Förderung BMBF, www.export-it.de) sowie „Offshoring und eine neue Phase der Internationalisierung von Arbeit" (Förderung Hans-Böckler-Stiftung) statt. Gegenwärtig setzen wir unsere Forschungen zur Internationalisierung im Projekt „GlobePro – Global erfolgreich durch professionelle Dienstleistungsarbeit" (Förderung BMBF, www.globe-pro.de) fort.

führlichen Überblick der Diskussion siehe Marrs 2010).[3] Beiträge zur „verantwortlichen Autonomie" (Friedman 1977, 1987), zum „psychologischen Vertrag" (z. B. Kotthoff 1997; Marr/Fliaster 2003; Bode/Brose 1999) oder zu „Vertrauen als Organisationsprinzip" (Gondek et al. 1992) beruhen auf der Konzeptionalisierung sozialer Beziehungen im Betrieb als „sozialer Tausch".[4] Gemeinsam ist ihnen, dass sie nicht in erster Linie auf formalen Verträgen oder „direkter Kontrolle" (Friedman 1977, 1987) beruhen, sondern in spezifischer Weise Bindung und Vertrauen zwischen den – zumeist hochqualifizierten – Beschäftigten und dem Management schaffen. Ein solches Vertrauensverhältnis, das insbesondere in der IT-Industrie weit verbreitet war, beinhaltete, dass den Beschäftigten Autonomiespielräume, Beschäftigungssicherheit und Karrierechancen gewährt wurden und diese dafür eine besondere Leistungsbereitschaft, Loyalität und persönliche Identifikation mit dem Unternehmen einbrachten (vgl. Fox 1974). Vertrauen wird dabei nicht aufgrund einer persönlichen Verbundenheit gewährt, sondern den Vertrauensbeziehungen liegt letztlich ein komplexes *Tauschverhältnis* zu Grunde (vgl. auch Zündorf 1986).

Seit der „Zeitenwende" (Boes/Trinks 2006) im Zuge des Niedergangs der New Economy und vor dem Hintergrund des neuen Bedrohungsszenarios Globalisierung muss jedoch konstatiert werden, dass in weiten Bereichen der IT-Industrie seitens des Managements die vormaligen impliziten Verträge und die darauf aufbauenden Vertrauenskulturen in den Unternehmen aufgekündigt wurden (Kämpf 2008; Boes/Kämpf 2010b, 2011). An deren Stelle ist ein neues „System permanenter Bewährung" (Boes/Bultemeier 2008, 2010) getreten. Nicht mehr Stabilität und Vertrauen bilden nun die Basis der Leistungsverausgabung, sondern umgekehrt wird die Zugehörigkeit zum Unternehmen optional gestellt und an den jeweiligen Wertbeitrag gebunden. Die Beschäftigten müssen sich jeden Tag neu bewähren und zeigen, dass sie es verdient haben, weiter zum Unternehmen dazuzugehören. Im Zeitalter der Globalisierung bedeutet dies immer öfter auch zu rechtfertigen, warum die eigene Tätigkeit zum Beispiel nicht auch von einem Entwickler in Indien, China oder Osteuropa gemacht werden könnte.

2. Die Funktion von Vertrauen in Kooperationsbeziehungen wurde auch im Rahmen von Studien zu interorganisationalen Netzwerken thematisiert. Netzwerke dieser Art lassen sich definieren als eine „Organisationsform ökonomischer Aktivitäten, die sich durch komplex-reziproke, eher kooperative denn

---

3 Vertrauen wurde insbesondere auch im Kontext des „Transformationsproblems" immer wieder diskutiert (Braverman 1985).
4 Die Unterscheidung von sozialem und ökonomischem Tausch geht auf Peter M. Blau (1963) zurück.

kompetitive und relativ stabile Beziehungen zwischen rechtlich selbstständigen, wirtschaftlich jedoch zumeist abhängigen Unternehmungen auszeichnet" (Sydow 1992: 79). In der klassischen Ökonomie hingegen galten Markt (Koordination über Preise) und Hierarchie (Koordination über Anweisungen und Routinen) als einzige und idealtypische Modelle zur Organisation von Austauschbeziehungen (grundlegend: Coase 1937; vgl. Williamson 1975). Unter dem Eindruck neuer Formen der Dezentralisierung von Unternehmen wurde diese dichotome Sichtweise vielfach aufgegeben, indem die Begriffe „Netzwerk" oder „Kooperation" als dritte, vollkommen eigenständige Kategorie eingeführt wurde (Miles/Snow 1986; Sydow 1992; Windeler 2001, 2010; Grabher/Powell 2004; Windeler/Sydow 2009). Im Gegensatz zu hierarchischen und marktförmigen Koordinationsformen ist innerhalb von Netzwerken Vertrauen von großer Bedeutung bzw. gilt sogar als definierendes Merkmal (Powell 1990). Zahlreiche Veröffentlichungen thematisierten vor diesem Hintergrund den wirtschaftlichen Wert von Vertrauen (Lane/Bachmann 1998; Lazerie/Lorenz 1998), das Entstehen von Vertrauen (Ring/Van de Ven 1994; Ring 1997; Sydow 1998; Nooteboom 2002) oder die Wechselwirkung von Vertrauen und Kontrolle (Das/Teng 1998; Hardy et. al. 1998; Bachmann 2001; Sydow/Windeler 2004) im Kontext unternehmensübergreifender Netzwerke. Auch aus dieser Diskussion ergibt sich eine Reihe interessanter Anknüpfungspunkte – die Frage von Kooperation und Vertrauen im Arbeitsalltag *innerhalb* von Unternehmen bzw. Organisationen bleibt jedoch offen.

3. Die Relevanz des Vertrauensbegriffs im wissenschaftlichen Diskurs ist jedoch nicht auf den Unternehmenskontext beschränkt. Auch in grundlegenden Theorien der Soziologie nimmt Vertrauen eine prominente Stellung ein. Neben den Beiträgen von Giddens (1990) und Coleman (1991)[5] ist dabei auch der Beitrag von Niklas Luhmann (2000, 2001) auf breite Resonanz gestoßen. Luhmann unterscheidet „personales Vertrauen" und „Systemvertrauen". Personales Vertrauen ist dabei definiert als eine generalisierte Verhaltenserwartung, die sich auf Handeln bezieht, welches persönlich zugerechnet werden kann; es hat eine ordnende Funktion und ist nicht als willkürlicher Akt zu verstehen. Systemvertrauen hingegen ist das „Vertrauen in die Fähigkeit von Systemen, Zustände oder Leistungen innerhalb bestimmter Grenzen identisch zu halten"

---

5 Der handlungstheoretische Ansatz von Coleman (1991) wird an dieser Stelle nicht weiter verfolgt, da er Vertrauen als eine rational kalkulierte Entscheidung konzeptionalisiert, bei deren Analyse der interaktionsgeschichtliche Hintergrund und die institutionelle Einbettung vernachlässigt werden. Es ist jedoch gerade der organisationelle und soziale Kontext für das Verständnis globaler Kooperationsbeziehungen entscheidend. Weitere grundsätzliche Überlegungen zum Vertrauensbegriff finden sich u. a. bei Simmel (1992), Schütz (1974) und Endreß (2002).

(Luhmann 2000: 90). Es besteht also unabhängig von personalen Beziehungen, z. B. in Geld als Medium des Wirtschaftssystems oder in die institutionalisierte Funktionsweise einer Organisation.

Ohne vertiefend an die gesellschaftstheoretischen Fundamente andocken zu wollen, ergeben sich aus dieser Unterscheidung interessante Impulse für ein Verständnis von Kooperationsbeziehungen im Rahmen global verteilter Kopfarbeit. Mit personalem Vertrauen und Systemvertrauen werden zwei grundlegende Facetten des Vertrauensproblems in globalen Kooperationsbeziehungen adressiert. Auf der einen Seite gilt, dass der Aufbau von personalem Vertrauen im „Informationsraum" unter erschwerten Bedingungen stattfinden muss, da die Kommunikationssituation unterkomplex und unvollständig bleibt. So können zum Beispiel nonverbale Kommunikationsinhalte kaum transparent gemacht werden. Auch bleibt offen, in welcher Form informelle Kommunikationskanäle – Stichwort: Kaffee-Ecken – durch den „Informationsraum", zum Beispiel durch Chats oder Communities, ersetzt werden können. Auf der anderen Seite gilt, dass Systemvertrauen die zentrale Grundlage für die Bildung personaler Vertrauensbeziehungen ist. Damit Beschäftigte sich auf grundlegende Veränderungen ihrer Arbeitssituation einlassen können, brauchen sie Sicherheit und Vertrauen hinsichtlich der grundlegenden Entwicklung des Systems Unternehmen und damit in ihre Arbeitsplatzsicherheit, ihre berufliche Entwicklung und die inhaltlichen Perspektiven ihrer Tätigkeit. Die Globalisierung selbst – die als Offshoring speziell in der IT-Industrie von vielen als „Bedrohungsszenario" (Kämpf 2008) erlebt wurde – trägt allerdings kaum zu einer flankierenden Stabilisierung des Systemvertrauens bei. Das Spannungsfeld von personalem Vertrauen und Systemvertrauen kann als zentrales Koordinatensystem für eine Analyse der empirischen Praxis global verteilter Kooperationsprozesse im „Informationsraum" verstanden werden.

Schließlich gibt Luhmann (2000) noch einen weiteren Hinweis, der wertvoll für die Nutzung von Vertrauen als Perspektive zur Analyse global verteilter Kopfarbeit ist. Er betont, dass Vertrauen letztlich einen spezifischen Modus zur Reduktion von Komplexität darstellt. Damit erfüllt Vertrauen in sozialen Beziehungen die gleichen Funktionen wie Regeln, Kontrolle oder Verträge – besitzt aber die Eigenheit, dass es Handlungsspielräume eröffnet, anstatt diese einzuschränken. Gerade bei Kooperationsbeziehungen mit komplexen Inhalten, zum Beispiel im Rahmen der Erbringung von IT-Dienstleistungen, sind solche offenen Handlungsspielräume notwendig. Eine ausschließlich regelhafte, mithin bürokratische Formalisierung der Kooperation kann hier schnell an Grenzen stoßen. Notwendig ist vielmehr eine Offenheit für eine sinnbezogene und nicht nur regelhafte Organisation von Kooperation – vertrauensbasierte Kooperationsbeziehungen bilden dafür die Grundlage.

3. Die IT-Industrie als „Enabler" und Vorreiter einer neuen Phase der Globalisierung

Wer die neuen globalen Formen von Kooperation im „Informationsraum" verstehen will, muss die IT-Industrie in den Blick nehmen. Sie steht im Zentrum der neuen Phase der Globalisierung. Sie ist auf der einen Seite der „Enabler" (Boes et al. 2006) dieser Entwicklung. Es sind schließlich die weltweiten I&K-Netze und -Technologien, die den „Informationsraum" (Baukrowitz/Boes 1996) als neuen „Raum der Produktion" (Boes 2004, 2005b) ermöglichen. Auf der anderen Seite ist die IT-Industrie jedoch auch ein Vorreiter neuer Formen internationaler Arbeitsteilung. Sie treibt neue internationale Produktionsmodelle gerade auch innerhalb der eigenen Branche voran, um das Potenzial ihrer eigenen Lösungen zu beweisen. Die IT-Industrie macht sich so gewissermaßen zum Pilotkunden ihrer eigenen Anwendungen – und wird so zum Pionier der Nutzung neuer Möglichkeiten internationaler Arbeitsteilung und neuer Formen globaler Kooperation im „Informationsraum" (Boes et al. 2005).

3.1 Die IT-Industrie als „Enabler": Der globale „Informationsraum" als sozialer Handlungsraum und potenzielle Basis vertrauensbasierter Kooperation

Hintergrund der neuen Phase der Globalisierung ist der Aufstieg des Internets zu einem global zugänglichen „Informationsraum". Die damit verbundene Durchsetzung nichtproprietärer Technikstandards sowie die Erschließung weiter Teile der Welt mit I&K-Netzen erlauben heute in neuer Qualität einen ungebrochenen globalen Austausch digitalisierter Informationen. Das Netz wird so neben Transport- und Logistiksystemen zu einer zentralen Basisinfrastruktur der Globalisierung (Boes 2004, 2005b; vgl. dazu auch Baukrowitz et al. 2001; Sturgeon 2002; Gereffi et al. 2005).

Aus der Perspektive der „Informatisierung" (vgl. dazu z. B. die Beiträge in Schmiede 1996) stellt der Aufstieg des neuen „Informationsraums" einen grundlegenden Bruch dar. Anders als die Informationssysteme des Fordismus-Taylorismus, die von den Nutzern nur innerhalb eng umgrenzter und vom System vorgegebener Regeln verwendet werden können, ermöglichen die Nutzungsspielräume des Internets einen dialogischen und reflexiven Umgang (Boes 1996). Während die Funktionalität traditioneller computergestützter Informationssysteme für den Nutzer nahezu vollständig vorgegeben ist, besteht das Spezifikum des Internets darin, dass es einen verwendungsoffenen Möglichkeitsraum für die Nutzer schafft, den sie im praktischen Tun erst beständig gestalten (Baukrowitz/Boes 1996). Der „Informationsraum" ist daher in seinem Wesen nicht Infrastruktur zum Transport von Informationen, sondern ein offener Raum, der sich als neuer „sozialer Handlungsraum" (Boes 2005a) erst durch das soziale Handeln seiner Nutzer konstituiert – und dessen Entstehung wir deshalb als einen grundsätzlichen Sprung in der Produktivkraftentwicklung der Gesellschaft verstehen.

Als neuer sozialer Handlungsraum hat der „Informationsraum" das Potenzial, zu einer globalen Infrastruktur neuer Kooperationsbeziehungen zu werden. Zahlreiche Beispiele, unter anderem im Kontext freier Software, der Open-Source-Bewegung, aber auch anderer sozialer Bewegungen und Initiativen, zeigen das Potenzial dieses neuen Handlungsraums auf – dazu gehören nicht nur aktuelle Initiativen wie etwa das „Guttenplagwiki", sondern etwa auch die Koordination der Hilfseinsätze um das Erdbeben von Haiti 2008[6] (vgl. z. B. Grassmuck 2004; Tepe/Hepp 2008; Sebald 2008; für weitere Beispiele siehe Tapscott 2006). Gemeinsam ist diesen Projekten in der Regel die Arbeitsweise einer Gemeinschaft („community") bzw. eine „(sub-)politische Vergemeinschaftung" (Tepe/Hepp 2008), die hinreichende Rahmenbedingungen für auf Vertrauen basierende Kooperationsformen bieten können. Auch wenn diese Beispiele nicht verklärt werden sollten (vgl. dazu auch Finck/Bleek 2006; Brand 2009), zeigen sie doch deutlich die Potenziale von Kooperationsbeziehungen im „Informationsraum" – eine vertrauensvolle Kooperation, eine aktive Kommunikation, die Weitergabe von Wissen und damit kollektive Lernprozesse werden möglich.

Diese Potenziale werden zunehmend auch im Kontext von Arbeit und Unternehmen genutzt. Wenn der Arbeitsgegenstand digitalisierbar ist, wird der „Informationsraum" zu einem neuen eigenständigen „Raum der Produktion" (Boes 2004, 2005a). Gerade mit Blick auf die Diskussion zu Offshoring oder Nearshoring wächst die Zahl der Beispiele für solche Formen global verteilter Kopfarbeit beständig: sei es die Bearbeitung einer digitalisierten Reisekostenab-

---

6   „Ushahidi-Haiti" ist eine Non-Profit-Organisation, die u. a. Open-Source-Software herstellt (vgl. Tapscott/Williams 2010). Auf Grundlage dieser Software wurde ein großer Teil der Nothilfe nach dem Erdbeben in Haiti koordiniert. Die Software erlaubt es, für deren Nutzer alle relevanten Informationen der Katastrophe über E-Mail, Textnachrichten und Tweets zu erhalten und auf einer Karte zu visualisieren. Um die Informationsflut bewältigen zu können, wurde die Arbeitskraft Hunderter engagierter Freiwilliger genutzt, die weltweit verteilt Informationen übersetzten, kategorisierten und (über GPS) exakt lokalisierten. In dringenden Fällen konnte über Skype direkt mit Rettungsteams vor Ort kommuniziert werden. Dieses neue Paradigma der Arbeit in der Nothilfe durch die Nutzung des Informationsraums als einen sozialen Handlungsraum stellte sich im Vergleich zu den großen etablierten Institutionen als deutlich erfolgreicher heraus (vgl. Tapscott/Williams 2010).

rechnung in einem Shared Service Center, sei es die Arbeit in einem ausländischen Call-Center, sei es die Remote-Wartung von bestehenden IT-Systemen oder die Entwicklung von Software-Produkten etc. Der Gegenstand der Arbeit wird jeweils unmittelbar in den global zugänglichen Informationssystemen bearbeitbar, die Arbeit findet im „Informationsraum" selbst statt.

Analytisch gewendet, entsteht mit dem „Informationsraum" eine Grundlage, die eine Kooperation in bestimmten Arbeitsprozessen über räumliche Distanzen und ohne zeitliche Verzögerungen ermöglicht. Derselbe Arbeitsgegenstand ist in Form von digitalisierten Informationen Arbeitskräften an verschiedenen Orten gleichzeitig zugänglich. Ein gemeinsamer Arbeitsprozess wird damit möglich. Das globale Informationsnetz wird so zu einer Vermittlungsinstanz für Arbeitsschritte, die an einem Gegenstand an unterschiedlichen Orten durchgeführt werden können. Zentral ist dabei, dass der zeitraubende Transport des gemeinsamen Arbeitsgegenstands – also die „Vernichtung von Raum durch Zeit" (Marx 1979: 423) – umgangen werden kann und einzelne Arbeitsschritte direkter ineinander greifen können.

Gerade im Bereich der Kopfarbeit, die auf Kooperation und Wissenskommunikation beruht, kann der „Informationsraum" jedoch zu einem wirklichen Raum der Produktion letztlich erst in seiner Eigenschaft als sozialer Handlungsraum werden. Während im Rahmen der fordistischen Informationssysteme die Beschäftigten nur innerhalb der vorprogrammierten und vorgegebenen Muster agieren konnten, bestehen nun im „Informationsraum" grundlegend andere Handlungsspielräume – auch als Raum der Produktion wird er erst durch seine Nutzer in der sozialen Praxis konstituiert (Boes/Kämpf 2010a; vgl. dazu auch Harvey 1973). Der „Informationsraum" kann sich so zu einem Raum für ein echtes und vertrauensbasiertes Miteinander in einem geteilten Arbeitsprozess entwickeln. Ungeachtet aller praktischen Schwierigkeiten und interkulturellen Missverständnisse kann sich so auch eine spezifische soziale Nähe entfalten. Durch die damit entstehende Möglichkeit der Entwicklung von Vertrauen in der gemeinsamen Interaktion ist eine wirkliche Kooperation der Arbeitskräfte überhaupt erst möglich. Als sozialer Handlungsraum ist dieser eine lebendige Basis für wechselseitige soziale Bindungen und Interaktionen und kann damit eine gemeinsam getragene soziale Kontextuierung des verteilten Arbeitsprozesses und Synergieeffekte leisten: Erst durch die soziale Kontextuierung wird Wissen anschlussfähig und erhält seinen spezifischen Sinn.

Arbeit wird dabei dennoch weder „virtuell" noch „footloose" oder gar „entbettet" (vgl. dazu auch Mayer-Ahuja 2011; Flecker 2000; Granovetter 1985). Schließlich arbeiten immer noch konkrete Menschen, die an konkreten Orten sehr konkrete, stoffliche Informationsnetze benutzen und dabei auf die jeweiligen sozialen und infrastrukturellen Bedingungen ihres Arbeitsorts zurückgreifen müssen. Die Internationalisierung der Kopfarbeit erfährt damit in der Praxis immer wieder Schranken und stößt an soziale, kulturelle und politische Grenzen. Die neuen Potenziale der Globalisierung sollten deshalb nicht mit einer Virtualisierung von Arbeit verwechselt werden. Durch die Nutzung des „Informationsraums" als globalen Raum der Produktion wird die Bindung an unterschiedliche Arbeitsorte keineswegs aufgelöst.

Gerade vor diesem Hintergrund entfalten sich Standortkonkurrenzen (durchaus nicht selten in strategischer Absicht genutzt), die den Zusammenhalt und die Kooperation in global verteilten Arbeitsprozessen unterminieren. Beschäftigte unterschiedlicher Standorte, die sich zum Beispiel auch hinsichtlich der Lebensbedingungen und des Lohnniveaus erheblich unterscheiden können, treffen im Arbeitsprozess aufeinander: Die Globalisierung wird so für viele in neuer Qualität unmittelbar erfahrbar. In der Folge drohen Konkurrenzverhältnisse, Ängste und Sorgen um Arbeitsplatzsicherheit sowie Unsicherheiten bzgl. der beruflichen Perspektive vertrauensbasierte Kooperationsbeziehungen zu unterminieren. Das in globalen Arbeitsbeziehungen sehr unmittelbare Spannungsfeld von Kooperation und Konkurrenz macht die Entwicklung von Vertrauen zu einem prekären und kontingenten Prozess. Nicht zuletzt deshalb scheitert eine Vielzahl internationaler Projekte. Die Suchprozesse der Unternehmen nach funktionierenden globalen Produktionsmodellen kreisen deshalb immer wieder um die Frage des Vertrauens, die Unternehmen stehen stets neu vor der Herausforderung, Bedingungen zu schaffen, in denen auf Vertrauen basierende Zusammenarbeit in globalen Bezügen möglich wird.

3.2 Die IT-Industrie als Vorreiter: Globale Produktionsmodelle zwischen verlängerter Werkbank und kollaborativem Entwicklernetzwerk

Betrachtet man die konkrete Internationalisierungspraxis in der IT-Industrie, so fällt auf, dass sich keineswegs ein einfacher „one best way" zur Etablierung globaler Produktionsmodelle herausgebildet hat (vgl. dazu auch Boes/Kämpf 2011; Holtgrewe/Meil 2008). Vielmehr gibt es unterschiedliche Pfade: auf der einen Seite das Modell der verlängerten Werkbank und auf der anderen Seite das kollaborative Entwicklungsnetzwerk. Der offenen Frage nach dem Vertrauen in globalen Kooperationsbeziehungen wird dabei auf jeweils eigene Art und Weise begegnet.

3.2.1 Offshoring und die verlängerte Werkbank – Macht und direkte Kontrolle als Modus der Binnenintegration

Ende der 1990er Jahre begannen IT-Unternehmen im Bereich der IT-Dienstleistungen und der Software-Entwicklung mit dem Aufbau neuer Standorte in Indien und später auch Osteuropa. Dem Leitbild Offshoring folgend war das Ziel vor allem Kostensenkung durch die Verlagerung von Tätigkeitsbereichen in Niedriglohnregionen. Die neuen Standorte wurden dabei nach dem Modell der verlängerten Werkbank konzipiert. Der Begriff steht für die spezifische Rolle der neuen Standorte in der Wertschöpfungskette. Demnach ist es ihre zentrale Aufgabe, spezifizierte und standardisierte Arbeitspakete abzuarbeiten. In diesem Sinne fungieren die Offshore-Standorte idealtypisch nur als ein Anhängsel der Zentralen, die weiterhin die strategischen Knoten im Netzwerk bleiben. Dort werden nicht nur die wertschöpfungsträchtigen Arbeitsanteile erbracht, die Zentralen bleiben insbesondere für die strategische Funktion der Innovation verantwortlich (Boes et al. 2007). Sowohl die Richtung als auch die Dynamik von Innovationsprozessen bleiben damit die Domänen der Zentren. Kernkompetenzen und strategisches Know-how sind nach wie vor in erster Linie in den Zentralen angesiedelt. Auch ein Wissenstransfer von den Offshore-Standorten zur Zentrale findet kaum statt. Dies ist meist schon so in der Arbeitsteilung angelegt, da die abzuarbeitenden Arbeitspakete zwar offshore erledigt und geliefert werden, aber eine weitere Kommunikation häufig nicht vorgesehen ist. In der Folge können sich die Offshore- und Nearshore-Standorte als abhängige Zulieferer nur eingeschränkt zu eigenständigen und strategiefähigen Akteuren in den internationalen Unternehmensnetzwerken entwickeln.

Mit Blick auf die Arbeitsebene und die Kooperationsbeziehungen der Beschäftigten ist entscheidend, dass sich somit zwischen den Standorten der neu erschlossenen Offshore- bzw. Nearshore-Regionen und den bereits bestehenden Entwicklungsstandorten ein hierarchisches Verhältnis entwickelt. Analytisch gewendet, werden Macht und direkte Kontrolle zum Modus der Binnenintegration der verteilten Wertschöpfungsprozesse. Die hierarchische Beziehung spiegelt sich auch in der Form der Arbeitsteilung und der Gestaltung der Kooperation zwischen den Beschäftigten an den verschiedenen Standorten wider. Die Zusammenarbeit erfolgt keineswegs auf Augenhöhe, sondern ist durch ein Machtgefälle und einseitige Anweisungs- und Kontrollstrukturen gekennzeichnet. Damit werden zwischen den Beschäftigten asymmetrische Kooperationsverhältnisse entwickelt, die die Freiräume der Beschäftigten an den Offshore-Standorten empfindlich einschränken, indem sie eigenständiges Engagement und Entwicklungsperspektiven reglementieren. Der Austausch zwischen den Standorten findet im Rahmen der Vorgaben der Zentrale statt – und setzt damit statt auf Vertrauen vor allem auf direkte Kontrolle und bürokratische Regularien. Zugespitzt formuliert, wird hier dem Vertrauensproblem gezielt aus dem Weg gegangen und stattdessen auf direkte Kontrolle gesetzt.

In der Folge leidet der standortübergreifende Austausch von Wissen erheblich. Insbesondere die kollektive Lernfähigkeit innerhalb global aufgestellter Abteilungen, Projekte oder Teams wird so blockiert. Sowohl personales Vertrauen – z. B. in die ausländischen Kollegen – als auch Systemvertrauen – z. B. in die Entwicklungsperspektive des eigenen Standorts – leiden in diesem Modell der verlängerten Werkbank. So wird zum Beispiel die Vermittlung von Wissen dadurch erschwert, dass auf Basis formalisierter und regelhafter Prozesse der Kontakt zwischen den Beschäftigten verschiedener Standorte minimiert wird. In der Folge können die Beschäftigten nur selten in eine persönliche Beziehung zu ihren Kollegen an anderen Standorten treten und auf dieser Basis personale Vertrauensbeziehungen aufbauen. Vor allem aber gilt, dass die im Offshore-Modell angelegten Standortkonkurrenzen Vertrauensbeziehungen konterkarieren. In der Folge leidet die Bereitschaft, mit ausländischen Kollegen ernsthaft zu kooperieren und dabei auch das eigene Know-how offenzulegen und weiterzugeben. Auch wenn viele Beschäftigte grundsätzlich bereit und interessiert sind, in internationalen Teams zu arbeiten, wird diese positive Haltung überlagert von Ängsten und dem Wettbewerb zwischen den Standorten. Gerade in den bestehenden Standorten werden die neuen Möglichkeiten der Internationalisierung von den Beschäftigten – oftmals mit guten Gründen – mit der bloßen Verlagerung von Arbeitsplätzen und Kostensenkungen gleichgesetzt. Eine engagierte und motivierte Beteiligung an internationalen Projekten erscheint vielen dann gegen die eigenen Interessen als Arbeitnehmer gerichtet zu sein. Häufig wurde in den von uns geführten Interviews argumentiert: „Man sägt doch nicht den Ast ab, auf dem man selber sitzt.". Aus dieser Perspektive erscheinen die Mitarbeiter der Offshore- und Nearshore-Standorte weniger als Kollegen, sondern vielmehr als potenzielle Konkurrenten um den Arbeitsplatz. Umgekehrt erleben die Beschäftigten der Offshore- und Nearshore-Standorte – die im Leitbild Offshoring lediglich als verlängerte Werkbänke fungieren – ihre deutschen Kollegen als „arrogante Vorgesetzte", die ihre hierarchische Stellung dazu nutzen, die Entwicklung der neuen Standorte zu bremsen. Insbesondere fühlen sie sich mit Blick auf den Know-how-Transfer kaum eingebunden und nicht als gleichwertige IT-Experten auf Augenhöhe behandelt (ausführlich Kämpf 2008).

Unter solchen Bedingungen erweisen sich die Dynamik der Standortkonkurrenz und das auf Macht und direkte Kontrolle basierende Beziehungsgefüge des Modells der verlängerten Werkbank als spezifischer „social fix" (Boes/Kämpf 2007), da die konkurrenziellen und vermachteten Verhältnisse die Bildung von Vertrauensbeziehungen in den globalen Arbeitszusammenhängen belasten und Lernprozesse blockieren. Ohne wechselseitiges Vertrauen und eine positive Bereitschaft zur Kooperation können jedoch komplexe Tätigkeiten, wie zum Beispiel die Arbeit in einem Software-Projekt, kaum erfolgreich im „Informationsraum" organisiert werden.

3.2.2 Das global integrierte Unternehmen und das kollaborative Entwicklungsnetzwerk – Vertrauen statt Macht und direkter Kontrolle?

Gegenüber dem Modell der verlängerten Werkbank zeichnet sich heute in den fortgeschrittenen Unternehmen ein deutlicher Reifungsprozess ab. Der Aufbau von ausländischen Standorten ist nunmehr oft nicht mehr eine singuläre Maßnahme zur unmittelbaren Kostensenkung, sondern Teil einer umfassenden Neuorganisation globaler Wertschöpfungsketten (Boes/Kämpf 2010a; vgl. dazu auch Sahay et al. 2003; Flecker/Huws 2004). Wesentliche Entscheidungsparameter sind immer seltener nur die Lohnkosten, sondern vor allem die Nähe zu Kunden, die Verfügbarkeit spezifischer Skills sowie die Erschließung von Innovationspotenzialen. Ziel ist es, nicht nur billige, sondern auch qualitativ hochwertige Leistungen off- oder nearshore zu erbringen. In der Folge werden auch komplexere Tätigkeiten wie das Design von Software von den ausländischen Niederlassungen übernommen. Die vormaligen verlängerten Werkbänke gewinnen so an strategischem Gewicht. In den globalen Entwicklungsnetzwerken vieler IT-Unternehmen streben sie nun auch gegenüber den traditionellen Standorten eine zunehmend eigenständige Rolle an.

Ausgehend von US-amerikanischen und indischen Unternehmen beginnen sich im Zuge dieses Reifungsprozesses neue, global integrierte Produktionsstrukturen durchsetzen (Boes et al. 2008; aus Unternehmensperspektive Palmisano 2006). Diese gehen zunehmend über ein einfaches Modell des Offshorings hinaus. Auf Basis der Standardisierung von Produkten und Prozessen und eines „neuen Typs der Industrialisierung" (Boes 2005b) werden die vorher ausdifferenzierten Standorte im Sinne eines integrierten Netzwerks weltweit systemisch organisiert. Die unterschiedlichen Standorte erfüllen als Knotenpunkte eines Netzwerks unterschiedliche Teilaufgaben im Kontext komplexer, hochgradig ausdifferenzierter Geschäftsprozesse im systemischen Zusammenwirken. Nachdem lange die Bündelung der innovativen Kapazitäten an einem zentralen Standort für viele IT-Unternehmen als strategisches Erfolgsmodell galt, erweist sich heute vor allem die Fähigkeit, Entwicklungsprozesse und die Erbringung von Dienstleistungen weltweit integriert zu organisieren, als zentraler Erfolgsfaktor in einem globalen Markt (Boes et al. 2008).[7]

Dieser strukturelle Wandel der Produktionsstrukturen schlägt sich grundlegend auf der Arbeitsebene und in den standortübergreifenden Kooperationsbeziehungen nieder. Es wird nun notwendig, auch vertrauensbasierte Kooperationsformen aufzubauen, da sich die verteilte Zusammenarbeit nicht mehr alleine auf der Basis von Macht und direkter Kontrolle zwischen den Beschäftigten regeln lässt. Diese Entwicklung stellt Management und Teamleiter vor neue Herausforderungen, da sie das Vertrauensproblem nicht mehr negieren können und es neuer Strategien und Lösungsansätze bedarf, um Kooperation in kollaborativen Netzwerken zu gestalten.

Entsprechend wird in fortgeschrittenen Unternehmen statt auf die verlängerte Werkbank auf den Modus des kollaborativen Entwicklungsnetzwerks gesetzt. Beschäftigte verschiedener Standorte sollen in neuer Qualität auf Augenhöhe interagieren und Wissen austauschen. Die Binnenstrukturen im Unternehmen werden dabei so gestaltet, dass auf der einen Seite zwischen den verschiedenen Standorten das Gefälle reduziert wird, um gleichrangige Kooperationsbeziehungen zu ermöglichen und auf der anderen Seite die neuen Produktions- bzw. Entwicklungsstandorte ein eigenständiges inhaltliches Profil entwickeln. Mit Blick auf die spezifischen Skills vor Ort übernehmen die einzelnen Standorte spezifische Rollen im Entwicklungsnetzwerk, die sich nicht mehr vorwiegend an den Kosten orientieren. Systematisch wird vielmehr versucht, Kompetenzen an den jeweiligen Standorten aufzubauen und zu bündeln. In der Praxis kooperieren dann zum Beispiel in Entwicklungsprojekten oftmals bis zu drei verschiedene Standorte. Das Ausmaß und die Bedeutung internationaler Zusammenarbeit steigen damit enorm. Es werden nun auch direkte Kooperati-

---

7 Am deutlichsten kommt dieser Reifungsprozess im Aufstieg Indiens zum globalen Zentrum der IT-Dienstleistungsindustrie zum Ausdruck (vgl. dazu z. B. Boes et al. 2007; Mayer-Ahuja 2011; Hamm 2007; Vickery et al. 2006). Nahezu alle wichtigen IT-Dienstleister besitzen heute große Dependancen in Indien mit mehreren Tausend Mitarbeitern. Vor allem aber haben sich in Indien in einem rasanten Entwicklungsprozess eigenständige, global wettbewerbsfähige IT-Dienstleistungsunternehmen herausgebildet. Deren wichtigste Vertreter Infosys, Wipro und TCS haben heute bereits zu den traditionellen Marktführern westlicher Herkunft aufgeschlossen bzw. die wichtigsten europäischen Unternehmen wie z. B. Cap Gemini, Atos Origin oder T-Systems hinsichtlich der Beschäftigtenzahl weit überholt. Gerade mit Blick auf die Gestaltung globaler integrierter Produktionsstrukturen erweisen sich die indischen Unternehmen als innovative „benchmarks". Indien ist so immer weniger bloße „Werkbank", sondern wird zu einem eigenständigen „strategischen Ort" der globalen IT-Industrie (Boes et al. 2007). An Standorten wie Bangalore, Chennai oder Pune sind so – durchaus vergleichbar mit dem Silicon Valley in Kalifornien (Saxenian 1994) – ausstrahlungskräftige Cluster der Innovation entstanden, die die Vormachtstellung der traditionellen Hightech-Standorte der westlichen Welt herausfordern und zu einer „neuen Geographie der IT-Industrie" (Boes et al. 2007) beitragen.

onsbeziehungen zwischen den ausländischen Standorten aufgebaut. Das vormalige, sternförmig um die Unternehmenszentrale ausgerichtete Entwicklungsnetzwerk bekommt so erst die Gestalt eines echten Netzwerks.

Die Folgen dieser Entwicklung schlagen sich auf verschiedenen Unternehmensebenen nieder. So wird z. B. in vielen Fällen nun auch das Management internationalisiert oder als offizielle Unternehmenssprache Englisch durchgesetzt. Auch Themen wie „cultural diversity" prägen nun nicht selten die unternehmenskulturelle Integration nach innen. Vor allem aber verändert sich die Arbeit der Beschäftigten selbst. Die Zusammenarbeit in global verteilten Teams ist in den fortgeschrittenen Unternehmen zu einer Selbstverständlichkeit geworden. Um die Erschließung spezifischer Skills und Innovationspotenziale auch off- und nearshore integrieren zu können, müssen Beschäftigte in global verteilten Teams verstärkt direkt zusammenarbeiten. Zwar werden so der direkten bzw. informellen Kommunikation mit dem Kollegen vom Büro nebenan Grenzen gesetzt, stattdessen werden aber E-Mail, Skype und (seltener) Videokonferenzen zu Medien der globalen Kommunikation und Zusammenarbeit. In einigen Unternehmen wird deshalb konsequent auch der „Informationsraum" selbst – zum Beispiel in Form innovativer Web-2.0-Anwendungen – als Basis globaler Kooperation eingesetzt. Gerade diese Anwendungen ermöglichen auch informelle Kommunikationsbeziehungen. Damit stehen die Beschäftigten weltweit in neuer Qualität zunehmend in direkten Kooperations- und Interaktionsbeziehungen, die wiederum auf Vertrauen basieren.

So wird das Thema Vertrauen in kollaborativen Entwicklungsnetzwerken zu einer grundlegenden Herausforderung. Diese Herausforderung ist dabei eine doppelte: Auf der einen Seite gilt es, personale Vertrauensbeziehungen über große Entfernungen hinweg auf Basis des Informationsraums zu etablieren, auf der anderen Seite wird es nötig, vor dem Hintergrund eines latenten Bedrohungsszenarios Globalisierung Systemvertrauen als Basis personalen Vertrauens zu gewährleisten. Als Modus der Binnenintegration bietet Vertrauen im Modell des kollaborativen Entwicklungsnetzwerks zentrale Vorteile gegenüber dem Modell der verlängerten Werkbank. Aus analytischer Perspektive bedarf dieses Modell eines geringeren Formalisierungsgrads organisatorischer Regelungen der Zusammenarbeit und weniger Kontrolle der Kooperationspartner (Loose/Sydow 1994) – damit kann der Aufwand zur Koordination der Zusammenarbeit gesenkt werden. Vor allem aber kann ein auf Vertrauen basierender Integrationsmodus auch über Standorte hinweg kollektive Lernschleifen und einen erheblich effektiveren Austausch von Wissen ermöglichen. Selbst die Herausbildung von „communities of practice" (Lave/Wenger 1991) erscheint durch einen Binnenintegrationsmodus möglich, der nicht auf Macht und direkter Kontrolle basiert. In der Unternehmenspraxis zeigt sich allerdings, dass im Kontext global verteilter Kopfarbeit die Ausbildung von Vertrauen immer wieder an Grenzen stößt – nicht zuletzt deshalb, weil das in der Lohnarbeit angelegte Spannungsfeld von Kooperation und Konkurrenz unter dem Eindruck der Globalisierung in der Praxis nicht selten einseitig in Richtung Konkurrenz zu kippen droht und damit Vertrauensbeziehungen einen schlechten Nährboden bietet.

4. Fallbeispiel global verteilte Software-Entwicklung: Globale Kooperationsbeziehungen in der Praxis

An einem Fallbeispiel, in dem insbesondere die Perspektive der Beschäftigten dargestellt wird, wird im Folgenden veranschaulicht, wie voraussetzungsreich es ist, einen organisationellen und sozialen Kontext herzustellen, in dem globale Kooperationsverhältnisse auf Vertrauen basieren können. Das hier beschriebene Softwareentwicklungsprojekt ist Teil eines global agierenden Unternehmens. Zum Erhebungszeitpunkt war es ein Pilotprojekt, in dem versucht wurde, auf der Arbeitsebene Kooperationsbeziehungen auf Augenhöhe zwischen Deutschland und Indien zu etablieren. Die Entwickler stellen in einer netzwerkartigen Struktur der Standorte gemeinsam Software her. In dieser Phase wurden immer wieder auch die Widerstände der deutschen Belegschaft deutlich, Verantwortung abzugeben und auf Augenhöhe mit den neuen Kollegen zu kooperieren. Vertrauen bleibt in diesen Kooperationsverhältnissen stets prekär.

Das Projekt verteilt sich über drei Standorte, u. a. Deutschland und Indien. Während in Deutschland rund 13 Entwickler arbeiten, bildet Indien mit insgesamt 27 Mitarbeitern den größten Standort. Ergänzt werden die Entwickler an jedem Standort durch Kollegen, die für das Quality Management oder die Dokumentation zuständig sind. Gab es in den Ursprüngen des Projekts – mit einer deutlich geringeren Anzahl an Personen – noch keine feste Zuteilung inhaltlicher Themen, so werden diese im weiteren Projektverlauf klarer verteilt. Dabei bleiben viele der hochwertigen Themen in Deutschland, doch auch der Standort in Indien erfährt eine Aufwertung. Dort ist man nun keinesfalls mehr nur für einfache oder niederwertige Tätigkeiten und Aufgabenpakete verantwortlich. Darüber hinaus werden wesentliche Innovationsimpulse vom dritten Standort angestoßen. Dies unterstreicht den Wandel hin zu einer netzwerkartigen Entwicklungsstruktur. Die damit verbundene Abkehr vom Modell der verlängerten Werkbank wird von Seiten der Führungskräfte forciert, aber auch durch die stetig wachsenden Kompetenzen und Skills der Beschäftigten an Standorten außerhalb der deutschen Zentrale vorangetrieben. Dieser Übergang und vor allem der damit einhergehende Verlust von Verantwortung des deutschen

Standorts werden von den Beteiligten immer wieder als schmerzhaft beschrieben. Ein Teammitglied schildert dies folgendermaßen:

> „Das andere Problem ist, da ist man [das Management, Verf.] davon überzeugt, wir müssen denen Verantwortung übergeben. Das ist aber sehr schwer. Momentan liegt ein Großteil der Verantwortung bei uns hier [im deutschen Standort] und dann ist dieser Übergang, wenn wir das jetzt abgeben (...), das ist ein Tal der Tränen, das da beschritten werden muss. Und das ist etwas, was momentan nicht reinpasst in den engen Zeitplan, (...) deswegen sind wir da in gewisser Weise gefangen." (I-1)

Der Befragte erlebt die Entwicklung hin zu einer stärker netzwerkartig ausgerichteten Projektstruktur vor allem als einen Verlust von Verantwortung. Gerade vor dem Hintergrund einer über Jahre gewachsenen Identifikation mit den eigenen Arbeitsinhalten ist dieser Übergang für ihn und seine Kollegen mit großen inneren Widerständen verbunden. Mit Blick auf die hohe Arbeitsbelastung wird die stärkere Integration der Kollegen aus Indien kaum als (potenzielle) Entlastung bzw. Unterstützung erlebt, sondern als zusätzlicher Aufwand, der den engen Zeitplan des Projekts weiter gefährdet.

Neben diesen zunächst eher arbeitsinhaltlich bestimmten Vorbehalten befürchten die Befragten mit der Übergabe von Verantwortlichkeiten und dem Transfer von Kompetenzen auch eine allmähliche bzw. schleichende Unterhöhlung ihres Status. Damit entsteht eine Konkurrenz um Verantwortung und Arbeitsinhalte, die eine funktionierende Kooperation erschwert. Trotz der stabilen wirtschaftlichen Lage des Unternehmens und eines bewussten Verzichts auf direkte Arbeitsplatzverlagerungen leidet das Systemvertrauen der Beschäftigten unter dem Eindruck der Internationalisierung mitunter erheblich. Auch wenn bisher keine betriebsbedingten Kündigungen ausgesprochen wurden, erscheinen den Entwicklern für die Zukunft Negativszenarien keineswegs ausgeschlossen. Insbesondere das asymmetrische Wachstum der Standorte wird als eine latente Bedrohung erfahren:

> „Natürlich, das ist jetzt die Frage, das ist bei uns auch teilweise schwierig. Ich meine, im Moment ist die Situation bei [seinem Arbeitgeber] die, dass die Standorte [im Ausland] schnell wachsen und [der deutsche Standort] sehr langsam wächst, aber wächst, nicht stagniert, nicht abgebaut wird. Und das ist für die Leute ambivalent. Die einen fragen sich schon, wo end' ich bei dem Prozess, aber man muss auch einfach gucken, seitdem die Indienwelle losgegangen ist, hat das hier einen Einfluss auf das Gehaltswachstum gehabt und Einstellungen und sonst was." (I-2)

Nicht zuletzt durch den Verweis auf das Gehaltswachstum und die Einstellungen wird hier die mit der „Indienwelle" wachsende Verunsicherung für die Belegschaft greifbar. Vor dem Hintergrund des schnellen Wachstums der ausländischen Standorte fragen sich die Entwickler: „Wo end' ich bei dem Prozess?"

Diese neuen Unsicherheiten machen die Basis für den Aufbau von global verteilten Kooperationsbeziehungen prekär – das Systemvertrauen leidet unter den unklaren Zukunftsperspektiven der traditionellen Standorte. Ein Projektleiter im Unternehmen bringt dies auf den Punkt: „Wenn die Entwickler hier Indien hören, dann gehen immer gewisse rote Warnlampen an."

Vor diesem Hintergrund wird der Aufbau von personalen Vertrauensbeziehungen zwischen den Beschäftigten der verschiedenen Standorte zu einer besonderen Herausforderung. Die Befragten beschreiben die auf Basis des „Informationsraums" entstehenden Kooperationsbeziehungen zunächst als „gehemmt". Aus ihrer Perspektive bleiben durch den häufigen Wegfall der nonverbalen und informellen Kommunikation (wie z. B. gemeinsame Mittagspausen) die Kooperationspartner am anderen Standort anonym. Erst das persönliche Kennenlernen durch eigens arrangierte Treffen aller Teilnehmer sowie gezielte Maßnahmen zum Teambuilding führten zu personalen Vertrauensbeziehungen und zu einer wechselseitigen Anerkennung als „echte" Kollegen:

> „Gut, was man schon ein paar Mal gemacht hat, dass man zumindest, also das war, glaub ich, recht hilfreich, wir hatten – das ist auch schon wieder eine Weile her – da waren ein paar von den sogenannten Key-Leuten aus Indien (...) hier. Wir haben ein paar Leute, die schon lange dabei sind, die wirklich viel Ahnung haben, die waren relativ lang hier im [deutschen Standort]. Die waren fünf bis sechs Wochen hier, und ich denk mal, das war extrem hilfreich. Weil wenn die hier sitzen, dann sind sie vollwertige Teammitglieder. Dann kannste wirklich genau den Vorgang, den ich vorher besprochen hab (...) man kann auf der Tafel wirklich was designen, und wenn die mal eine Weile da waren, dann hält dieser Vorteil relativ lang an, man hat ein bisschen Vertrauen aufgebaut. Man hat viel weniger Hemmungen, einfach mal zu telefonieren, mal Probleme zu besprechen. Die haben viel mehr mitgekriegt, wie das intern bei uns alles tickt. Das denke ich mal, ist was, das sicherlich hilft, dass man wirklich auch den Austausch intensiviert. Es gab immer wieder Bestrebungen, das ist auch oft passiert, in letzter Zeit eher mal wieder nicht. Oft haben die Leute ja gar keine Lust, so lange hierherzukommen. Die haben ja auch Familie oder was weiß ich. Ist wahrscheinlich auch ein Kostenfaktor, ich weiß es nicht. Aber das ist so was, das extrem hilft, wenn die Leute sich wirklich auch mal einmal wöchentlich gesehen haben und einfach mal abends zusammen weg waren, das hilft auf jeden Fall." (I-3)

Aus der Perspektive des Entwicklers werden die Mitarbeiter aus Indien erst nach einer längeren Kennenlernphase als vollwertige Teammitglieder erlebt. Vertrauen wird hier in einer direkten Zusammenarbeit („an einer Tafel was designen"), aber auch in der Kommunikation außerhalb der Arbeit aufgebaut. Erst auf dieser Basis kommt es zu einer Intensivierung der Zusammenarbeit. Das so geschaffene personale Vertrauen wird zur Grundlage vertrauensbasierter Kooperation, die dann auch im „Informationsraum" weiter gepflegt wird.

Die so langsam auf Basis erster Vertrauensbeziehungen wachsende Kooperation auf Augenhöhe bleibt in der Praxis komplex und voraussetzungsreich. Neu ist dabei insbesondere, dass nun – anders als in einem Modell der verlängerten Werkbank – Aufgaben zum Beispiel für die indischen Teammitglieder nicht mehr im Sinne von Vorgaben angewiesen werden können, sondern in diskursiven Aushandlungsprozessen auf Augenhöhe legitimiert werden müssen. Dies findet in der Regel im Rahmen von Net-Meetings im Informationsraum statt. Nicht selten kommt es dabei zu Konflikten und Auseinandersetzungen. Dabei geht es zwar vordergründig zumeist um arbeitsinhaltliche Fragen wie zum Beispiel die Programm-Architektur, die jedoch oftmals unterschwellig von politischen Fragen und Standortkonkurrenzen überformt werden. Unsere Interviewpartner schildern dabei immer wieder, dass es in vielen Auseinandersetzungen nicht nur um die Suche nach der fachlich besten Lösung geht, sondern auch um eine standortpolitische Profilierung. Gerade weil diese bestehenden Konkurrenzverhältnisse jedoch kaum legitim und offen auf der Arbeitsebene thematisiert werden können, werden Konflikte dieser Art im Arbeitsalltag oftmals unter dem Deckmantel interkultureller Probleme diskutiert (vgl. dazu auch Boes/Kämpf 2010a). Die dahintersteckende strukturelle Konkurrenz kommt in der folgenden Aussage eines Beschäftigten sehr deutlich zum Ausdruck:

> „Jeder will sich profilieren, und daraus ergeben sich unterschiedliche Vorstellungen von Zielen. Das habe ich noch gar nicht erwähnt: Natürlich ist zwischen den Standorten auch competition. Jeder Standort möchte auch gut dastehen, stolz auf seine Leistung sein, sich positiv verkaufen, möglichst wachsen. In der Technologieentwicklung spiegelt sich das meistens darüber wider, dass man als Standort mit bestimmten Ideen kommt, die propagiert und sagt, dass das die richtige Architektur sei. Insofern ergeben sich auch dort Zielkonflikte, dass an einem Standort versucht wird, das in die eine Richtung zu pushen und an einem anderen Standort in die andere Richtung. Und jeder will sich profilieren, das spielt natürlich dann auch eine Rolle. Im Endeffekt schwingt das im Hintergrund auch immer ein wenig mit. In Deutschland wissen die Leute, dass potenziell die Arbeitsplätze eher weniger werden als mehr (…) [auch an den anderen Standorten] möchten sie gerne wachsen. Die Inder haben jetzt so gesehen relativ leichte Karten, denn wenn der Vorstand aus Kostengründen entscheidet, geht es leicht, schnell nach Indien. Aber jeder Standort möchte sich auch seine Daseinsberechtigung untermauern oder seine Zukunft sich erarbeiten, dass er noch wachsen kann. Das spielt natürlich auch eine Rolle." (I-4)

Diese Konflikte werden nicht nur von den deutschen Beschäftigten thematisiert. Interessanterweise beschreiben auch die indischen Teammitglieder, dass die Zusammenarbeit mit den deutschen Kollegen oftmals durch Konkurrenz und Interessenskonflikte überlagert wird. Aus ihrer Perspektive kritisieren sie, dass sie nicht gleichwertig behandelt werden und ihnen Verantwortlichkeiten nicht konsequent übergeben werden. In der Folge vermissen sie eine klare Zukunftsperspektive für ihren eigenen Standort – auch hier spiegelt sich ein Mangel an Systemvertrauen wider. Gerade weil die indischen Kollegen an eigenständigen und anspruchsvollen Tätigkeiten interessiert sind, empfinden sie das zögerliche Verhalten ihrer deutschen Kollegen als Gängelung und Ausdruck mangelnden

Vertrauens. Besonders wenn Arbeitspakete und Verantwortlichkeiten nicht klar bestimmt sind, sehen sie sich gegenüber dem deutschen Standort im Nachteil, da dieser auf Basis der dann bestehenden Grauzonen seine (informelle) Macht und das bestehende Kompetenzgefälle ausspielen kann. Deshalb plädieren die indischen Kollegen für klare Regeln und eine eindeutige Abgrenzung von Arbeitsinhalten und Aufgaben:

> "Obviously, there will be an overlap but we need to ensure that this familiar aspect is mine and that is yours. (...) So the first thing we need to do in this whole setup, is clearly define what each team's object is and task and then go ahead and define the way we need to interact and then go ahead with the implementation." (I-5)

Hier kommt letztendlich auch zum Ausdruck, dass in den globalen Kooperationsbeziehungen auch ein produktiver Umgang mit unterschiedlich verteilten Kompetenzen gefunden werden muss. Oftmals besteht hier zum Beispiel, gerade am Anfang internationaler Projekte, auf Grund unterschiedlicher Erfahrungen ein erhebliches Gefälle. Dabei darf jedoch nicht unterschätzt werden, dass gerade auch an den neuen Standorten oftmals innovatives und spezialisiertes Knowhow vorhanden ist (z. B. im Java-Umfeld), das an den traditionellen Standorten in Europa weniger ausgeprägt existiert. Unsere Interviewpartner beschreiben zudem oft, dass auch der Umgang mit Wissen kulturell spezifisch geprägt sein kann. Zentrale Herausforderung in der Praxis ist nun, die lokal segmentierten Wissensdomänen und den jeweils besonderen Umgang damit in einem geteilten Arbeitsprozess wechselseitig anschlussfähig zu machen. Nur in einem gemeinsam geteilten und sozial konstruierten Kontext kann dies gelingen. Notwendig sind hierfür aktive Prozesse der Kommunikation von Wissen und kollektive Lernschleifen. Diese können nur funktionieren, wenn es gelingt, sich offen auf die Perspektive der Kooperationspartner einzulassen und sich deren Blickwinkel (z. B. mit Blick auf den jeweiligen Erfahrungsstand, das Know-how etc.) zu Eigen zu machen. So ist es in der Praxis wenig hilfreich, sich als erfahrener deutscher Entwickler lediglich über das mangelnde Know-how der indischen Kollegen zu beklagen. Vielmehr gilt es zu versuchen, die spezifischen Defizite zu verstehen, um darauf aufbauend eigenes Wissen weitergeben zu können. Umgekehrt müssen auch die indischen Partner für die Perspektive der deutschen Kollegen offen sein, um zum Beispiel von ihren Erfahrungen profitieren zu können. Letztendlich erweisen sich so in der Praxis kollektive Lernprozesse als reziproke Verhältnisse, die ohne gegenseitiges Vertrauen kaum erfolgreich sein können.

Zusammengefasst zeigt sich an diesem Fallbeispiel, dass die Organisation globaler Kooperations- und Vertrauensbeziehungen bezüglich der Kopfarbeit in der Praxis voraussetzungsreich sind. Dabei wird insbesondere deutlich, dass die

Nutzung des „Informationsraums" als Basis neuer Formen internationaler Arbeitsteilung kein passiver, rein technischer Vorgang ist. Anders als viele Beiträge in der Offshore-Diskussion suggerieren, erweist sich die Zusammenarbeit in einem global verteilten Software-Projekt keineswegs als triviales Organisationsproblem, das sich – überspitzt formuliert – auf Basis von Breitbandleitungen und Videokonferenzen mit technologischen Lösungsansätzen bewältigen ließe. Für erfolgreiche kollektive Lernprozesse und eine gelingende Kommunikation von Wissen ist es vielmehr entscheidend, das Gefüge zwischen den beteiligten Standorten so zu gestalten, dass vertrauensbasierte Beziehungen möglich sind – dies erfordert nicht nur personales, sondern auch Systemvertrauen.

5. Nachhaltige Globalisierung als neues strategisches Leitbild

Die mit dem Aufstieg des „Informationsraums" zu einem neuen Raum der Produktion verbundenen neuen Möglichkeiten global verteilter Kopfarbeit sind in der Praxis also weniger technisch determiniert, sondern in ihrer Entwicklung vor allem durch soziale Prozesse und Strukturen bestimmt. Dabei erweist sich insbesondere die Bildung von Vertrauen bzw. Vertrauensbeziehungen als zentrale Basis für Lernprozesse in der Zusammenarbeit im „Informationsraum". In der Praxis zeigt sich jedoch, dass Standortkonkurrenzen das notwendige Systemvertrauen oftmals unterminieren. Insbesondere der Know-how-Transfer zwischen den Standorten erweist sich als Achillesferse. In der Regel werden die damit verbundenen Schwierigkeiten auf kulturelle Unterschiede zurückgeführt. Unsere empirischen Ergebnisse deuten jedoch darauf hin, dass es nicht nur der unterschiedliche kulturelle Hintergrund ist, der die Kommunikation und Zusammenarbeit in verteilten Teams oftmals schwierig macht. Vielmehr zeigt unsere Empirie, dass unter der Oberfläche der kulturellen Differenzen häufig Standortkonkurrenzen, Interessenskonflikte und wirtschaftliche Abhängigkeiten verborgen sind, die eine offene und zugewandte Kooperation in internationalen Arbeitszusammenhängen konterkarieren (Boes/Kämpf 2011, 2010a). Gerade in Deutschland unterminiert so das weite Teile der deutschen IT-Branche immer noch dominierende Leitbild Offshoring, mit seinem Fokus auf Kostensenkung und dem Konzept der verlängerten Werkbank, die integrierenden Potenziale des „Informationsraums". Dessen Möglichkeiten als sozialer Handlungsraum bleiben dann häufig ungenutzt, er wird dann oftmals lediglich als bloße Infrastruktur zum Transport von Informationen genutzt.

Um die Potenziale des „Informationsraums" für neue Formen global verteilter Kopfarbeit und als Basis globaler Kooperationsbeziehungen nutzen zu können, hat sich eine einseitige Ausrichtung globaler Produktionsmodelle auf Kostensenkung und die Verlagerung von Arbeitsplätzen deshalb als wenig erfolgreich erwiesen – nicht zuletzt weil hier das Vertrauensproblem in globalen Kooperationsbeziehungen konzeptionell ignoriert bzw. einseitig zu Gunsten von Kontrollbeziehungen aufgelöst wird. Ohne ein entsprechendes Systemvertrauen lassen sich die Beschäftigten jedoch kaum offen auf diese grundlegende Veränderung ihres Arbeitskontextes ein. Notwendig ist deshalb ein neues Leitbild „nachhaltiger Globalisierung" (Boes et al. 2008). Globale Kooperationsbeziehungen in der Arbeit können nur aufgebaut werden, wenn die Beschäftigten aller Standorte nicht davon ausgehen müssen, dass die Internationalisierung eigentlich gegen ihre Interessen gerichtet ist bzw. auf ihrem Rücken vorangetrieben wird. Ein offenes Engagement und der Aufbau vertrauensbasierter Beziehungen mit neuen Kollegen sind in der Praxis kaum zu erwarten (vgl. dazu auch Kämpf 2008), wenn den verschiedenen Belegschaften keine stabilen Zukunftsperspektiven und individuelle Entwicklungsmöglichkeiten eröffnet werden.

Ein zentraler Bestandteil eines Leitbilds nachhaltiger Globalisierung ist ein strategischer Umgang mit dem Thema Vertrauen. Sowohl personales Vertrauen als auch Systemvertrauen müssen dabei adressiert werden. Mit Blick auf die Stärkung des personalen Vertrauens gilt dabei, dass neben der Ermöglichung von Face-to-face-Kontakten insbesondere die Möglichkeiten des „Informationsraums" als sozialer Handlungsraum konsequenter genutzt werden müssen. Als Good Practice haben sich zum Beispiel Weblogs erwiesen.[8] Gerade in fortgeschrittenen Unternehmen wird dabei versucht, in Anlehnung an die Open-Source-Bewegung und das Web 2.0 eigene Communities zu etablieren. Solche Möglichkeiten zur Stärkung personaler Vertrauensbeziehungen im globalen „Informationsraum" sind jedoch nur die eine Seite der Medaille. Ohne Systemvertrauen fehlt ihnen das Fundament, sie können sich dann in der Praxis sogar in ein Kontrollinstrument verwandeln. Die notwendige Schaffung von Systemver-

---

8 Weblogs, auch Corporate Blogs genannt, sind regelmäßig aktualisierte Webseiten, die genutzt werden, um z. B. Arbeitsinhalte und -fortschritte zu präsentieren. Die Inhalte des Weblogs können von den Lesern wiederum genutzt oder kommentiert werden (Schmidt 2006; Ebersbach et al. 2011). Der zunehmende Einsatz dieses Instruments in Unternehmen hat den Zweck, Öffentlichkeitsarbeit nach innen und außen zu leisten, die Kommunikation der Mitarbeiter untereinander zu verbessern und eine neue Form des Wissensmanagements zu unterstützen, die den „Content" einer Person in einer Zusammenschau aggregiert (vgl. Beispiele aus Unternehmen Ehms 2008; Hilzensauer/Schaffert 2009). Auch wenn die Umsetzung dieser Ziele in der Praxis auf Hindernisse stößt (vgl. Döbler 2008), ist an dieser Stelle entscheidend, dass die Konstruktion einer Identität im Informationsraum anhand von Weblogs erleichtert wird, denn es lassen sich in Weblogs Haltungen und inhaltliche Ausrichtungen erkennen sowie deren Entwicklung durch den chronologischen Verlauf der Beiträge nachvollziehen (Sebald 2008).

trauen bei der Etablierung global verteilter Produktionsmodelle hat dabei viele Facetten: Zum Beispiel sind Transparenz und eine offene Informationspolitik von großer Bedeutung; auch eine konsequente Qualifizierung der Beschäftigten für die Globalisierung gehört dazu (vgl. dazu Boes et al. 2011). Vor allem aber geht es darum, Standortkonkurrenzen in den Netzwerken möglichst zu vermeiden, sie zumindest aber offen und transparent zu bearbeiten sowie den verschiedenen weltweiten Standorten und ihren Belegschaften stabile Entwicklungsperspektiven zu gewährleisten. Neben der inhaltlichen Profilierung der Standorte – um einen Kostenwettbewerb zu verhindern – haben sich dabei in der Praxis auch kollektive Regulierungen, zum Beispiel in Form von Betriebsvereinbarungen, die betriebsbedingte Kündigungen im Zuge der Internationalisierung ausschließen, als stabile Grundlage globaler Kooperationsbeziehungen erwiesen – analytisch gewendet, werden so Verträge und Regeln zur Basis von Vertrauen.

Literatur

Bachmann, Reinhard (2001): Trust, Power and Control in Trans-Organizational Relations. In: Organization Studies 22(2): 337–365

Back, Andrea/Gronau, Norbert/Tochtermann, Klaus (Hrsg.) (2008): Web 2.0 in der Unternehmenspraxis. Grundlagen, Fallstudien und Trends zum Einsatz von Social Software. München: Oldenbourg

Baukrowitz, Andrea/Boes, Andreas (1996): Arbeit in der „Informationsgesellschaft". Einige grundsätzliche Überlegungen aus einer (fast schon) ungewohnten Perspektive. In: Schmiede, Rudi (Hrsg.) (1996): 129–158

Baukrowitz, Andrea/Boes, Andreas/Schmiede, Rudi (2001): Die Entwicklung der Arbeit aus der Perspektive ihrer Informatisierung. In: Matuschek, Ingo/Henninger, Annette/Kleemann, Frank (Hrsg.) (2001): Neue Medien im Arbeitsalltag. Empirische Befunde, Gestaltungskonzepte, theoretische Perspektiven. Wiesbaden: Westdeutscher Verlag: 217–235

Beckert, Jens (1997): Grenzen des Marktes. Die sozialen Voraussetzungen wirtschaftlicher Effizienz. Frankfurt/Main, New York: campus

Blau, Peter M. (1963). The Dynamics of Bureaucracy. Chicago: The University of Chicago Press

Bode, Ingo/Brose, Hans-Georg (1999): Die neuen Grenzen organisierter Reziprozität. In: Berliner Journal für Soziologie 9(2): 179–196

Boes, Andreas (1996): Formierung und Emanzipation. Zur Dialektik der Arbeit in der „Informationsgesellschaft". In: Schmiede, Rudi (Hrsg.) (1996): 159–178

Boes, Andreas (2004): Offshoring in der IT-Industrie. Strategien der Internationalisierung und Auslagerung im Bereich Software und IT-Dienstleistungen. In: Boes, Andreas/Schwemmle, Michael (Hrsg.) (2004): Herausforderung Offshoring. Internationalisierung und Auslagerung von IT-Dienstleistungen. Düsseldorf: edition der Hans-Böckler-Stiftung: 9–140

Boes, Andreas (2005a): Informatisierung. In: SOFI/IAB/ISF München/INIFES (Hrsg.) (2005): Berichterstattung zur sozioökonomischen Entwicklung in Deutschland. Arbeits- und Lebensweisen. Erster Bericht. Wiesbaden: VS Verlag für Sozialwissenschaften: 211–244

Boes, Andreas (2005b): Auf dem Weg in die Sackgasse? Internationalisierung im Feld Software und IT-Services. In: Boes, Andreas/Schwemmle, Michael (Hrsg.) (2005): 13–65

Boes, Andreas/Baukrowitz, Andrea (2002): Arbeitsbeziehungen in der IT-Industrie. Erosion oder Innovation der Mitbestimmung? Berlin: edition sigma
Boes, Andreas/Baukrowitz, Andrea/Kämpf, Tobias/Marrs, Kira (2011): Eine global vernetzte Ökonomie braucht die Menschen. Strategische Herausforderungen für Arbeit und Qualifikation. GlobePro Print 2. München: ISF München
Boes, Andreas/Bultemeier, Anja (2008): Informatisierung – Unsicherheit – Kontrolle. In: Dröge, Kai/Marrs, Kira/Menz, Wolfgang (Hrsg.) (2008): Die Rückkehr der Leistungsfrage. Leistung in Arbeit, Unternehmen und Gesellschaft. Berlin: edition sigma: 59–91
Boes, Andreas/Bultemeier, Anja (2010): Anerkennung im System permanenter Bewährung. In: Soeffner, Hans-Georg (Hrsg.) (2010): Unsichere Zeiten. Herausforderungen gesellschaftlicher Transformationen. Wiesbaden: VS Verlag für Sozialwissenschaften (CD-ROM)
Boes, Andreas/Kämpf, Tobias (2007): The nexus of informatisation and internationalisation. Towards a new stage of the internationalisation of labour. In: Work Organisation Labour & Globalisation 1(2): 193–208
Boes, Andreas/Kämpf, Tobias (2008): Hochqualifizierte in einer globalisierten Arbeitswelt. Von der Erosion der „Beitragsorientierung" zu einer neuen Arbeitnehmeridentität. In: Arbeits- und Industriesoziologische Studien, Online-Journal der Sektion Arbeits- und Industriesoziologie in der Deutschen Gesellschaft für Soziologie 1(2): 44–67
Boes, Andreas/Kämpf, Tobias (2010a): Arbeit im Informationsraum. Eine neue Qualität der Informatisierung als Basis einer neuen Phase der Globalisierung. In: Ruiz Ben, Esther (Hrsg.) (2010): Soziologische Studien. Band 36: Internationale Arbeitsräume. Unsicherheiten und Herausforderungen. Freiburg: Centaurus
Boes, Andreas/Kämpf, Tobias (2010b): Zeitenwende im Büro. Angestelltenarbeit im Sog der Globalisierung. In: WSI Mitteilungen 63(12): 611–617
Boes, Andreas/Kämpf, Tobias (2011): Global verteilte Kopfarbeit. Offshoring und der Wandel der Arbeitsbeziehungen. Berlin: edition sigma
Boes, Andreas/Kämpf, Tobias/Knoblach, Birgit/Trinks (Gül), Katrin (2006): Entwicklungsszenarien der Internationalisierung im Feld Software und IT-Dienstleistungen. Erste Ergebnisse einer empirischen Bestandsaufnahme. Arbeitspapier 2 des Projekts Export IT (ISF München). München
Boes, Andreas/Kämpf, Tobias/Marrs, Kira/Trinks (Gül), Katrin (2007): ‚The World is flat'. Nachhaltige Internationalisierung als Antwort auf die Herausforderungen einer globalen Dienstleistungswirtschaft. Arbeitspapier 3 des Projekts Export IT (ISF München). München
Boes, Andreas/Kämpf, Tobias/Marrs, Kira/Trinks (Gül), Katrin (2008): Der IT-Standort Deutschland und die Chancen einer nachhaltigen Internationalisierung. Arbeitspapier 4 des Projekts Export IT (ISF München). München
Boes, Andreas/Schwemmle, Michael (Hrsg.) (2005) Bangalore statt Böblingen? Offshoring und Internationalisierung im IT-Sektor. Hamburg: VSA
Boes, Andreas/Schwemmle, Michael (2005): Was ist Offshoring? In: Dies. (Hrsg.) (2005): 9–12
Boes, Andreas/Trinks (Gül), Katrin (2006): ‚Theoretisch bin ich frei!' Interessenhandeln und Mitbestimmung in der IT-Industrie. Berlin: edition sigma
Böhle, Fritz/Voß, G. Günter/Wachtler, Günther (Hrsg.) (2009): Handbuch der Arbeitssoziologie. Wiesbaden: VS Verlag für Sozialwissenschaften
Brand, Andreas (2009): Softwareentwicklung im Netzwerk. Kooperation, Hierarchie und Wettbewerb in einem Open Source-Projekt. München, Mering: Hampp
Braverman, Harry (1977): Die Arbeit im modernen Produktionsprozeß. Frankfurt/Main, New York: campus
Coase, Ronald E. (1937): The Nature of the Firm. In: Economica 4: 386–405
Coleman, James S. (1991): Grundlagen der Sozialtheorie. München: Oldenbourg
Das, T. K./Teng, Bing-Sheng (1998): Between Trust and Control. Developing Confidence in Partner Cooperation in Alliances. In: Academy of Management Review 23(3): 491–512

Döbler, Thomas (2008): Zum Einsatz von Social Software in Unternehmen. In: Stegbauer, Christian/Jäckel, Michael (Hrsg.) (2008): 119–137
Ebersbach, Anja/Glaser, Markus/Heigl, Richard (2011): Social Web. Konstanz: UVK
Ehms, Karsten (2008): Globale Mitarbeiter-Weblogs bei der Siemens AG. In: Back, Andrea/Gronau, Norbert/Tochtermann, Klaus (Hrsg.) (2008): 192–202
Endreß, Martin (2002): Vertrauen. Bielefeld: transcript
Finck, Matthias/Bleek, Wolf-Gideon (2006): Mythen, Märchen, Missverständnisse. Eine nüchterne informatische Betrachtung von Open-Source-Entwicklungsprozessen. In: Lutterbeck, Bernd/Bärwolff, Matthias/Gehring, Robert A. (Hrsg.) (2006): Open Source. Jahrbuch 2006. Berlin: Lehmanns Media: 207–218
Flecker, Jörg (2000): Transnationale Unternehmen und die Macht des Ortes. In: Dörrenbacher, Christoph/Plehwe, Dieter (Hrsg.) (2000): Grenzenlose Kontrolle? Organisatorischer Wandel und politische Macht multinationaler Unternehmen. Berlin: edition sigma: 45–70
Flecker, Jörg (2007): Network economy or just a new breed of multinationals? In: Work Organisation Labour & Globalisation 1(2): 36–52
Flecker, Jörg/Huws, Ursula (Hrsg.) (2004): Asian Emergence. The World's Back Office? IES Report 409. Brighton
Flecker, Jörg/Kirschenhofer, Sabine (2002): IT verleiht Flügel? Aktuelle Tendenzen der räumlichen Verlagerung von Arbeit. Wien: FORBA-Schriftenreihe 3/2002
Fox, Alan (1974): Beyond contract. London: Farber & Farber Limited
Friedman, Andrew (1977): Responsible Autonomy versus Direct Control over the Labour Process. In: Capital and Class 1(1): 43–57
Friedman, Andrew (1987): Management und Technologie. Auf dem Weg zu einer komplexen Theorie des Arbeitsprozesses. In: Hildebrandt, Eckart/Seltz, Rüdiger (Hrsg.) (1987): Managementstrategien und Kontrolle. Eine Einführung in die Labour Process Debate. Berlin: edition sigma: 99–131
Gereffi, Gary/Humphrey, John/Sturgeon, Timothy (2005): The governance of global value chains. In: Review of International Political Economy 12(1): 78–104
Giddens, Anthony (1990): The Consequences of Modernity. Stanford: Stanford University Press
Gondek, Hans-Dieter/Heisig, Ulrich/Littek, Wolfgang (1992): Vertrauen als Organisationsprinzip. In: Littek, Wolfgang (Hrsg.) (1992): Organisation von Dienstleistungsarbeit. Berlin: edition sigma: 33–55
Grabher, Gernot/Powell, Walter (Hrsg.) (2004): Networks. Cheltenham: Elgar
Granovetter, Marc (1985): Economic Action and Social Structure. The problem of Embeddedness. In: American Journal of Sociology 91(3): 481–510
Grassmuck, Volker (2004): Freie Software zwischen Privat- und Gemeineigentum. Bonn: Bundeszentrale für politische Bildung
Hamm, Steve (2007): Bangalore Tiger. How Indian Tech Upstart Wipro Is Rewriting the Rules of Global Competition. New York: McGraw Hill
Hardy, Cynthia/Phillips, Nelson/Lawrence, Tom (1998): Distinguishing Trust and Power in Interorganizational Relations. Forms and Facades of Trust. In: Lane, Christel/Bachmann, Reinhard (Hrsg.) (1998): 64–87
Hartmann, Martin/Offe, Claus (Hrsg.) (2001): Vertrauen. Die Grundlagen des sozialen Zusammenhalts. Frankfurt/Main, New York: campus
Harvey, David (1973): Social justice and the city. London: Arnold
Hilzensauer, Wolf/Schaffert, Sandra (2008): Wikis und Weblogs bei Sun Microsystems. In: Back, Andrea/Gronau, Norbert/Tochtermann, Klaus (Hrsg.) (2008): 203–212
Holtgrewe, Ursula/Meil, Pamela (2008): Not "one best way" of offshoring. In: Flecker, Jörg/Holtgrewe, Ursula/Schönauer, Annika/Dunkel, Wolfgang/Meil, Pamela (Hrsg.) (2008): Restructuring across value chains and changes in work and employment, case study evidence from the Clothing, Food, IT and Public Sector. Hiva: Leuven: 47–64

Howard, Patrick/Lovely, Ed/Watson, Susan (2010): Working in the Open. Accelerating time to value in application development and management. IBM Institut for Business Value. Abgerufen am 25.02.2011 (ftp://public.dhe.ibm.com/common/ssi/ecm/en/gbe03283usen/-GBE03283USEN.pdf)

Huang, Haiyan/Trauth, Eileen M. (2008): Cultural Influences on Temporal Separation and Coordination in Globally Distributed Software Development. ICIS 2008 Proceedings, Paper 134

Kämpf, Tobias (2008): Die neue Unsicherheit. Die Folgen der Globalisierung für hochqualifizierte Arbeitnehmer. Frankfurt/Main, New York: campus

Kotthoff, Hermann (1997): Führungskräfte im Wandel der Firmenkultur. Quasi-Unternehmer oder Arbeitnehmer? Berlin: edition sigma

Lane, Christel/Bachmann, Reinhard (Hrsg.) (1998): Trust within and between Organizations. Oxford: Oxford University Press

Lave, Jean/Wenger, Etienne (1991): Situated Learning. Legitimate peripheral participation. Cambridge: Cambridge University Press

Lazerie, Nathalie/Lorenz, Edward (1998): Trust and Economic Learning. Cheltenham: Elgar

Loose, Achim/Sydow, Jörg (1994): Vertrauen und Ökonomie in Netzwerkbeziehungen. Strukturationstheoretische Betrachtungen. In: Sydow, Jörg/Windeler, Arnold (Hrsg.) (1994): Management interorganisationaler Beziehungen. Opladen: Westdeutscher Verlag: 160–193

Luhmann, Niklas (2000): Vertrauen. Ein Mechanismus der Reduktion sozialer Komplexität. Stuttgart: Lucius & Lucius

Luhmann, Niklas (2001): Vertrautheit, Zuversicht, Vertrauen. Probleme und Alternativen. In: Hartmann, Martin/Offe, Claus (Hrsg.) (2001): Vertrauen. Die Grundlagen des sozialen Zusammenhalts. Frankfurt/Main, New York: campus: 143–161

Marr, Rainer/Fliaster, Alexander (2003): Jenseits der „Ich AG". Der neue psychologische Vertrag der Führungskräfte in deutschen Unternehmen. München, Mering: Hampp

Marrs, Kira (2010): Herrschaft und Kontrolle in der Arbeit. In: Böhle, Fritz/Voß, G. Günter/Wachtler, Günther. (Hrsg.) (2010): 331–359

Marx, Karl (1979): Grundrisse der Kritik der politischen Ökonomie. (Rohentwurf) 1857-1858. Frankfurt, Wien: Europa Verlag

Mayer-Ahuja, Nicole (2011): Grenzen der Homogenisierung. IT-Arbeit zwischen ortsgebundener Regulierung und transnationaler Unternehmensstrategie. Frankfurt/Main, New York: campus

Miles, Raymond E./Snow, Charles C. (1986): Organizations. New Concepts and New Forms. In: California Management Review 28(1): 62–73

Noteboom, Bart (2002): Trust. Forms, Foundations, Functions, Failures and Figures. Cheltenham: Elgar

Palmisano, Samuel (2006): The globally integrated Enterprise. In: Foreign Affairs 85(3): 127–136

Powell, Walter (1990): Neither Market nor Hierarchy. Network Forms of Organization. In: Staw, Barry M./Cummings Lance L. (Hrsg.) (1990): Research in Organizational Behaviour. Greenwich: JAI Press: 295–336

Ring, Peter S. (1997): Processes facilitating reliance on trust in inter-organizational networks. In: Ebers, Mark (Hrsg.) (1997): The Formation of Inter-organizational Networks. Oxford: Oxford University Press: 113–145

Ring, Peter S./Van de Ven, Andrew (1994): Development Process of Cooperative Inter-organzation Networks. In: Academy of Management Review 19(1): 90–118

Ruiz-Ben, Esther/Wieandt, Michaela (2006): Growing East. Nearshoring und die neuen ICT Arbeitsmärkte in Europa. In: FifF Kommunikation 3: 36–42

Sahay, Sundeep/Nicholson, Brian/Krishna, S. (2003): Global IT Outsourcing. Software development across borders. Cambridge, New York: Cambridge University Press

Saxenian, Anna Lee (1994): Regional advantage. Culture and Competition in Silicon Valley and Route 128. Cambridge: Harvard University Press

Schmidt, Jan (2006): Weblogs. Eine kommunikationssoziologische Studie. Konstanz: UVK

Schmiede, Rudi (Hrsg.) (1996): Virtuelle Arbeitswelten. Arbeit, Produktion und Subjekt in der „Informationsgesellschaft". Berlin: edition sigma

Schütz, Alfred (1974): Der sinnhafte Aufbau der sozialen Welt. Eine Einleitung in die verstehende Soziologie. Frankfurt/Main: Suhrkamp

Sebald, Gerd (2008): Person und Vertrauen. Mediale Konstruktion in den Online-Kooperationen der Free/Open-Source-Softwareentwicklung. In: Stegbauer, Christian/Jäckel Michael (Hrsg.) (2008): 11–27

Simmel, Georg (1992): Soziologie. Untersuchungen über die Formen der Vergesellschaftung. In: Rammstedt, Otthein (Hrsg.) (1992): Gesamtausgabe Band II. Franfurt/Main: Suhrkamp

Stegbauer, Christian/Jäckel Michael (Hrsg.) (2008): Social Software. Formen der Kooperation in computerbasierten Netzwerken. Wiesbaden: VS Verlag für Sozialwissenschaften

Storie, Donald (2006): Restructuring and employment in the EU. Concepts, measurement and evidence. Dublin: European Foundation for the Improvement of Living and Working Conditions

Sturgeon, Timothy (2002): Modular production networks – a new American way of industrial organization. In: Industrial and corporate change 11(3): 451–496

Sydow, Jörg (1992): Strategische Netzwerke. Evolution und Organisation. Wiesbaden: Gabler

Sydow, Jörg (1998): Understanding the Constitution of Interorganizational Trust. In: Lane, Christel/Bachmann, Reinhard (Hrsg.) (1998): 31–63

Sydow, Jörg/Windeler, Arnold (2004): Knowledge, Trust, and Control. In: International Studies of Management and Organization 33(2): 69–99

Tapscott, Don (2006): Wikinomics. How Mass Collaboration Changes Everything. London: Atlantic Books

Tapscott, Don/Williams, Anthony D. (2010): Makrowikinomics. Rebooting Business and the World. London: Atlantic Books

Tepe, Daniel/Hepp, Andreas (2008): Digitale Produktionsgemeinschaften. Die Open-Source-Bewegung zwischen kooperativer Softwareherstellung und deterritorialer Vergemeinschaftung. In: Stegbauer, Christian/Jäckel, Michael (Hrsg.) (2008): 27–49

Vickery, Graham/van Welsum, Desirée/Wunsch-Vincent, Sacha/Reif, Xavier/Houghten, John/Muller, Elizabeth/Weber, Verena (2006): OECD Information Technology Outlook. Paris: OECD

Williamson, Oliver E. (1975): Markets and Hierarchies. Analyses and Antitrust Implications. New York: Free Press

Windeler, Arnold (2001): Unternehmensnetzwerke. Wiesbaden: Westdeutscher Verlag

Windeler, Arnold/Sydow, Jörg (Hrsg.) (2009): Kompetenz. Individuum, Organisation, Netzwerke. Wiesbaden: VS Verlag für Sozialwissenschaften

Windeler, Arnold/Wirth, Carsten (2010): Netzwerke und Arbeit. In: Böhle, Fritz/Voß, Günter G./Wachtler, Günther (Hrsg.) (2010): 569–597

Zündorf, Lutz (1986): Macht, Einfluss, Vertrauen und Verständigung. Zum Problem der Handlungsorientierung in Arbeitsorganisationen. In: Seltz, Rüdiger/Mill, Ulrich/Hildebrandt, Eckart (Hrsg.) (1986): Organisation als soziales System. Berlin: edition sigma: 33–56

Vertrauen in der interprofessionellen Kooperation zwischen Lehrern und Sozialpädagogen

Melanie Fabel-Lamla

Zusammenfassung

Ausgehend von der Überlegung, dass in der Zusammenarbeit von Lehrern und Sozialpädagogen aufgrund strukturell angelegter Probleme von einer Zuspitzung der Vertrauensproblematik auszugehen ist, werden in einer ethnographisch angelegten Einzelfallstudie prozessanalytisch der Vertrauensaufbau sowie Bedingungen und Strategien der Aufrechterhaltung von Vertrauen bei der Zusammenarbeit eines Teams von zwei Klassenlehrern und einer Sozialpädagogin rekonstruiert. Im vorliegenden Fall zeigt sich erstens, dass sich die *reflexive* Gestaltung des Vertrauensbildungsprozesses positiv auf die Kooperation auswirkt und insbesondere das gegenseitige *spezifische* Vertrauen als wesentliche Voraussetzung für die gelingende Kooperation zu werten ist. Zweitens verweist der Fall darauf, dass in *asymmetrischen* Kooperationsbeziehungen die riskanten Vorleistungen der Vertrauensgabe und die Beweislasten der Vertrauenswürdigkeit ungleich verteilt sind und es hier sensibler Handlungsstrategien der Vertrauensgenerierung bedarf.

1. Einleitung

In vielen Arbeitskontexten wird inzwischen kooperativen Formen der Zusammenarbeit eine hohe Bedeutung für Erfolg und Effizienz beigemessen. Kooperationen sind allerdings voraussetzungsreich und anspruchsvoll, denn damit sie funktionieren und zu produktiven Problemlösungs- und Aufgabenbearbeitungsprozessen führen, bedarf es des Aufbaus begünstigender Strukturen und der Entwicklung effizienter Arbeits- und Lernformen. Fragt man nach den Faktoren, die für den Aufbau, die Weiterentwicklung und den Erfolg von Kooperationsbeziehungen entscheidend sind, wird immer wieder auf die wichtige Rolle von

Vertrauen verwiesen. So gilt in der Unternehmensberatungsliteratur Vertrauen als „nachhaltiger Erfolgsfaktor" und „lohnende Investition" und zwar sowohl in innerbetrieblichen als auch in unternehmensübergreifenden Kooperationen. Zum Zusammenhang von Kooperation und Vertrauen liegen inzwischen auch erste Befunde aus unterschiedlichen Disziplinen vor, insbesondere aus der Psychologie, der Arbeits- und Organisationssoziologie und den Wirtschaftswissenschaften. Hier wird z. B. untersucht und diskutiert, ob Vertrauen als Folge oder aber als Vorbedingung für Kooperation zu sehen ist oder wann kooperationsförderndes Vertrauen in Apathie umschlägt und ein Zuviel an Vertrauen sich kontraproduktiv, d. h. innovationshemmend auswirkt bzw. sich ein gewisses Maß an Misstrauen auch als Kooperationsressource erweisen kann (vgl. Endreß 2002; Spieß 2004). Ferner sind vertrauensfördernde Maßnahmen in Organisationen ein wichtiges Forschungsfeld, also die Frage, wie Vertrauen auf der Ebene des innerbetrieblichen Vertrauens, des Kundenvertrauens oder auch des interorganisationalen Vertrauens initiiert und gefördert werden kann (vgl. Schweer/Thies 2003). Hingegen ist in der Erziehungswissenschaft der Zusammenhang von Kooperation und Vertrauen bisher kaum in das Blickfeld geraten, obgleich auch hier der Kooperation – etwa bei kooperativen Lernformen im Unterricht, der Kooperation unter Lehrern bzw. der Kooperation von Schulen mit außerschulischen Partnern und Einrichtungen – eine zunehmend hohe Bedeutung zugesprochen wird.

Ein Blick in die Literatur zur Bedeutung von Vertrauen in Kooperationen aus den genannten Disziplinen zeigt erstens, dass sich viele Ansätze vor allem auf quantitative Einstellungsuntersuchungen stützen. Damit kommen diese Untersuchungen jedoch „lediglich an die Dimension thematisierten, also reflexiven Vertrauens heran" (Endreß 2002: 53) und gehen zudem davon aus, dass befragte Personen zu einer zutreffenden Einschätzung und Beurteilung von Maß und Art ihres eigenen Vertrauens in der Lage sind. Da Vertrauen jedoch auch ein präreflexives Phänomen ist, ist es erforderlich, zusätzlich andere empirische Herangehensweisen zu nutzen, um auch die Ebene des impliziten, fungierenden Vertrauens erfassen zu können (vgl. Endreß 2002; Offe 2001). Zweitens liegen kaum Ansätze vor, die aus einer prozessanalytischen Perspektive die Entstehung, den Aufbau und die Aufrechterhaltung von Vertrauen in Kooperationen empirisch in den Blick nehmen und damit die Frage nach geeigneten Bedingungen der Vertrauensbildung möglicherweise eher beantworten können.

Der vorliegende Beitrag knüpft an dieses Desiderat an und stellt Ergebnisse aus einem ethnographisch angelegten Forschungsprojekt zur Kooperation zwischen Lehrern und Angehörigen anderer pädagogischer Professionen vor. Anhand einer *Einzelfallstudie* zur Vertrauensbildung in einem Team von zwei Klassenlehrern und einer Sozialpädagogin, die gemeinsam eine 8. Klasse mit bildungsbenachteiligten Jugendlichen betreuen, soll im Folgenden aus einer prozess- und mikroanalytischen Perspektive aufgezeigt werden, wie sich das Vertrauen in dieser interprofessionellen Kooperationsbeziehung aufbaut, welche Bedingungen und Strategien der Aufrechterhaltung von Vertrauen sich im gemeinsamen Arbeitsprozess zeigen und welche Rolle dem Vertrauen in dieser interprofessionellen Kooperation zukommt.[1]

Bevor der hier im Mittelpunkt stehende Fall dargestellt wird (Abschnitt 3), werden zunächst kurz der hier verwendete Vertrauensbegriff skizziert (Abschnitt 2.1), der Stand der Kooperationsforschung im Lehrerberuf aufgezeigt (Abschnitt 2.2) und Ausgangsüberlegungen zur Untersuchung von Vertrauen in interprofessionellen Kooperationen formuliert (Abschnitt 2.3).

2. Vertrauen und Kooperation – Begriffsbestimmungen, Forschungsergebnisse und Ausgangsüberlegungen

2.1 Vertrauen in soziologischen Ansätzen

Da in der Erziehungswissenschaft das Thema Vertrauen derzeit kaum diskutiert wird, werden im Folgenden theoretische Perspektiven und Konzepte von Luhmann (2000) und Giddens (1996) sowie Ergebnisse des soziologischen Vertrauensdiskurses als Ausgangspunkt genommen. In soziologischen Ansätzen wird Vertrauen zum einen als wichtige soziale Ressource bestimmt, denn „überall dort, wo handelnde Subjekte auf die Kooperation mit anderen angewiesen sind, die sie nicht kennen oder deren Motive ihnen verschlossen sind, taucht die Notwendigkeit des Vertrauens auf" (Hartmann 2001: 16). Dabei wird vielfach der *Risikoaspekt* des Vertrauens betont, denn mit dem Schenken von Vertrauen bleibt zunächst ungewiss, ob die damit verbundenen Erwartungen auch erfüllt werden. Diesen Sachverhalt hat Luhmann als „Problem der riskanten Vorleistung" (Luhmann 2000: 55) bezeichnet. Zum anderen wird Vertrauen in modernisierungstheoretische Betrachtungen eingerückt. So gehen Giddens (1996) und Luhmann (2000) davon aus, dass Vertrauen im Rahmen fortschreitender gesellschaftlicher Modernisierung eine immer größere Rolle spielt. Angesichts des Wegbrechens traditioneller Einbindungen, zunehmender sozialer Differenzie-

---

1 Dieses Projekt ist im wissenschaftlichen Netzwerk „Bildungsvertrauen – Vertrauensbildung" (http://www.bildungsvertrauen.de/) angesiedelt, das von der DFG seit 2008 gefördert wird.

rung und der Steigerung von Komplexität, Ungewissheit und Unsicherheit müssen handelnde Subjekte zunehmend Vertrauen sowohl unbekannten Personen als auch abstrakten Systemen (z. B. Expertensysteme) entgegenbringen, um Entscheidungen auch unter Bedingungen unvollständigen Wissens und Unsicherheit treffen zu können und damit handlungsfähig zu bleiben. Damit fungiert Vertrauen nach Luhmann (2000) als Mechanismus der Reduktion von sozialer Komplexität und als Überbrückung von Wissens- bzw. Informationsunsicherheit.

Die Differenzierung in persönliches Vertrauen und Vertrauen in abstrakte Systeme bzw. Systemvertrauen wird in einer Reihe von Ansätzen noch um die Ebene des institutionell vermittelten Vertrauens (vgl. Endreß 2002) oder des *spezifischen* Vertrauens (Wagenblass 2001) ergänzt, das Vertretern von Expertensystemen (z. B. Professionen) entgegengebracht wird. Es ist im Gegensatz zu Systemvertrauen zwar an konkrete Personen gebunden, bezieht sich aber nicht auf die individuellen und persönlichen Eigenschaften der Experten, sondern auf ihre fachlichen Kompetenzen und somit auf ihre Funktion als Rollenträger und Vertreter des Systems. Diese Ebene des spezifischen Vertrauens ist für den hier vorliegenden Bereich der interprofessionellen Kooperation neben dem personalen Vertrauen entscheidend, denn es geht in Kooperationsbeziehungen zwischen Professionellen vor allem auch um (das bewusst gesetzte) Vertrauen in die Kompetenzen des kooperierenden Partners.

2.2 Kooperation im Lehrerberuf

Generell lassen sich Kooperationen als eine Form der Zusammenarbeit zwischen zwei oder mehreren Partnern charakterisieren, die darauf zielt, durch Abstimmung der Beteiligten eine Optimierung von Handlungsabläufen oder eine Erhöhung der Handlungsfähigkeit bzw. Problemlösungskompetenz zu erreichen (vgl. Santen/Seckinger 2003: 29). Vor dem Hintergrund, dass in diesem Band in erster Linie Kooperationen im Wirtschaftssektor im Mittelpunkt stehen, erscheint es wichtig, kurz auf die Bedeutung und die Spezifik von Kooperationen im Lehrerberuf einzugehen. Im Bereich der Schule lässt sich seit Mitte der 1990er Jahre beobachten, dass Kooperationen zunehmend eine wichtige Rolle spielen. Dies hängt mit verschiedenen Faktoren zusammen (vgl. Terhart/Klieme 2006; Bauer 2008; Maag Merki 2009): In Konzepten der Schul- und Unterrichtsentwicklung wird Kooperation im Kollegium als wichtige Voraussetzung für die Bearbeitung und Bewältigung schulischer Herausforderungen gesehen. Ausgehend von einem Verständnis der Schule als selbstlernender Organisation kommt dabei institutionalisierten Kooperationsformen, wie Steuergruppen, Qualitätszirkeln, Jahrgangs- oder Evaluationsteams, eine wichtige Rolle bei der Gestaltung von Schule zu. Kooperation und Kommunikationsstrukturen erhalten zusätzliche Relevanz, da der verstärkte Ausbau von Ganztagsschulangeboten die Zusammenarbeit mit dem am Nachmittag tätigen pädagogischen Personal und mit außerschulischen Einrichtungen erfordert (vgl. Terhart/Klieme 2006; Arnoldt/Züchner 2008). Zudem führen pädagogische Herausforderungen im Umgang mit Kindern und Jugendlichen zu neuen Formen der Unterstützung von Lehrern durch andere Berufsgruppen, wie Sozialpädagogen, Sonderpädagogen und Schulpsychologen. Die damit verbundenen Erwartungen und Anforderungen an die Kooperationskompetenzen von Lehrern in der Zusammenarbeit mit inner- und außerschulischen Partnern haben sich inzwischen z. B. auch in den von der Kultusministerkonferenz vorgelegten Standards für die Lehrerbildung (KMK 2004) niedergeschlagen.

Inzwischen gibt es auch empirische Hinweise darauf, dass Kooperationen zwischen Lehrern einen positiven Effekt auf die Qualitätsentwicklung der Einzelschule haben. So zeigen Befunde der Schuleffektivitätsforschung, dass sich erfolgreiche Schulen durch eine hohe Ausprägung bestimmter Qualitätsmerkmale, wie z. B. Kooperation, interne und externe Netzwerke sowie Teamqualität, auszeichnen und dass die professionelle Weiterentwicklung von Lehrkräften eng an kooperative Arbeitszusammenhänge gekoppelt ist (vgl. Bonsen 2005; Steinert et al. 2006). So fördern etwa die in Kooperationen stattfindenden Kommunikations- und Aushandlungsprozesse die Selbstreflexionsfähigkeit und Weiterqualifizierung der beteiligten Akteure und können damit entscheidend zur Steigerung der Professionalität von Lehrern beitragen (vgl. Kolbe/Reh 2008; Maag Merki 2009). Terhart/Klieme (2006: 13) fassen den Forschungsstand zur Kooperation zwischen Lehrern dahingehend zusammen, dass in nachweislich guten Schulen das Ausmaß der Kooperation höher und vor allem die Art der Kooperation zwischen Lehrkräften anspruchsvoller ist als in weniger erfolgreichen Schulen. Anspruchsvolle Kooperationen zeichnen sich nach einer Unterscheidung von Steinert et al. (2006) durch ein systematisches und wechselseitig abgestimmtes und transparentes Lehrerhandeln, wechselseitige Adaptivität im Unterrichtshandeln, Verfahren der Selbst- und Fremdevaluation sowie systematische Fortbildung aus.

Insgesamt zeigt sich, dass Kooperation – obwohl sie durchaus positiv besetzt und erwünscht ist und damit hohe Erwartungen verknüpft werden – im schulischen Alltag nur begrenzt realisiert wird (vgl. Terhart/Klieme 2006; Reh 2008). Zudem lassen sich als anspruchsvoll zu bewertende Kooperationsformen in der Praxis kaum nachweisen (vgl. Steinert et al. 2006). Hierzu liegen inzwischen verschiedene Erklärungsansätze vor, die auf die organisatorischen Rahmenbedingungen und vor allem die additive, zellulare Struktur von Schule als Arbeitsplatz für Lehrer verweisen, die eine Zusammenarbeit von Lehrpersonen nicht zwangsläufig vorsieht und eher eine individualisierte Arbeitsweise begünstigt und damit die Berufskultur der Lehrerschaft – das Einzelkämpfertum – prägt (vgl. Terhart/Klieme 2006; Gräsel et al. 2006; Bauer 2008).

Während das Forschungsfeld *Kooperation unter Lehrern* eine deutliche Aufwertung erfahren hat, zeigt sich, dass empirische Forschungen zur *Kooperation unter Angehörigen verschiedener pädagogischer Professionen* bisher kaum vorliegen. Lediglich die Kooperation zwischen Lehrern und Schulsozialarbeitern wurde in einer Reihe von Studien und Begleitforschungen in den 1970er Jahren und dann wieder nach der Wende intensiver untersucht. Dabei wurde aufgezeigt, dass die Zusammenarbeit zwischen diesen beiden Professionen oftmals schwierig ist und sich gegenseitige Vorbehalte, Belastungen, Probleme und Konflikte bei der Zusammenarbeit sowie Asymmetrien in den Arbeitsbeziehungen zeigen, die die Vertrauensbildung und Kooperation erschweren. Diese Kooperationshindernisse werden auf die differierenden gesellschaftlichen Funktionen und institutionellen Strukturen von Schule und Jugendhilfe, auf berufskulturell verankerte Unterschiede und gegenseitige Vorurteile, auf Informationsdefizite über die jeweiligen Arbeitsfelder und Kompetenzen sowie auf das strukturelle Hierarchie-, Prestige- und Machtgefälle zwischen Lehrern und Sozialpädagogen zurückgeführt (vgl. Dithmar et al. 1999; Olk 2004; Speck 2007). Zudem können auch Zielgruppen- und Aufgabenüberschneidungen der beiden pädagogischen Berufsgruppen interprofessionelle Aushandlungsprozesse und Machtkämpfe um die jeweilige Zuständigkeit, Grenzziehungen und den Status als Hilfs- oder Leitprofession evozieren und potenziell die eigenen beruflichen Fähigkeiten in Frage stellen sowie eine Konkurrenzsituation befördern.

Diese Differenzen und Asymmetrien führen vielfach zu Kooperationsbeziehungen, in denen die Sozialpädagogen den Forderungen, Funktionszuschreibungen und Erwartungen der Institution Schule und der Lehrer untergeordnet werden. So werden etwa an Sozialpädagogen ungeliebte Arbeitsbereiche (z. B. Problemschüler) delegiert. Die darüber hinaus vorliegenden wenigen Studien zur Kooperation mit Angehörigen anderer pädagogischer Professionen bestätigen diese Probleme bei der Zusammenarbeit (vgl. Kolbe/Reh 2008).

2.3 Vertrauen in (inter)professionellen Kooperationen im Kontext Schule

In aktuellen Studien zu Kooperationen unter Lehrern werden vor allem das Ausmaß an Kooperation, die verschiedenen Formen der Zusammenarbeit bzw.

Niveaustufen, Möglichkeiten der Anregung kooperativer Formen der Zusammenarbeit (vgl. Gräsel et al. 2006; Steinert et al. 2006) sowie Folgen und Wirksamkeit von Kooperation für Schulentwicklung untersucht (vgl. Boller 2009). Zwar rücken dabei auch kooperationsfördernde Faktoren in den Blick, doch liegen bisher kaum Studien vor, die Vertrauen in (inter)professionellen Kooperationen empirisch untersuchen.

Eine Ausnahme stellt die Studie von Gräsel et al. (2006) dar. Die Autoren unterscheiden drei Formen der Zusammenarbeit: Austausch, Arbeitsteilung und Kokonstruktion. Unter Kokonstruktion werden Formen der Zusammenarbeit verstanden, in denen sich die Partner intensiv über die Bearbeitung einer gemeinsamen Aufgabe austauschen und dabei ihr jeweiliges (Experten-)Wissen so aufeinander beziehen (kokonstruieren), dass hieraus gemeinsame Aufgaben- bzw. Problemlösungen erwachsen. In ihrer empirischen Interventionsstudie zur Anregung von kokonstruktiven Kooperationsformen in fachbezogenen Fortbildungen im Chemieunterricht knüpfen die Autoren an Ergebnisse aus der Arbeits- und Organisationspsychologie an (vgl. Spieß 2004) und gehen von drei Kernbedingungen für effektive Kooperation aus: erstens gemeinsam getragene, transparente und klar formulierte Ziele und Aufgaben, zweitens ein gewisses Maß an Autonomie der beteiligten Kooperationspartner und drittens gegenseitiges Vertrauen. Sie kommen zu dem Ergebnis, dass die drei verschiedenen Kooperationsformen Austausch, Arbeitsteilung und Kokonstruktion durch graduelle Abstufungen der drei genannten Bedingungen gekennzeichnet sind. In Bezug auf Vertrauen zeige sich etwa, dass je höher die Intensität der Zusammenarbeit ist, desto mehr ist das kooperative Handeln vom Vertrauen der einzelnen Akteure abhängig und desto größer ist hier auch Riskanz des Vertrauens. Gleichzeitig wird Vertrauen für die Kooperationsform Kokonstruktion als besonders wichtig erachtet, da der Aufwand für gemeinsame Abstimmungen hoch, die Autonomie deutlich eingeschränkt und das Konfliktpotenzial erhöht ist (vgl. Gräsel et al. 2006).

Die Professionssoziologie untersucht Vertrauen vor allem auf der Mikroebene der Professionellen-Klienten-Beziehung und auf der Makroebene als Vertrauen der Gesellschaftsmitglieder in Professionen (vgl. Di Luzio 2005; Pfadenhauer 2006). Professionssoziologische Untersuchungen, die sich explizit mit Vertrauen in intra- oder interprofessionellen Kooperationen beschäftigen, liegen bisher nicht vor.

Welche Überlegungen zur Bedeutung und Funktion von Vertrauen in Kooperationsbeziehungen generell und insbesondere zwischen Lehrern und Sozialpädagogen lassen sich vor dem Hintergrund der Hinweise zu Vertrauen sowie der empirischen Ergebnisse zu (inter)professionellen Kooperationen im Lehrerberuf anschließen?

Das Problem der riskanten Vorleistung lässt sich für Kooperationsbeziehungen wie folgt spezifizieren: Es sind zum einen die Ungewissheit in Bezug auf die Intentionen, Kompetenzen, Arbeitsqualität und Zuverlässigkeit des Partners insbesondere zu Beginn der Zusammenarbeit und zum anderen Unsicherheitsmomente bei Abstimmungen und im gemeinsamen, zeitweilig arbeitsteilig organisierten Arbeitsprozess, die eine gegenseitige Vertrauensgabe der Kooperationspartner erfordern. Auf der Basis von Vertrauensbeziehungen können die Handlungen koordiniert und die Komplexität des arbeitsteilig organisierten Problembearbeitungsprozesses reduziert werden. Dadurch können die Zielsetzungen der Kooperation eher erreicht werden. In der Zusammenarbeit von Sozialpädagogen und Lehrern lässt sich von einer *Zuspitzung der Vertrauensproblematik* ausgehen und zwar im Sinne besonderer Herausforderungen an die Vertrauensbildung zwischen diesen beiden Kooperationspartnern. Dies hängt damit zusammen, dass, wie oben aufgezeigt, bei der Zusammenarbeit zwischen diesen beiden Berufsgruppen strukturell angelegte Probleme und Konflikte sowie daraus resultierende Asymmetrien auftauchen können, die wiederum die Vertrauensbildung und Kooperation erschweren.

Im Folgenden soll der Blick auf das empirische Material gelenkt werden, um aufzuzeigen, wie im vorliegenden Fall zwei Lehrer und eine Sozialpädagogin in der Kooperation mit dieser Zuspitzung der Vertrauensproblematik umgehen, wie sich der Prozess des Vertrauensaufbaus und die Aufrechterhaltung von Vertrauen gestalten und welche vertrauensgenerierenden Aspekte, Handlungen und Bedingungen dabei erkennbar werden.

3. Vertrauen und Vertrauensbildung in der interprofessionellen Kooperation im SchuB-Team

3.1 Hinweise zum Kooperationskontext „SchuB-Team" und zum methodischen Vorgehen

Im Mittelpunkt steht im Folgenden die Kooperation zwischen den beiden Klassenlehrern Irene Liebermann und Andreas Wagner und der Sozialpädagogin Kristin Maurer – das sogenannte „SchuB-Team". „Schule und Betrieb" (kurz: SchuB) ist eine hessische Maßnahme, in der abschlussgefährdete Schüler der Jahrgangsstufen 8 und 9 in kleinen Klassen für zwei Jahre zusammengefasst werden und an zwei Tagen in der Woche in einem Betrieb arbeiten. Pro SchuB-Klasse steht eine sozialpädagogische Fachkraft mit einer halben Stelle zur Verfügung. Mit dieser personellen Ausstattung ermöglicht die SchuB-Maßnahme im Gegensatz zu anderen Kooperationsformen von Schule und Jugendhilfe (z. B. Schulsozialarbeit) deutlich intensivere Formen interprofessioneller Kooperation zwischen Lehrern und Sozialpädagogen. Sozialpädagogik wird dabei nicht einfach als Ergänzung zum Unterricht verstanden und die Arbeitsbereiche werden den beiden pädagogischen Berufsgruppen auch nicht gesondert zugeschrieben, sondern laut Erlass sollen sie sich *gemeinsam* als Team den vielfältigen pädagogischen Aufgaben widmen.[2] Damit stehen die Teammitglieder an den einzelnen Schulstandorten vor der Herausforderung, geeignete Kooperations- und Arbeitsformen zu finden.

Das hier im Mittelpunkt stehende SchuB-Team betreut an einer hessischen kooperativen Gesamtschule gemeinsam eine Gruppe von 12 Schülern. Die beiden Lehrer waren bereits Klassenlehrer einer früheren SchuB-Klasse, die sie zusammen mit einer Sozialpädagogin von 2005 bis 2007 betreut haben. Diese Sozialpädagogin verlässt allerdings nach diesen zwei Jahren die Schule. Für die neue SchuB-Klasse, die zum Schuljahr 2007/08 startet, kommt als Sozialpädagogin Frau Maurer neu hinzu. Mit den beiden Klassenlehrern und der Sozialpädagogin wurden leitfadengestützte Interviews geführt. Zudem wurden teilnehmende Beobachtungen in der SchuB-Klasse im Zeitraum von Dezember 2007 bis März 2008 gemacht. Es zeigte sich in den Interviews, dass das Thema Vertrauen von den drei Interviewten jeweils selbst eingeführt wurde. Neben diesem Zugang zum reflexiven Vertrauen kommen aber auch weitere Vertrauensaspekte in den Erzählungen der Interviewten über die Kooperationspraxis in den Blick.

In der Untersuchung, aus der die vorliegende Einzelfallstudie stammt, wird ein qualitatives Forschungsdesign verfolgt, das ethnographisch angelegt ist und unterschiedliche Erhebungs- und Auswertungsmethoden miteinander kombiniert. Neben teilnehmenden Beobachtungen werden leitfadengestützte Interviews mit Lehrern und Angehörigen anderer pädagogischer Berufsgruppen geführt, um einen Zugang sowohl zur interprofessionellen Kooperationspraxis an den jeweiligen Schulen als auch zu den Deutungs- und Handlungsmustern der Akteure zu erlangen. Als zentrale Methode der Auswertung der Daten dient der Ansatz der Grounded Theory (Strauss/Corbin 1996; Strauss 1994). Die Ergebnisse an den einzelnen Schulen sollen zu Fallstudien verdichtet und verglichen werden, um unterschiedliche Kooperationspraktiken und Bedingungen interprofessioneller Kooperation aufzeigen zu können.

---

2   Vgl. 3.4 im Erlass „SchuB-Klassen in Hessen. Lernen und Arbeiten in Schule und Betrieb" vom 02.11.2004. Internetquelle: http://www.ibbw.de/Dokumente/PDF/SchuB/SchuB-Erlass.pdf; Zugriff 20.5.2011

3.2 Strukturierung des Vertrauensbildungsprozesses durch eine asymmetrische Ausgangskonstellation

Die gemeinsame Übernahme einer SchuB-Klasse durch eine Klassenlehrerin, einen Klassenlehrer und die Sozialpädagogin markiert den Beginn der Kooperationsbeziehung und des Vertrauensaufbaus. Die Kooperationsbeziehung ist zu Beginn durch eine *deutliche Asymmetrie* zwischen den Kooperationspartnern gekennzeichnet: Zwei Klassenlehrer stehen einer Sozialpädagogin gegenüber. Die beiden Lehrer kennen sich bereits seit Jahrzehnten und haben schon gemeinsam eine SchuB-Klasse begleitet, während die Sozialpädagogin als Kooperationspartnerin neu hinzukommt. Der gemeinsame Arbeitsort ist das Terrain der Lehrer – die Institution Schule – und überdies sind beide Lehrer an den Bewerbungsgesprächen und an der Auswahl der sozialpädagogischen Fachkraft beteiligt.

Diese Asymmetrie strukturiert auch den Beginn und die ersten Sequenzen des Vertrauensbildungsprozesses: Die beiden Klassenlehrer setzen zunächst Vertrauen in die ausgewählte Sozialpädagogin, während es nun an ihr liegt, ihre Vertrauenswürdigkeit zu erweisen und die in sie gesetzten positiven Erwartungen zu erfüllen. Die SchuB-Klassenlehrerin beschreibt die Riskanz dieser *Vorleistung* des Vertrauens, wenn sie darauf verweist, dass sie sich bei der Auswahl der Sozialpädagogin einzig auf ihr Gefühl verlassen konnte:

> „wir durften se ja auch wieder aussuchen (2) und hatten eben da einfach auch n gutes Gefühl wieder dabei, aber wie gesacht, auch wieder n Gefühl, mehr weiß ma ja erstma nich (I: hhmm)" (259–261).

Gleichwohl haben die Klassenlehrer gegenüber der Sozialpädagogin den Vorteil, dass sie bereits positive Erfahrungen mit der Kooperation mit einer Sozialpädagogin bei der Betreuung der ersten SchuB-Klasse von 2005 bis 2007 gemacht haben, sie sich die neue Kooperationspartnerin auswählen können und diese sich in ein langjähriges Lehrerteam integrieren muss. Die Sozialpädagogin trägt demgegenüber eine hohe Vertrauensbeweislast und muss sich als „Auserwählte" im neuen Arbeitskontext bewähren.

In den Interviews mit der Klassenlehrerin und der Sozialpädagogin wird ersichtlich, dass diese Bewährung und der damit einhergehende Vertrauensaufbau schrittweise erfolgen. So erzählt die Klassenlehrerin:

> „und da hat sich sehr schnell herausgestellt, dass sie (1) sehr (4) ähhm (1) einerseits (1) offen und fragend (.) auf uns zugegangen is und auch auf das Projekt (.) aber gleichzeitich ei'ntlich auch irgendwie sehr zielgerichtet und sehr sicher und auch schon von Anfang an sehr klar. (1), sehr klar wie sie mit Schülern umgeht, sehr klar auch wie sie mit uns umgegangen is (1), äh eigentlich sehr klar in ihren (.) Fragestellungen, wenn's auch Fragestellungen waren, oder (1)

> dann einfach auch wiederum wie beim letzten Mal (.) schleichend einfach angefangen hat, bestimmte Dinge zu machen (.) ja? (1) Listen zu führen nhh aufzuräumen @.@ Gespräche zu führen (.) oder so' ich hab ma eben da angerufen und soll ich noch' also einfach (.) ähhm un ich denk (es is) (.), das hört sich vielleicht n bisschen blöd an, aber es is jetz wieder dies Vertrauen, es hat ma wieder funktioniert, ja zu sagen, wir fangen da zusammen an (.), äh wir sind tagtäglich in dem gleichen Raum mit den gleichen Schülern zusammen und (1) ähm, da hat sich draus entwickelt, was (1) zu tun is, ja?" (261–272).

Die Sozialpädagogin erweist sich als vertrauenswürdig, da sie erstens als „Neuling" mit einer angemessenen Haltung als Lernende und offen gegenüber den Partnern in der Kooperation auftritt und sich zweitens eigene Arbeitsbereiche erschließt und hierbei ihre Kompetenzen zeigt.

Voraussetzung hierfür ist aber, dass die Lehrer der Sozialpädagogin am Anfang viel Freiraum bei der Suche nach ihren Aufgabenfeldern lassen. Ihr werden gewissermaßen *Bewährungsräume* vom „eingespielten" Lehrerteam zur Verfügung gestellt, in denen sie aufgrund ihrer demonstrierten Eigeninitiative und Kreativität Vertrauenswürdigkeit gewinnen kann. Hierzu gehören die eigenständige Konzeption und Durchführung eines erlebnispädagogischen Programms für die Schüler zu Beginn des Schuljahres, die Umgestaltung des Klassenzimmers, der Aufbau eines Ordnungssystems mit Schränken, Fächern und Ordnern für die Schüler sowie die Schaffung einer Büroecke im Klassenraum, die ihr als Arbeitsplatz dient.

Die Vertrauensgewährung der Lehrer dehnt sich nach und nach auf weitere Bereiche aus. So erzählt die Sozialpädagogin, dass ihr die Lehrer schon bald zutrauen, allein Vertretungsstunden in der SchuB-Klasse zu übernehmen:

> „das Vertrauen von den Lehrern dann zu mir, dass s- dass se sagen, ne ich mx (.) vertrau Dir, dass (.) das (2) gut is, wenn ich weg bin und (.) Du mit der Klasse allein bist, und äh dass se mit m guten Gefühl gehen können (I: hmhm) un nich mit Ogottogott oder so (1), das einerseits ähh w- w- war dann ziemlich schnell auch da" (850–853).

Die zweite Sequenz der gegenseitigen Vertrauensgabe, die für den Vertrauensaufbau erfolgen muss, zeigt, dass die Risikokonstellationen *ungleich* verteilt sind. Angesichts der asymmetrischen Beziehung im Rahmen der Kooperation ist die Hürde für die Bewährung der Lehrer niedriger und die Vorleistung der Vertrauensgabe auf Seiten der Sozialpädagogin höher einzuschätzen. So benennt die Sozialpädagogin gerade auch vor dem Hintergrund eigener negativer beruflicher Erfahrungen ihre Ängste zu Beginn der Zusammenarbeit, dass sie als „Neuling" und bei eigenen Unsicherheiten in den erfahrenen Lehrern keine Unterstützung findet und diese sie *„in irgend ner Situation alleine [lassen] oder (I: hmhm) (.) fahrn mir irgendwie (2) in die Parade oder irgendwie so"* (861–862). Da die beiden Klassenlehrer sich jedoch in dieser Hinsicht bewähren, die Sozialpädagogin unterstützen und gleichzeitig eine große Offenheit in Bezug auf die gemeinsame inhaltliche Ausgestaltung der Aufgaben zeigen, kann sich der Prozess des wechselseitigen Vertrauensaufbaus nach diesen zwei Sequenzen weiter fortsetzen. Aus Sicht der Teammitglieder gelingt es, die neue Sozialpädagogin in das Team zu integrieren und eine kooperative Vertrauensbeziehung aufzubauen und damit die zu Beginn der Kooperationsbeziehung angelegte Asymmetrie aufzufangen. So äußert die Sozialpädagogin:

> „ich denk das spielt auch viel mit rein (I: hmhm) (2) ob wirklich n Team sich auch auf (1) Augenhöhe begegnet un sacht wir sin n gleichwertiges Arbeitsteam oder ob ma sacht (.) Du bist der Hilfslehrer, (1) der (I: hmhm) Sozialpädagoge ne (I: hmhm) (.) oder ob man sacht ah ja da is jemand anderes (.) der hat die Aufgaben (.) un ich habe die Aufgaben un wir ergänzen uns (.) un des hab ich ei'ntlich (.) mx hier sooo erlebt (I: hmhm) absolut dass man sich (2) da (.) in ner (.) wertschätzenden (1) Haltung begegnet is un einfach geguckt hat wo (2) wo sind die (3) ja Fähichkeiten und Stärken des anderen wie könn' wa uns da ergänzen (I: hmhm) (2) jo. (1) und nich äxx in der Konkurrenz uns gesehen haben überhaupt nich (I: hmhm) (2) °jo° (2)" (152–160).

Im Folgenden gilt es aufzuzeigen, welche weiteren vertrauensförderlichen Maßnahmen und Aspekte zum Aufbau dieser als positiv eingeschätzten vertrauensvollen Kooperationsbeziehung beigetragen haben. Im obigen Zitat werden bereits zwei wichtige Aspekte angesprochen, die ich im Folgenden näher darstellen werde: Erstens begegnen sich nach Einschätzung der Sozialpädagogin die Kooperationspartner mit einer wertschätzenden Haltung und auf gleicher Augenhöhe – dies ist für die Entstehung, Gewährung und Aufrechterhaltung von *personalem Vertrauen* generell förderlich. Zweitens deutet sich hier ein Kooperationskonzept an, das von einander ergänzenden, komplementären professionellen Kompetenzen ausgeht und auf eine weitere Ebene des Vertrauens – das *spezifische Vertrauen* – zielt.

3.3 Vertrauensebenen in der Kooperationspraxis des SchuB-Teams

3.3.1 Personales und spezifisches Vertrauen in der interprofessionellen Kooperationsbeziehung

Die Mitglieder des SchuB-Teams sprechen in den Interviews im Zusammenhang mit der Kooperation die Form des *personalen Vertrauens* an. So verweist etwa die Sozialpädagogin auf die gegenseitige „*wertschätzende Haltung*" (157) oder auf „*Sympathie*" (826) zwischen ihr und der Klassenlehrerin. Die aufgebaute Vertrautheit zwischen Klassenlehrerin und Sozialpädagogin dokumentiert sich auch in folgender Äußerung der Klassenlehrerin:

> „es sin ja oft äh (.) denk ich ma ganz schnelle Entscheidungen zu treffen (.) ja (I: hmhm) also ganz schnelle Entscheidungen die (.) so. un dann ham wir äx mittlerweile auch fast nur n Blickkontakt oder (1) setzen uns ma kurz zusammen und reden zwei Sekunden oder drei Minuten (I: @.@) @1@ und verhandeln ganz schnell wer jetz übernimmt oder wer jetz was macht (I: hmhm) oder wie wir das jetz entscheiden (.) und ähmm (3) ja. (3) (I: hmhm) (2) toll." (277–281).

Hingegen beschreibt die Sozialpädagogin den Aufbau der personalen Vertrauensbeziehung zum Klassenlehrer als einen längeren Prozess des gegenseitigen *„Sich-Kennen-Lernens"* und *„Sich-Einschätzen-Lernens"* (829 f.).

Vorherrschend in den Interviews ist jedoch die Form des *spezifischen Vertrauens*. So nennt die Klassenlehrerin als kooperationsförderliche Vertrauensgrundlage die jeweiligen professionellen Kompetenzen, auf die sie auf beiden Seiten vertraut: *„so'sagen', ich vertrau einfach drauf, dass wir die Kompetenzen haben Du die'"* (258–259). Die Sozialpädagogin spricht von der Anerkennung der *„Fähichkeiten und Stärken des anderen"* (158 f.) und betont, dass die Kooperationspartner sich wechselseitig in ihren professionellen Kompetenzen ergänzen. Der Klassenlehrer nimmt die Sozialpädagogin als Stellvertreterin einer Berufsgruppe wahr, der er aufgrund ihrer Ausbildung und der dort vermittelten professionellen Kompetenzen spezifisches Vertrauen entgegenbringt. So erläutert er in Bezug auf sozialpädagogische Herangehensweisen an Konflikte und Probleme in Gesprächen mit Schülern und Eltern: *„Ich glaub schon, dass das einfach äh professioneller ist, wenn das eine Sozialpädagogin macht, da bin ich einfach innerlich überzeugt von jetzt."* (426–428). Ferner hebt der Klassenlehrer die andere, erweiterte Perspektive der Sozialpädagogen auf das Umfeld der Schüler, die differenzierte Dokumentation von Schülerverhalten und Zielvereinbarungen, die sozialpädagogischen Problemlösungsstrategien sowie die Kenntnis der Sozialpädagogen über weitere Einrichtungen und Institutionen sowie die Möglichkeiten ihrer Einbeziehung bei der Suche nach Problembearbeitungsstrategien und Lösungsansätzen hervor.

Insgesamt zeigt sich, dass das Vertrauen in die Professionalität des jeweils Anderen in der Kooperation innerhalb des SchuB-Teams dazu beiträgt, dass in der fachlichen Zusammenarbeit die Perspektiven, Zugänge, Kompetenzen und Erfahrungen des jeweils anderen Professionsvertreters nicht nur anerkannt, sondern auch als wichtige Ergänzung und Perspektivenerweiterung erfahren werden. Auf dieser Grundlage werden aus Sicht der Kooperationspartner die Möglichkeiten ihres professionellen Handelns erweitert und gemeinsame Problemlösungskapazitäten freigesetzt. Diese beschreibt etwa die Klassenlehrerin wie folgt:

> „also so (.) arbeiten zu können is toll (1) (I: hmhm) weil's ja auch ne Menge wegnimmt an (1) ähm Verantwortung ja also jetz nich Verantwortung abnehmen aber Verantwortung die irgendwie (.) auf mehreren Schultern lastet und (.) ich denk ma grad wenn's schwierige Probleme sind ähm (1) das äh zu beleuchten mit unterschiedlichen Aspekten mit unterschiedlichen Sichtweisen und dann (1) ähm (.) dann auf a- sagen wa auf einen (.) Lösungsansatz zu kommen (1) äh das macht einfach n gutes Gefühl (I: hmhm) (1) für die Arbeit (4)" (229–235).

Ferner zeigt sich, dass im Rahmen der Teamarbeit auch Reflexions- und Lernprozesse bei den Professionellen angestoßen werden, was zu einer Steigerung der Reflexionsfähigkeit gegenüber der eigenen Tätigkeit und damit der eigenen Professionalität führt. Insofern ist es gerade das einander entgegengebrachte spezifische Vertrauen, das hier zu einer Erhöhung der Problemlösekapazitäten in der Kooperation und zur Professionalisierung der Mitglieder der Kooperation führt.

3.3.2 Vertrauen in die gemeinsame professionelle Arbeit und in den Kooperationsprozess

Die Klassenlehrerin führt im Interview eine weitere Vertrauensebene neben dem personalen und dem spezifischen Vertrauen ein:

> „wir haben (1) natürlich ein Konzept gehabt @1@ aber oder entwickelt (I: hmhm) in den letzten zwei Jahren (.) aber das is (.) für uns jetz auch erstma wieder offen (1) also wir sind jetz n neues Team und erstma wieder auch offen (.) und ham dann ei'ntlich wie beim letzten Mal auch gesacht äh vielleicht n bisschen unverständlich erstmal für (1) Frau Maurer (.), wir fangen einfach ma an (2) ja? (.) wir äx (.) vertrauen drauf also wirklich wir vertrauen drauf (.) dass es funktioniert (1) und wir fangen einfach ma an wir gucken mal wie das geht (.) (I: hmhm) so. (2) ähm (.) un ich denk (manchmal) s so'n so'n Vertrauen richtich ja zu sagen bevor man da groß Konzepte macht un dann auch dran festklebt äh (1) so'sagen ‚ich vertrau einfach drauf, dass wir die Kompetenzen haben Du die'" (250–259).

Der riskanten Aufgabe im Rahmen der Kooperation, eine schwierige Schülerklientel wieder an das Lernen heranzuführen, ihr zu einem Hauptschulabschluss zu verhelfen und den Übergang in den Beruf zu ebnen, möchte sich das Lehrerteam „*offen*" zuwenden. Die Lehrer entscheiden sich bewusst gegen den Rückgriff auf das alte Konzept oder eine Vorabfestlegung auf Regeln und Vereinbarungen, sie wollen sich als neues Team offen in den Prozess der gemeinsamen Begleitung einer SchuB-Klasse begeben und vertrauen darauf, dass die Zusammenarbeit zwischen den Kooperationspartnern und die Umsetzung der Ziele der SchuB-Maßnahme „*funktionieren*".

Mit dieser Betonung einer Haltung der Offenheit im Arbeits- und Kooperationsprozess wird zum einen der Sozialpädagogin die Möglichkeit geboten, diesen Prozess mitzugestalten, was sicherlich dazu einlädt, den Kooperationspartnern Vertrauen zu schenken. Zum anderen wird hier den Ungewissheiten im Arbeits- und Kooperationsprozess explizit mit einer *Haltung des Vertrauens* begegnet, in der sich ein reflektiertes Sicheinlassen, eine kontrollierte Begrenzung des Vertrauens und ein im Umgang mit Vertrauen erfahrenes Vertrauen widerspiegeln (vgl. Stegmaier 2008). Diese reflexive Haltung des *Vertrauens in Vertrauen*, dieses „durchschauende Vertrauen" (Luhmann 2000: 89) weiß um die Mechanismen der Vertrauensbildung und so stellt sich die in die Kooperation vertrauende Klassenlehrerin auch nach außen hin ganz vertrauensvoll dar, was nach Luhmann für den Aufbau von Vertrauensbeziehungen wiederum entscheidend ist (vgl. Luhmann 2000: 45).

3.4 Vertrauensförderliche Bedingungen und Vertrauensarbeit im SchuB-Team

In den Interviewerzählungen lassen sich weitere vertrauensförderliche Bedingungen und Maßnahmen finden, die der Konsolidierung der Vertrauensbeziehung dienen und Vertrautheit fördern. Vertrauensförderlich sind etwa die intensiven sozialen Kontakte und die interaktive Dichte zwischen den Kooperationspartnern, die sich tagtäglich zusammen im Klassenzimmer aufhalten und auch außerhalb der Schule gemeinsame Termine, wie z. B. Elternbesuche, wahrnehmen. Darüber hinaus bilden Klassenlehrerin und Sozialpädagogin eine Fahrgemeinschaft, sodass auch die morgendlichen gemeinsamen Autofahrten dem Austausch und der Vorbereitung der gemeinsamen Arbeit dienen.

Eine wichtige Vertrauensgrundlage, die die Klassenlehrerin anspricht, ist die *ähnliche Grundhaltung* gegenüber der Schülerklientel und dem Bildungs- und Erziehungsauftrag, die im SchuB-Team herrscht:

> „Und dann denk ich ma, was sicher hilfreich is, dass wir (1) ähm denk ich ma, ne ähnliche (1) äh Grundhaltung denk ich gegenüber solchen Kindern haben solchen Schülern haben" (293–295).

Diese gemeinsam geteilte Grundhaltung begünstigt gerade zu Beginn der Zusammenarbeit, aber auch im weiteren Verlauf die Bereitschaft zur Vertrauensgabe, denn auf dieser Grundlage können ohne lange Verständigungs- und Aushandlungsprozesse die Planung und Durchführung von pädagogischen Interventionen erfolgen, was wiederum die Produktivität der Kooperation erhöht. Im Rahmen der Arbeitsorganisation und der Handlungsabläufe dokumentieren sich in den Interviews weitere Handlungsstrategien, die der Aufrechterhaltung des wechselseitigen Vertrauens dienen und hier in Anlehnung an Strauss (1991: 127) als „Vertrauensarbeit" bezeichnet werden. Hierzu gehört die *Institutionalisierung von Orten der kommunikativen Reflexivität*, die allerdings nicht durch die Organisation Schule bereitgestellt werden, sondern von den Kooperationspartnern außerhalb ihrer Arbeitszeiten zusätzlich gesucht werden müssen. Hier finden gegenseitiger Informationsaustausch, Handlungskoordinierung der zuweilen arbeitsteilig vollzogenen Tätigkeiten sowie Planung, Vorbereitung und Reflexion der gemeinsamen Arbeit statt. Auch außerhalb dieser Kommunikations- und Reflexionsräume wird der tagtägliche Informationsfluss sichergestellt, wobei hier die Sozialpädagogin eine entscheidende Rolle als *„Scharnier"* und *„Bindeglied"* im SchuB-Team wahrnimmt, da sie durch ihre ständige Präsenz im Klassenzimmer für den stetigen Informationsaustausch Sorge trägt:

> „also war sie eigentlich auch immer so das Bindeglied um ähh (.) Dinge zu berichten (.) (I: hmhm) einfach auch äh (.) weiterzuleiten wenn was vorgefallen war also soz'sagen die (.) Kommunikation auch zu halten (.) äh auf dem schnellen Weg" (218–221).

Wichtig erscheint ferner, dass im weiteren Verlauf der Kooperationsbeziehung nicht alle Aufgaben zwischen den Kooperationspartnern aufgeteilt, sondern vielfach gemeinsam von den drei Team-Mitgliedern wahrgenommen werden. So erläutert die Klassenlehrerin:

> „und wiederum aber viele Sachen wir auch wieder gemeinsam machen was ma ja durchaus im Sinne einer Arbeitsökonomie teilen könnten (.) äh zum Beispiel die Elternbesuche oder Elterngespräche könnt' ma ja auch sagen, es macht nur einer oder nur zwei (I), aber auch da wi- das nach wie vor gerne zusammen machen, um (I: hmhm) (I) ähhm ja die Erfahrung zusammen zu sammeln, um uns hinterher beraten zu können." (289–293).

Die gemeinsame Wahrnehmung von Aufgaben ist nicht auf gegenseitiges Misstrauen bzw. ein Kontrollbedürfnis zurückzuführen, sondern in der gemeinsamen Erfahrung und im interprofessionellen Austausch darüber wird eine Bereicherung der kooperativen Arbeit gesehen und damit eine wiederholte Erfahrung der Bewährtheit der Zusammenarbeit ermöglicht, was zur Sicherung der Vertrauensgrundlagen beiträgt und das Potenzial der Kooperation steigert.

4. Resümee und Ausblick

Die vorliegende Einzelfallstudie zeigt, dass der Fokus auf den Prozess des Vertrauensaufbaus und auf die Genese von Vertrauensbeziehungen den Blick für Ausgangskonstellationen, vertrauensgenerierende Bedingungen und vertrauensförderliche Maßnahmen und Strategien öffnet, die damit einer genaueren Analyse zugänglich gemacht werden können. Im vorliegenden Fall zeigt sich, dass die Teammitglieder einander mit einem hohen Maß an *Vertrauensbereitschaft* begegnen und zwar sowohl in die Kompetenzen des jeweils anderen Kooperationspartners als auch in den gemeinsam zu gestaltenden Arbeitsprozess. Dieser *Vertrauensvorschuss* wirkt sich positiv auf die Gestaltung und den Erfolg der Kooperation aus: Die anfänglich vorliegende Asymmetrie in der Kooperationsbeziehung wird abgebaut, die Kooperationspartner begegnen sich auf Augenhöhe und sehen die Zusammenarbeit als Bereicherung im Sinne der Erhöhung ihrer Problemlösungskompetenz. Sie bauen gemeinsam Strukturen auf, die dem reflexiven Austausch sowie der Sicherung der Zusammenarbeit dienen, und sie nutzen die Kooperation auch für eigene Lern- und Professionalisierungsprozesse. Damit liegt hier ein Fall vor, in dem das gegenseitige Vertrauen als wesentliche Voraussetzung und Bedingung für die gelingende Kooperation zu werten ist. Dabei dominiert eine reflexive Form des Vertrauens. So setzen die Akteure aktiv Vertrauen in den jeweils anderen Kooperationspartner und in den Kooperationsprozess und gestalten damit den Vertrauensbildungsprozess reflexiv. Die hier rekonstruierte Strukturvariante von Vertrauensbildung in interprofessionellen Kooperationen lässt sich daher als *reflexive Gestaltung des Vertrauensbildungsprozesses* fassen. Kooperationsförderndes Vertrauen ist hier nicht implizite Hintergrundfolie des Handelns der Akteure, sondern wird hier als *reflexive Form des Vertrauens* thematisiert und praktiziert – gewissermaßen als reflexiver Mechanismus der Vertrauensbildung (vgl. Luhmann 2000).

Perspektivisch sind weitere interprofessionelle Kooperationen in den Blick zu nehmen und vor allem auch konflikthafte, scheiternde Kooperationsbeziehungen zu untersuchen, um zum einen die Bandbreite unterschiedlicher Strukturvarianten von Vertrauensbildungsprozessen in interprofessionellen Kooperationen ausdifferenzieren zu können und zum anderen den Fragen weiter nachgehen zu können, inwieweit Vertrauen für Kooperationen konstitutiv ist und scheiternde Vertrauensbeziehungen und Misstrauen Kooperationen zwischen Professionellen hemmen, konterkarieren oder zerstören können.

Der vorliegende Fall bietet erste Einsichten, die generell für die Frage nach dem *Verhältnis von Vertrauen und Kooperation* und die Frage nach *Strategien der Vertrauensarbeit* wichtig erscheinen: Kooperative Vertrauensbeziehungen beruhen auf gegenseitigen Vertrauensgewährungen und Vertrauensbeweisen, doch aufgrund von Asymmetrien in der Kooperationsbeziehung können die nötigen riskanten Vorleistungen der Vertrauensgabe und die Beweislast der Vertrauenswürdigkeit im Prozess des Aufbaus der Vertrauensbeziehung ungleich verteilt sind. Damit sind die Voraussetzungen zum Aufbau von Vertrauen möglicherweise prekärer, sodass es hier sensibler Absicherungsmechanismen bedarf. In der Einzelfallstudie wurden darüber hinaus Bedingungen und Handlungsstrategien der Vertrauensgenerierung und des Vertrauenserhalts herausgearbeitet, die vermutlich auch auf andere Kooperationskontexte übertragbar sind. Hierzu gehören das Offerieren von Frei- und Bewährungsräumen, ein gemeinsam geteiltes Aufgabenverständnis bzw. eine ähnliche Grundhaltung, die Institutionalisierung von Orten der kommunikativen Reflexivität und die phasenweise gemeinsame Wahrnehmung von Aufgaben. Eine Grundlage für erfolgreiche professionelle Kooperationen scheint schließlich neben dem personalen Vertrauen insbesondere auch das *spezifische Vertrauen* in die Kompetenzen des Kooperationspartners zu sein. Nur auf dieser Basis können die Möglichkeiten des Handelns erweitert und gemeinsame Problemlösekapazitäten freigesetzt werden.

Literatur

Arnoldt, Bettina/Züchner, Ivo (2008): Kooperationsformen. Bedingungen für gelingende Zusammenarbeit? In: Coelen, Thomas/Otto, Hans-Uwe (Hrsg.) (2008): 633–644

Bauer, Karl-Oswald (2008): Lehrerinteraktion und -kooperation. In: Helsper, Werner/Böhme, Jeanette (Hrsg.) (2008): 839–856

Boller, Sebastian (2009): Kooperation in der Schulentwicklung. Interdisziplinäre Zusammenarbeit in Evaluationsprojekten. Wiesbaden: VS Verlag für Sozialwissenschaften

Bonsen, Martin (2005): Professionelle Lerngemeinschaften in der Schule. In: Holtappels, Heinz G./Höhmann, Katrin (Hrsg.) (2005): Schulentwicklung und Schulwirksamkeit. Weinheim, München: Juventa: 180–195

Coelen, Thomas/Otto, Hans-Uwe (Hrsg.) (2008): Grundbegriffe Ganztagsbildung. Das Handbuch. Wiesbaden: VS Verlag für Sozialwissenschaften

Di Luzio, Gaia (2005): Professionalismus – eine Frage des Vertrauens? In: Pfadenhauer, Manuela (Hrsg.) (2005): Professionelles Handeln. Wiesbaden: VS Verlag für Sozialwissenschaften: 69–86

Dithmar, Ute/Meier-Warnke, Helga/Rose, Lotte (1999): Und konnten zusammen nicht kommen ...? Knotenpunkte im Kooperationsaufbau zwischen Schule und Jugendarbeit und ihre Lösungen. In: neue praxis 2: 157–169

Endreß, Matrin (2002): Vertrauen. Bielefeld: transcript

Giddens, Anthony (1996): Konsequenzen der Moderne. Frankfurt/Main: Suhrkamp

Gräsel, Cornelia/Fußangel, Kathrin/Pröbstel, Christian (2006): Lehrkräfte zur Kooperation anregen. Eine Aufgabe für Sisyphos. In: Zeitschrift für Pädagogik 52(2): 205–219

Hartmann, Martin (2001): Einleitung. In: Hartmann, Martin/Offe, Claus (Hrsg.) (2001): 7–34

Hartmann, Martin/Offe, Claus (Hrsg.) (2001): Vertrauen. Die Grundlage des sozialen Zusammenhalts. Frankfurt/Main, New York: campus
Helsper, Werner/Böhme, Jeanette (Hrsg.) (2008): Handbuch der Schulforschung. Wiesbaden: VS Verlag für Sozialwissenschaften
Helsper, Werner/Busse, Susann/Hummrich, Merle/Kramer, Rolf-Torsten (Hrsg.) (2008): Pädagogische Professionalität in Organisationen. Neue Verhältnisbestimmungen am Beispiel der Schule. Wiesbaden: VS Verlag für Sozialwissenschaften
Kolbe, Fritz-Ulrich/Reh, Sabine (2008): Kooperation unter Pädagogen. In: Coelen, Thomas/Otto, Hans-Uwe (Hrsg.) (2008): 799–808
KMK (2004): Standards für die Lehrerbildung: Bildungswissenschaften. Beschluss der Kultusministerkonferenz vom 16.12.2004. Abgerufen am 04.04.2011 (http://www.kmk.org/fileadmin/veroeffentlichungen_beschluesse/2004/2004_12_16-Standards-Lehrerbildung.pdf)
Luhmann, Niklas (2000): Vertrauen. Ein Mechanismus der Reduktion sozialer Komplexität. Stuttgart: Lucius & Lucius
Maag Merki, Katharina (Hrsg.) (2009): Kooperation und Netzwerkbildung. Strategien zur Qualitätsentwicklung in Schulen. Seelze-Velber: Kallmeyer
Offe, Claus (2001): Nachwort. Offene Fragen und Anwendungen in der Forschung. In: Hartmann, Martin/Offe, Claus (Hrsg.) (2001): 364–369
Olk, Thomas (2004): Kooperation von Jugendhilfe und Schule. Das Verhältnis zweier Institutionen auf dem Prüfstand. In: Hartnuß, Birger/Maykus, Stephan (Hrsg.) (2004): Handbuch Kooperation von Jugendhilfe und Schule. Ein Leitfaden für Praxisreflexionen, theoretische Verortungen und Forschungsfragen. Berlin: Lambertus: 69–101
Pfadenhauer, Manuela (2006): Crisis or Decline? Problems of Legitimation and Loss of Trust in Modern Professionalism. In: Current Sociology 54(4): 565–578
Reh, Sabine (2008): Reflexivität der Organisation und Bekenntnis. Perspektiven der Lehrerkooperation. In: Helsper, Werner et al. (Hrsg.) (2008): 163–183
Santen, Eric van/Seckinger, Mike (2003): Kooperation. Mythos und Realität einer Praxis. Eine empirische Studie zur interinstitutionellen Zusammenarbeit am Beispiel der Kinder- und Jugendhilfe. München: Verlag Deutsches Jugendinstitut
SchuB-Klassen in Hessen. Lernen und Arbeiten in Schule und Betrieb. Erlass vom 02.11.2004. Abgerufen am 14.08.2010 (http://www.ibbw.de/Dokumente/PDF/SchuB/SchuB-Erlass.pdf)
Schweer, Martin K. W./Thies, Barbara (2003): Vertrauen als Organisationsprinzip. Perspektiven für komplexe soziale Systeme. Bern: Huber
Speck, Karsten (2007): Schulsozialarbeit. Eine Einführung. München, Basel: Reinhardt
Spieß, Erika (2004): Kooperation und Konflikt. In: Schuler, Heinz (Hrsg.) (2004): Organisationspsychologie. Gruppe und Organisation. Göttingen: Hogrefe: 193–250
Stegmaier, Werner (2008): Philosophie der Orientierung. Berlin: de Gruyter
Steinert, Brigitte/Klieme, Eckhard/Maag Merki, Katharina (2006): Lehrerkooperation in der Schule. Konzeption, Erfassung, Ergebnisse. In: Zeitschrift für Pädagogik 52(2): 185–204
Strauss, Anselm (1991): Creating sociological awareness. Collective Images and Symbolic Representations. New Brunswick u. a.: Transaction Publishers
Strauss, Anselm (1994): Grundlagen qualitativer Sozialforschung. München: Fink
Strauss, Anselm/Corbin, Juliet (1996): Grounded Theory. Grundlagen qualitativer Sozialforschung. Weinheim: Beltz
Terhart, Ewald/Klieme, Eckhard (2006): Kooperation im Lehrerberuf. Forschungsproblem und Gestaltungsaufgabe. Zur Einführung in den Thementeil. In: Zeitschrift für Pädagogik 52(2): 163–166
Wagenblass, Sabine (2001): Vertrauen. In: Otto, Hans-Uwe/Thiersch, Hans (Hrsg.) (2001): Handbuch Sozialarbeit/Sozialpädagogik. Neuwied, Kriftel: Luchterhand: 1934–1942

Verzeichnis der Autorinnen und Autoren

Boes, Andreas, Dr. phil., Wissenschaftler und Vorstandsmitglied am ISF München und lehrt als Privatdozent an der Technischen Universität Darmstadt. Seine Habilitationsschrift (2006) ist dem Thema "Informatisierung und gesellschaftlicher Wandel" gewidmet. Boes leitet seit über zehn Jahren empirische Forschungsprojekte zur Informatisierung und Globalisierung von Arbeit und Organisation, Entwicklung von Qualifizierung und der Arbeitsbeziehungen mit einem Schwerpunkt im Feld der IT-Industrie.

Endreß, Martin, Dr. phil., Professor für Allgemeine Soziologie an der Universität Trier. Seine Arbeitsschwerpunkte liegen in der Soziologischen Theorie, Politischen Soziologie, Wissenssoziologie und einer Soziologie des Vertrauens. Er ist Editor-in-Chief der Human Studies, einem Journal für Philosophie und Sozialwissenschaften.

Fabel-Lamla, Melanie, Dr. phil., Professorin für Schulpädagogik mit dem Schwerpunkt Schul- und Unterrichtsentwicklung an der Universität Kassel. Ihre Arbeitsschwerpunkte liegen im Bereich Professions- und Lehrerforschung, Schulentwicklungsforschung und interprofessionelle Kooperation. Derzeit forscht sie im DFG-geförderten wissenschaftlichen Netzwerk „Bildungsvertrauen – Vertrauensbildung. Netzwerk zur Rekonstruktion von Vertrauensbildungsprozessen in sozialen und professionellen Kontexten".

Funken, Christiane, Dr. phil., Professorin für Soziologie an der Technischen Universität Berlin, Fachgebiet Kommunikations- und Mediensoziologie, Geschlechterforschung. Ihre Arbeitsschwerpunkte liegen in den Bereichen Kommunikations- und Mediensoziologie, Organisationssoziologie, Wissenschafts- und Technikforschung sowie Geschlechterforschung. Sie ist Leiterin des BMBF-geförderten Forschungsprojekts TRUSTnet an der TU Berlin und der Universität Köln.

Kämpf, Tobias, Dr. phil., Wissenschaftler am ISF München und Lehrbeauftragter der Technischen Universität Darmstadt. Er promovierte 2008 an der TU München über das Thema der Folgen der Globalisierung für hochqualifizierte Beschäftigte. Seine Forschungsschwerpunkte sind Globalisierung und neue Formen internationaler Arbeitsteilung ("Offshoring"), Gewerkschaften und

Interessenvertretung im Bereich hochqualifizierter Arbeit, Angestelltensoziologie, Gesundheit und Prävention.

Poth, Ann-Kathrin, cand. Dipl. Soz., studentische Hilfskraft im BMBF-Forschungsprojekt „TRUST – Teamwork in unternehmensübergreifenden Kooperationen". Sie studiert an der Technischen Universität Darmstadt Soziologie mit dem Schwerpunkt Arbeit, Technik und Gesellschaft. In ihrer Diplomarbeit hat sie sich mit dem Verlust von Privilegien und Sicherheiten von hochqualifizierten Beschäftigten in der IKT-Branche beschäftigt.

Sauer, Stefan, Dipl.-Soz., Wissenschaftler am ISF München, arbeitet aktuell an den BMBF-Forschungsprojekten ‚Balance.Arbeit – Vom reaktiven Störungs- zum prospektiven Ressourcenmanagement', ‚TRUST – Teamwork in unternehmensübergreifenden Kooperationen' sowie ‚VERred – Vertrauen in flexiblen Unternehmen'. Er studierte in München, Warschau und Lublin. Seine Forschungsschwerpunkte liegen in der subjektorientierten Arbeits- und Industriesoziologie sowie der Vertrauens- und Flexibilisierungsforschung.

Schilcher, Christian, Dr. phil., wissenschaftlicher Mitarbeiter am Institut für Soziologie der TU Darmstadt und Koordinator des BMBF-Forschungsprojekts „TRUST – Teamwork in unternehmensübergreifenden Kooperationen". Seine Arbeitsschwerpunkte sind Arbeits- und Organisationssoziologie, Sozialstrukturanalyse, Theorien der Informations- und Wissensgesellschaft, Wissensmanagement und Vertrauensforschung.

Schmiede, Rudi, Dr. phil., Professor für Soziologie, Fachgebiet Arbeit, Technik und Gesellschaft an der TU Darmstadt und derzeit Projektleiter des BMBF-Forschungsprojekts „TRUST – Teamwork in unternehmensübergreifenden Kooperationen". Seine Arbeitsschwerpunkte liegen in der Analyse sozialer Dimensionen von Informations- und Kommunikationstechnologien und Analysen des Wandels der Arbeit, Theorien der Informatisierung sowie im Bereich digitale Bibliotheken und integrierte wissenschaftliche Informationssysteme.

Schweer, Martin K. W., Dr. phil., Professor für Pädagogische Psychologie an der Universität Vechta sowie Leiter des Zentrums für Vertrauensforschung (ZfV). Er habilitierte 1995 an der Ruhr-Universität Bochum. Seine Arbeits- und Forschungsschwerpunkte bewegen sich im Bereich des zwischenmenschlichen und systemischen Vertrauens, der sozialen Wahrnehmung und des interpersonalen Verhaltens sowie der Personal- und Organisationsentwicklung in Schule, Wirtschaft und Verwaltung.

Steglich, Steffen, Dipl. Soz., Doktorand am ISF München. Nach dem Studium an der Ludwig-Maximilians-Universität München schreibt er im Rahmen eines Hans-Böckler Stipendiums seine Dissertation zum Thema „Arbeit im Informationsraum. Hochqualifizierte zwischen Kooperation und Konkurrenz". Seine Forschungsschwerpunkte sind Arbeit in global verteilten Teams, Arbeit und Interesse von Hochqualifizierten.

Thoma, Jules, Dipl.-Soz. tech., wissenschaftlicher Mitarbeiter am Institut für Soziologie an der Technischen Universität Berlin, hat dort zuvor Soziologie, Kommunikationswissenschaften und Medienberatung studiert. Derzeit ist er im BMBF-Projekt TRUSTnet beschäftigt und promoviert zum Thema „Soziologische Beratung". Seine Arbeitsschwerpunkte sind Netzwerktheorie, Innovation und Organisationsberatung.

Wilhelm, Miriam, Dr. rer. pol., Assistant Professor an der Fakultät für Ökonomie und Betriebswirtschaftslehre der Universität Groningen/Niederlande. Sie studierte Betriebswirtschaftslehre in Eichstätt, Tokio und Berlin und promovierte 2008 an der Freien Universität Berlin mit einem Vergleich deutscher und japanischer Netzwerkkooperationen in der Automobilzulieferindustrie.

Will-Zocholl, Mascha, Dr. phil., wissenschaftliche Mitarbeiterin im BMBF-Forschungsprojekts „TRUST – Teamwork in unternehmensübergreifenden Kooperationen" und Lehrbeauftragte an der TU Darmstadt und Hochschule Darmstadt. Ihre Forschung bewegt sich im Bereich der Arbeits-, Organisations- und Techniksoziologie mit Fokus auf dem Wandel von Arbeit, der Globalisierung der Arbeitsteilung sowie Themen der Wissens- und Ingenieursarbeit.

Windeler, Arnold, Dr. phil., Professor für Soziologie, Fachgebiet Organisationssoziologie an der Technischen Universität Berlin und Co-Leiter der interuniversitären Forschungsgruppe „Unternehmungsnetzwerke". Seine Arbeitsgebiete sind Organisations- und Sozialtheorie, Industriesoziologie und interorganisationale Netzwerke.

Ziegler, Marc, M. A., wissenschaftlicher Mitarbeiter im BMBF-Forschungsprojekt „TRUST – Teamwork in unternehmensübergreifenden Kooperationen" und Dozent an der Hochschule für Gestaltung Offenbach. Seine Forschungsinteressen liegen in der praktischen Philosophie und der Ästhetik sowie in den Theorien der Technisierung von Gesellschaft, Mensch, Wissenschaft und Kunst.

Zur Differenzierungstheorie

> Der Sammelband zum Thema Differenzierung

Thomas Schwinn / Clemens
Kroneberg / Jens Greve (Hrsg.)
Soziale Differenzierung
Handlungstheoretische
Zugänge in der Diskussion
2011. 433 S. Br. EUR 39,95
ISBN 978-3-531-17388-7

Das Konzept der sozialen Differenzierung ist unerlässlich für die Beschreibung und Analyse moderner Gesellschaften. Während die prägenderen Zugänge zu diesem Gegenstand in der Systemtheorie entwickelt worden sind, haben seit einiger Zeit handlungstheoretisch fundierte Differenzierungstheorien an Bedeutung gewonnen.

Der Sammelband fragt nach den Erkenntnisgewinnen handlungstheoretischer Zugänge zum Thema Differenzierung. Dies geschieht in Auseinandersetzung mit systemtheoretischen Positionen sowie mit Zugängen, die sich als Alternative zu den beiden Grundlagentheorien verstehen.

Der Band enthält sowohl grundlagentheoretische als auch angewandte Beiträge zur Analyse eines zentralen Strukturierungsmerkmals moderner Gesellschaften.

Mit Beiträgen u.a. von Uwe Schimank, Jörg Rössel, Hartmut Esser, Gesa Lindemann, Wolfgang Ludwig Schneider, Ingo Schulz-Schaeffer, Hartmann Tyrell

Erhältlich im Buchhandel oder beim Verlag.
Änderungen vorbehalten. Stand: Juli 2011.

Einfach bestellen:
SpringerDE-service@springer.com
tel +49(0)6221 / 345 – 4301
springer-vs.de

Umfassender Überblick zu den Speziellen Soziologien

> Profunde Einführung in grundlegende Themenbereiche

Georg Kneer /
Markus Schroer (Hrsg.)
**Handbuch
Spezielle Soziologien**

2010. 734 S. Geb. EUR 49,95
ISBN 978-3-531-15313-1

Das „Handbuch Spezielle Soziologien" gibt einen umfassenden Überblick über die weit verzweigte Landschaft soziologischer Teilgebiete und Praxisfelder. Im Gegensatz zu vergleichbaren Buchprojekten versammelt der Band in über vierzig Einzelbeiträgen neben den einschlägigen Gegenstands- und Forschungsfeldern der Soziologie wie etwa der Familien-, Kultur- und Religionssoziologie auch oftmals vernachlässigte Bereiche wie etwa die Architektursoziologie, die Musiksoziologie und die Soziologie des Sterbens und des Todes.

Damit wird sowohl dem interessierten Laien, den Studierenden von Bachelor- und Masterstudiengängen als auch den professionellen Lehrern und Forschern der Soziologie ein Gesamtbild des Faches vermittelt. Die jeweiligen Artikel führen grundlegend in die einzelnen Teilbereiche der Soziologie ein und informieren über Genese, Entwicklung und den gegenwärtigen Stand des Forschungsfeldes.

Das „Handbuch Spezielle Soziologien" bietet durch die konzeptionelle Ausrichtung, die Breite der dargestellten Teilbereichssoziologien sowie die Qualität und Lesbarkeit der Einzelbeiträge bekannter Autorinnen und Autoren eine profunde Einführung in die grundlegenden Themenbereiche der Soziologie.

Erhältlich im Buchhandel oder beim Verlag.
Änderungen vorbehalten. Stand: Juli 2011.

Einfach bestellen:
SpringerDE-service@springer.com
tel +49 (0)6221 / 3 45 – 4301
springer-vs.de

GPSR Compliance

The European Union's (EU) General Product Safety Regulation (GPSR) is a set of rules that requires consumer products to be safe and our obligations to ensure this.

If you have any concerns about our products, you can contact us on

ProductSafety@springernature.com

In case Publisher is established outside the EU, the EU authorized representative is:

Springer Nature Customer Service Center GmbH
Europaplatz 3
69115 Heidelberg, Germany

www.ingramcontent.com/pod-product-compliance
Ingram Content Group UK Ltd.
Pitfield, Milton Keynes, MK11 3LW, UK
UKHW022212230426
12048UKWH00016BA/790